老兵情怀

——新闻工作者征程

艾桂林 著

北 京
冶 金 工 业 出 版 社
2016

内 容 提 要

本书是《中国冶金报》原总编辑艾桂林对自己从业50年的回忆。书中详细叙述了一个农家子弟，从上大学，到中国冶金报社工作、直到退休的个人经历。赞颂了党的培养、老领导的关怀、同志们的支持，表达了一位老同志对党的新闻事业的无限热爱与忠诚，同时讲述了自己成长的经历、工作经验和体会。具有鲜明的时代精神，传递着振兴祖国新闻事业的正能量。

图书在版编目(CIP)数据

老兵情怀：新闻工作者征程/艾桂林著. —北京：冶金工业出版社，2016.4

ISBN 978-7-5024-7208-5

Ⅰ.①老…　Ⅱ.①艾…　Ⅲ.①艾桂林—回忆录

Ⅳ.①K825.42

中国版本图书馆CIP数据核字(2016)第080301号

出 版 人　谭学余

地　　址　北京市东城区嵩祝院北巷39号　邮编　100009　电话　(010)64027926

网　　址　www.cnmip.com.cn　电子信箱　yjcbs@cnmip.com.cn

责任编辑　姜晓辉　美术编辑　彭子赫　版式设计　彭子赫

责任校对　卿文春　责任印制　李玉山　韩向华

ISBN 978-7-5024-7208-5

冶金工业出版社出版发行；各地新华书店经销；三河市双峰印刷装订有限公司印刷

2016年4月第1版，2016年4月第1次印刷

148mm×210mm；10.375印张；305千字；319页

48.00元

冶金工业出版社　投稿电话　(010)64027932　投稿信箱　tougao@cnmip.com.cn

冶金工业出版社营销中心　电话　(010)64044283　传真　(010)64027893

冶金书店　地址　北京市东四西大街46号(100010)　电话　(010)65289081(兼传真)

冶金工业出版社天猫旗舰店　yjgycbs.tmall.com

前　言

一

我在本书第一章中写道：写日记好处多多。的确如此。这是我的亲身感受。我写日记，从初二写到高中二年级时，就产生了给报社投稿的兴趣。读高二、高三时，《吉林市日报》就发表了我20多篇稿件。这就促使我坚定了考大学时，一定学习新闻专业的决心，而且是直奔中国人民大学新闻系。考入人大新闻系后，我仍坚持写日记，直到“文革”动乱时期。写日记养成了我喜欢写作的习惯。大学毕业后，我立志为做好新闻工作，努力奋斗，充分发挥自己的潜能。退休后，我笔耕不停，仍在写作，已经完成了两部著作。可见，写日记养成的动笔习惯，确实好处多多，受益匪浅。

二

我在本书第九章中写道：“幼树长壮靠养护，陆总关爱永不忘。”大学毕业后，我到中国冶金报社报到时，陆子平是我的领导。他对我既严格要求又精心培养，使我这棵幼苗得以茁壮成长。

我记得，刚分到报社时，我对冶金行业一窍不通，急需学习冶金工业知识。陆总编辑就及时安排我到鞍钢记者站实习3个月，学习冶金矿山知识，为我今后搞好宣传报道打下了坚实的基础。

还记得，1964年我大学毕业三年时，陆总就派我采写冶金系统全国先进集体——马万水工程队的长篇通讯。当时，我感觉自己还太稚嫩，挑不起这付沉甸甸的重担，便再三推让。但陆总却果断地说，你能行，一定能完成任务！结果，经过几个月的艰苦努力，一万多字的长篇通讯我就拿出来了。

我还记得，1966年上半年，哈尔滨新风加工厂发生火灾，涌现出一批英雄人物。陆总又派我去采写。原计划采访一个星期，但刚过了五天，冶金工业部政治部胡主任要返京。临走前一定要看到稿件。这样，我挑灯夜战。翌日，太阳出来时，我的稿件也画上了句号。

我更记得，陆总的人格魅力。这是他在我脑海中留下的最深印象。他坚持正确的办报导向，勤奋敬业，常年如一日；早来晚走，一心扑在工作上；他待人诚恳，处事公道，不谋取个人私利，不计较个人得失……一言以蔽之，我庆幸遇到这样一位良师益友，在我前行的路上，为我指明航程，使我终生受益。陆总永远是我学习的榜样。

三

在陆总的影响下，我对《冶金报》的感情与日俱增。我热爱《冶金报》，愿意为之献出自己的毕生精力。特别是我担任报社总编辑后，以陆总为榜样，牢牢把握住正确舆论导向，力求把报纸办得更好。我强调，采写消息很重要，多出精品是目标；提倡采写短新闻，报纸宣传再改进；提倡扩大报道面，新闻稿件采写好；提倡努力办好第一版，全神贯注为首要；提倡报纸宣传要搞好，两个文明全报道。我更认为，要办好报纸，写好言论很重要，可以先易后难从短到长。社论是最重要的言论，一定要保质保量写好。在陆总的引导下，我不仅闯过了采写关，还闯过了言论关。

四

1985 年初～1996 年，我担任《中国冶金报》总编辑的 11 年中，每年的宣传报道提纲，都是根据年初召开的全国冶金工作会议精神制定的，体现了党中央、国务院的要求。

在 1989 年那场政治风波中，《中国冶金报》在宣传报道中，一直按照冶金工业部部党组要求，坚持正确的舆论导向，宣传全行业职工必须坚守岗位，积极抓好生产。当时，我曾收到几家报刊社要求《中国冶金报》登声援学潮的声明。我认为这和部党组的要求不一致，不能轻举妄动，要请示部党组后再做决定。部党组反馈意见是不同意刊登，我们坚决照办。结果，《中国冶金报》在那场政治风波中，成为首都最“干净”的报纸之一，受到部党组的表扬。

报纸的导向是政治方向问题，必须牢牢把握。我担任总编辑期间，《中国冶金报》曾获得四种全国新闻界、摄影界颇有声望的奖项。在广东举办的全国报纸版面评比中，《中国冶金报》荣获二等奖。这标志着《中国冶金报》已进入全国先进报纸的行列。

五

对新闻工作的热爱，促使我决心在总编辑岗位上一定要把报纸的言论搞上去。业内人士都知道，报纸最难写的就是社论。在言论的写作中，我开始对社论望而生畏，不敢触及。于是，我就先从短言论入手，后来又逐渐写评论、本报评论员文章等。但是，我总感到这些言论还不够档次，要是配上社论就更好了。这样，我就逼着自己动手写社论。此时，我已经写了不少评论、本报评论员文章，有了写社论的基础。相信这一关定可以闯过去！我决心拿出年轻时采写马万水工程队长篇通讯过关的劲头，勇闯社论关。经过一两天的埋头苦干，第一篇社论终于诞生了。就这样，写了第一篇，就想写第二篇、第三篇……

现在，回过头来审视这些社论，总的感觉还比较满意。没有出现与中央方针政策相悖或内容文字等方面的问题，也未听到领导或读者的批评意见。

六

1991 年 9 月下旬，我带领全国冶金记协部分成员去韩国考察钢铁工业。在三四天的参观时间，我们参观了浦项钢铁公司、仁川东部制钢株式会社等。返京后，我写了 4 篇短通讯："初访浦钢"、"科研的位置"、"彩色钢板品种多"和"废钢源源不断"。

1992 年 12 月份，受冶金工业部领导委托，我带领中央新闻纪录电影制片厂几位同志，去澳大利亚考察中澳合资的恰那铁矿。我采写了5篇通讯："跨出国门开矿山"、"丰富的铁矿资源"、"80人与550多万吨"、"红旗、告示、安全岛"和"话恰那任重道远"。

1995年11月份，受中冶集团公司委托，我组织并带队全国重点新闻单位记者组，去巴基斯坦山达克铜矿工程采访。共采写了8篇通讯："中巴友谊谱新篇""巴基斯坦结束了不产铜的历史"、"中巴人民情深意长"、"艰苦奋斗在异国"、"发挥专业优势　采取责任承包"、"将成套冶金矿山设备打入国际市场"、"二十二冶为祖国争得荣誉"、"有个好班子是关键"。

七

时至今日，我这个新闻战线的老兵，早已离开了我所钟爱的新闻工作岗位，赋闲在家，颐养天年。但是，我永远铭记自己是中国共产党党员，为实现伟大的中国梦，要尽心竭力，奋斗终生；我永远铭记自己是个孤儿，在党和新中国的培养下，从小学读到大学，成为高级编辑（教授级），曾担任《中国冶金报》总编辑（正司局级）。党的恩情永不忘。我要用实际行动报答党和国家的培养，力所能及地为弘扬正能量做些事情。

我的第3部作品：《老兵情怀——新闻工作者征程》已经完成，即将出版。

艾桂林

2016年1月15日　于北京

目　　录

第一章 写日记好处多多
从初二写到“文革”

我在吉林省九台县一中读初二时，来了一位教授语文课的杨老师。60多年过去了，但他要求同学们写日记的情形，我至今记忆尤深。记得，杨老师讲课伊始，就几次提出，同学们要坚持写日记。他说，写日记无论对学习语文课，还是提高作文写作水平，都大有好处。同时，能够提高自己思维和处理问题的能力。杨老师语重心长的谆谆教导，对我影响很大，我决心照办。当时，我将保留了几年，一直舍不得用的一本精致手册，拿出来做日记本。我写了几天日记后，就将日记本交给杨老师审阅。

当时，杨老师很高兴地问我：“这些天，你真的天天写吗?”我笑着答道：“是的。但不知道这样写，是否可以，想听听老师的意见。”过了两天，杨老师把我叫到他的办公室，客客气气地对我说：“桂林同学，这些日记我都认真地看了。首先，你坚持天天写，一天没拉。这是值得肯定的。说明你有决心、有毅力、能够坚持写下去，这是最主要的。写日记就怕三天打渔，两天晒网，不能持之以恒。”杨老师笑了笑，又亲切地说道：“我教的这两个班，你是第一个写日记的。虽然是凤毛麟角，但我也高兴。”杨老师没有具体谈日记存在的问题。他强调，为了写好日记，每天必须认真观察身边发生的人和事。要将那些自己认为有意义、值得记载的人和事，特别是那些令人感动的生活细节，反映在日记中。这样的日记，既不是流水账，又不是记事录，读起来自然、生动、感人。

杨老师的这些话，我铭记于心，对我写日记一直起着指导作用。我经常鼓励自己：决心写日记，就必须严格要求自己，坚持天天写。果然，后来的经历证明了这一切。写日记不仅提高了我的写作能力，而且培养了自己的意志力。我把写日记作为必修课。每天晚上，第一件要做的事，就是写日记。无论遇到什么情况，都要坚持下来。如果，当天晚上实在没有时间写了，第二天也一定要补上。其实，写日记并不难，只要白天认真观察周围事物，晚上坐下来，思想平静，很快就能写完。我之所以能坚持下来，关键是做到了注意观察、认真思考，积累写作素材。有时还打好腹稿。到写作时，一气呵成，日记写的就比较快。久而久之，写日记就成了一件每天必做且快乐的事儿。

初中毕业考高中前，我翻阅了日记。总的感觉，刚开始写的质量差，语言一般，文字比较粗糙。有的主题不突出，叙事琐碎，没有抓住生动感人的细节，不够生动。

我体会到，写日记也像学习、工作一样，需要经常总结，找出优缺点，及时改进，不断提高写作质量。

有一天，上完语文课后，杨老师把我叫到跟前，和蔼地问：“你都什么时间写日记?”我说：“晚自习就开始写。”他又问：“你是走读还是住校?”我回答以前走读，家住农村距学校较远，是点油灯赶写日记的。现在住校了，日记就写得比较从容，不用赶时间写了。杨老师语重心长地说，写日记贵在坚持。天天坚持写，就不简单，特别是对你们这些贪玩年龄的孩子们，更值得提倡。你能这样做，我非常高兴。

有一次，杨老师讲完课，让我把日记本给他看看。过了两三天，杨老师把我叫到他办公室，亲切地说：“你的日记写得基本合乎要求。只是有的日记写得简单，成了记事性的。我想，日记还是写的具体一些，有生动的叙述和精彩的描写才好。”他又说，为了做到这点，你每天都要认真观察身边的人和事物。把那些令人感动的事件，经过筛选，作为写日记的素材。这样锻炼下去，日记必然逐步写的好起来。我按照杨老师的要求做了。过些日子，他又看我的日记后，说：“对，就是这样写。这样写，不是为了写日记而写日记，而是抓住了每天对你影响最大的事情，筛选出精华部分写成日记。这样写日记，才能真正提高思想水平和写作能力。”

我到吉林市读高中后，决心把写日记水平再提高一步。首先提高文字水平。一是提高文字表达能力，力求逐步达到作文的水平；二是充分运用语文课中学到的成语、生动的词汇。争取逐步做到，每天的日记都能成为一篇小散文、小特写，有看头。为此，写日记不求文字长，但主题要鲜明，语言要流畅生动，引人入胜。真正做到并不容易，必须经过实践—总结—提高—再实践—再总结—再提高的艰苦努力，才能达到预期的目标。

就这样，到上高中时，我逐渐养成了写好日记的习惯。读高三时，我的学习很紧张，特别是准备考大学那段时日，日记写的短了。但是观察和思考生活的细节，却从未间断。回过头来看看那时写的日记，虽然文字短了，但内容还是比较集中、生动的。没有因为高考影响日记的写作质量。

因为写日记的原因，我和杨老师一直保持着联系。从九台一中毕业，我考到吉林市高中后，这种师生情谊还保持着。我转到吉林市九中高中部后，由于写日记想到为《吉林市日报》投稿，接连发表了几篇稿件。放假期间，我返回九台探望姨父母时，曾将几张报纸带给杨老师看。他非常高兴地说：“这都是你坚持写日记的成绩。这种成果取得很不容易。要坚持下去，取得更大的发展。”他突然问我：

“快考大学了吧?”我说:“还有半年。”他问我:“你打算报考什么专业?考哪所大学?”我告诉杨老师,我的理想:一是考上大学;二是努力争取考上全国重点大学。至于所学专业嘛,基本定了新闻专业,目标就是中国人民大学新闻系。杨老师听了很高兴。他亲切地说:“我想,你应该学新闻专业。这是几年来坚持写日记打下的基础,要乘胜前进!”他又说:“中国人民大学新闻系难考啊!全国只有上海复旦大学和人大两所大学设新闻系。从现在开始,就要努力复习功课,争取考上。就像写日记那样,坚持到底,必成大业。”杨老师的一席话,又给我增添了动力。我表示,如果考上中国人民大学新闻系,一定回来向您报喜。杨老师兴奋地说:“好!我等着那一天!”

1957年高中毕业留念

(左起艾桂林、王世学、闫长存)

1957年7月14日,从《辽宁日报》上得知,我被中国人民大学新闻系录取了。心情之愉快是前所未有的。第二天,同学们正在参加全国统一招生考试，我为不影响大家考试，便乘火车返回九台。急切地想把这个好消息尽快地告诉姨父母和关心我的杨老师。

回家的第二天，我就去找杨老师。他见到我，没等我开口，就微笑地说：“考上人大新闻系啦?”我高兴地点了点头，说：“考上了。谢谢老师！在您的帮助指导下，我实现了自己的心愿。”杨老师慈祥地说：“有志者事竟成！老师的帮助是次要的，关键在于自己的刻苦努力，就像你写日记那样。那时全班30多名同学，我号召大家都写日记，就你坚持下来，而且越写越好，还在《吉林市日报》发表新闻作品。这都是你自己努力奋斗的结果!”

杨老师越说越激动。他告诉我：“中国人民大学是新中国创办的一所新型的重点大学。建国初期，是专门为国家培养干部的，现在也招收应届高中毕业生了。吴玉章任校长，学校办得很好，设立新闻系后更闻名了。像你这样肯动脑筋钻研，勤奋好学的学生，只要努力学习，肯定能成为无产阶级优秀的新闻工作者。”这时，我突然感觉他像一位慈祥的父亲。他轻轻地拍着我的肩膀，说：“现在条件这么好，好好学吧，将来一定会大有作为的!”我听了杨老师的一番话，心情非常激动，内心充满感激之情，对他肃然起敬。我向他保证：“请老师放心，您的话我一定照办。我会继续努力学习，坚持写日记。另外，我还决心在大学阶段加入中国共产党，成为一名无产阶级先锋战士。”杨老师高兴地说：“对！说得好，我也是这样想的，从你嘴里说出来，老师更高兴。”

我决定向杨老师讲讲自己的身世。我说：“杨老师，我还有一件事想和您说说。我是个孤儿，六七岁时父母就去世了。我出生在延边敦化县额穆镇。”杨老师说：“我知道那地方，是满族一支的发源地。满语称其为额穆赫索罗。解放后，叫额穆索镇。你是满族吗?”我说：“我是汉族，是爷爷那代从山东逃荒来东北的。后来爷爷病故，奶奶改嫁，叔叔参加抗联。父母亲相继病故。我成了孤儿，在额穆到处流浪，无家可归。是姨妈收养了我，把我带到九台。解放后，才有机会上学。”

杨老师说：“从你写日记这件事，就看出你很有毅力，很坚强，有一种不达目的决不罢休的气势。我就感到你和别的孩子不一样。原来你是孤儿呀！新中国能把孤儿培养成大学生，是件好事！值得庆幸！希望你在大学努力学习，争取早日入党，我这个老党员等待着你的好消息！”

杨老师还说：“孤儿不要忘本，要牢记共产党和新中国的培养之恩。不管遇到多么复杂的环境，多么险恶的形势，都要牢记党的宗旨，决不能有丝毫动摇。这是要永远牢记的，这是一生中的大事，切记！切记！”

我在大学期间，一直和杨老师保持着联系。我毕业后分配到中国冶金报社工作。我几次给他写信，但始终未接到回信。后来听说杨老师已病故，我非常难过，为失去这样一位慈父般的良师感到心痛。但是，杨老师的音容笑貌、和蔼可亲的形象却永远留在我的记忆之中。他的谆谆教导我永远铭记于心。

第二章　写日记促使投稿
市报刊登劲更高

1957 年夏天，我考入了吉林市二高中，该校在松花江南岸。我后悔，没报考市重点高中——吉林一高中。这个高中教学质量高，是初中毕业生非常向往的学校。我在二高中读了一年，包括我班在内的 6 个班，划入吉林市中学高中部。这个学校紧靠北山风景区，距繁华的河南街较近，有利于逛街游玩和写日记。

说来也怪，转到市立高中部不久，我好像忽然来了灵感，想给《吉林市日报》投稿。当时，省报已随省会搬迁到长春市。市里又组建了《吉林市日报》。

我写的第一篇稿件是个几百字的小特写。稿件发出不几天，就被《吉林市日报》采用了。当我看到那张四开四版的报纸时，已经被同学们贴在进出学校门洞的宣传栏上，挺抢眼的。文章周围还用红笔勾勒成方块，更为突出。有的同学很关心此事，见到我就问，什么时候投的稿？我说，前几天。有的同学还问，报社有认识人吗？我说，没有。有些同学还问稿件是怎么写的？为什么登的这么快？等等。这件事，看似平常，但在我内心却掀起了一股小波澜。真没想到，一篇小豆腐块文章，竟能引起这么大的反响。如果将来考大学，学新闻专业，毕业后搞新闻工作，想必也是挺好的。但是，从全国来看，当时只有两所大学设新闻专业。即北京的中国人民大学和上海复旦大学。学校少，招收的学生就少，听说报考的学生却很多。刚上高中时，还不敢想这方面的事。这次报纸刊登我的文章，给了我一个触动。不过，这个小波澜几天后就平静了。

但是，一波未平，一波又起。不久，我又遇到一件很感人的事情，属于精神文明建设方面的内容。我迅速写成稿件，寄给《吉林市日报》。没想到，该报又采用了。稿件被放在重要位置，好像还加了按语。这张报纸又被贴在学校门洞的墙上，很多同学在围着观看。有些同学挺感兴趣，边看边议论。

得知这个消息时，我怕大家问这问那。放学后，我没有离开教室，抓紧时间写日记。然后，翻看杂志。但是，还是有几个同学在教室外等着我。我一出门，就被他们围住了，七嘴八舌地问开了。诸如，你喜欢新闻专业吗？你是怎样收集素材的？为什么写的那么快？等等。

我说，新闻专业我是喜欢的。但是，全国只有两所大学有新闻专业。报考的学生多，而招收的人数很少，非常难考。学不学新闻专业，我还没考虑好，以后再说吧。这次发表的文章，属于精神文明建设方面的内容，采集并不难。只要用心观察，是很容易收集到的。

我说，我写东西比较快，得益于从初二就开始写日记，到现在已经三年了。我感到，写日记不仅可以练笔头、提高文字水平，还能锻炼思维能力。

在《吉林市日报》登了几篇稿件之后，我还想利用课余时间多写一些。主要是把眼光离开学校，转到社会上。我们搬到市立中学后，学校在市区，距北山风景区不远，离繁华大街也很近。这样，我就在周末或节假日，到这些地方转转。一边欣赏风景和市容，一边观察身边发生的事情，捕捉写日记的素材。有价值的东西就立即加工成新闻稿，这就比光写学校的东西面更宽一些。另外，我还不署真名，用笔名投稿，以免见报后，同学们问这问那。这时期的稿件主要有：扶老携幼、助人为乐、助贫施舍、大公无私等好人好事。通过写这类稿件，也使自己受到很大教育，陶冶了情操，净化了心灵。

吉林市北山是个美丽的风景区，山不高但绵延起伏，一些古代建设的庙宇和亭阁，坐落在高低起伏的山岭上。每逢节假日，游人络绎不绝。忙碌了一周的人们，扶老携幼来这里游玩。特别是那些天真无邪的孩子们，尽情地嬉戏和打闹，使那里充满了欢乐祥和的气氛。有一个星期日下午，我发现一位古稀老人坐在下山路的石阶上，面部表情有些痛楚。我马上过去询问。老大爷说不小心崴了脚，走不了路啦。我就扶着他一阶一阶慢慢往山下走。到了公园门口，帮他雇了一辆三轮车，将他送回家。这时，我已累得满头大汗，老人再三感谢。我对老人说："老大爷不用客气，这是年轻人应该做的。"

还有一个星期日，我在河南街观瞻市容时，突然看到一个四五岁的小女孩在哭泣，我立刻走过去问她怎么了。女孩说找不到妈妈了。我问她家住在什么地方，她说在松花江南岸得过江桥，具体地址她也说不清。我劝她不要哭，大哥哥帮你找。孩子不哭了，但是怎么找她的家使我犯难了。我反复考虑，决定带她去派出所，请民警帮助找。没走多远，恰好碰到一位在街上巡逻的警察。我把情况一说，这位警察拉着孩子的手说，一定把孩子送回家。他还真诚地感谢我为群众做了好事。

我把在北山公园和河南街遇到的事儿，以第三者的身份写成稿件寄给《吉林市日报》社。结果都刊登了，使我非常高兴。同时，也引起我节假日，必去这两处采访和写作的兴趣。

那时，我写的匿名稿件，市报发表的有十多篇，同学们都不知情。后来，班上一位和我关系挺好的同学，在闲聊时问我最近怎么没给市报投稿时。我说写了十几篇，已经见报了。这位同学惊讶地说，怎么没看到啊？我告诉他，用的是笔名。后来，这件事在本年级同学中沸沸扬扬地传开了。但是，这样轻松多了，没有人问这问那了。

现在回想起来，中学时写日记和给市报投稿，对我后来学习新闻专业起了助推作用。在这个过程中，我逐渐体会到新闻工作者肩负的神圣使命，这是其他工作替代不了的。

有志者事竟成。时光如梭，转眼到了高中三年级，摆在我面前的出路：一是找个工作就业；二是考大学。我的目标很明确：考大学。一是一定要考上大学；二是力争考上全国重点大学。功夫不负有心人。经过刻苦努力，我终于考上了全国重点大学——中国人民大学新闻系，实现了我的“新闻梦”。

进入中国人民大学新闻系学习，为实现我做一名党的新闻工作者的梦想，跨近了一大步。为此，我做好了充分思想准备：要付出更多的努力，去争取更好的成绩。入学后，我更加重视提高写作水平，因为它与我所学专业关系太密切了。

同班的三十几位同学，很快都知道我有写日记的习惯。调干生钱林大姐（曾任《安徽日报》总编辑），特意送我一本精美的日记本。她在扉页上写道：“坚持下去！写日记有利于提高写作能力，有利于当个优秀新闻工作者！”老大姐的热情鼓励，更坚定了我写日记的决心。

写日记成了我每天必做的事。毕业后分配到中国冶金报社工作，日记照写不误，直到“文化大革命”，迫于形势才忍痛停了下来。

“文化大革命”期间，我始终未参加造反派组织。造反派也一直在监视我，看我是否和走资派有联系。这时，有位好心的朋友劝我：“你写了那么多的日记，造反派可能要对日记下手，搜罗你反党的‘证据’，不如把日记销毁了，免得节外生枝。”我理直气壮地说：“日记里绝对找不出反党言论！我是共产党培养成人的，没有党就没有我的今天！日记里充满了对党的感激之情！”他说：“造反派要想搞你，白的也能说成黑的。想整你什么都是‘证据’，他们什么事都干得出来，还是烧了吧！”我思来想去，觉得一二十个大本子确实不好保管，我也不想惹麻烦，烧就烧了吧。就这样，十几年的心血付之一炬。为此，我难过了好几天。

在大学期间，我还养成了一个习惯，即把读书、阅览报刊杂志中遇到的重要词汇、优美诗句、名言、成语等及时记录下来。为此，我准备了一个精致的小本子，专做此用。有时没带本子，就先写在纸上，过后再抄在本子上。日积月累，积少成多，这个小本子就变成了一本内容丰富的“词库”。我非常珍惜这本“词库”，经常翻阅。写文章，特别是写通讯和报告文学时，都能用得上，对我的帮助很大。

我热爱新闻工作，并立志为党的新闻事业奋斗终生。

至今，我从《中国冶金报》总编辑岗位退下已经十多年。但是，六七十年前给《吉林市日报》投稿和见报的情景，还经常浮现在脑海，历历在目。现在想来，如果没有《吉林市日报》这个平台，我不一定能够走上新闻工作者之路。我从内心里感激《吉林市日报》——我的领路者。

第三章　迎接高考用全力
目标人大新闻系

上高中后，我就做好了考大学的准备，规划了自己的发展目标：一定要考上大学！我上高中的目的，就是为了考大学。

时不我待。高中三年很快就会过去，必须抓紧时间把学习搞好，一时一刻都不能放松。填报高中志愿时，我没有填市重点一高中。考上二高中，刚念了一年，又合并到市立中学高中部，后来又改成九中高中部。这样变来变去，学生情绪不稳定，学习气氛不浓。加之年轻老师多，教学经验不足，不利因素很多。但我意识到，这是无法改变的现实，只能改变自己，努力适应眼前的处境。我便和一部分同学一起学习，狠下工夫，努力改变现状。到高二时，我的学习成绩有很大提高。特别是刘第谦老师教语文课后，同学们的学习劲头更足了。我们班形成了浓厚的学习气氛，精神面貌焕然一新。这时，我又制订了新的奋斗目标：不但要考上大学，还要争取考上全国重点大学。

迎接高考的时候，我抓紧时间，全神贯注复习功课。有时候，还翻阅一下以往学过的课程，做到融会贯通。当时，确实感到很累，真想休息几天。可是，不能休息啊！高考时间紧迫，必须争分夺秒，为实现自己美好的理想而拼搏！再想想，姨父母在农村面朝黄土背朝天、辛辛苦苦地劳作，收养了我这个额穆遗孤，寄希望于我。解放后，我进了小学、中学，是托共产党、毛主席的福。没有共产党，没有新中国，就没有我的一切。想到这些，就干劲十足不觉得累了。

在填报大学志愿时，我去请教班主任刘第谦老师。他对我比较了解，很肯定地说："你学新闻专业吧！我看比较合适。"

于是，我填报了提前招生的中国人民大学新闻系。

其实，我当时曾反复思量过，能否考上，心里没底，总感觉把握不大。但是，不试试又不甘心。心想，万一考不上，还可以参加全国统一考试，硬着头皮考吧！

说实话，这件事儿在我脑子里已经酝酿了半年多的时间。回想这几年由于坚持写日记和在《吉林市日报》发表一些文章，写作方面有很大长进。由此，对新闻工作也产生了浓厚的兴趣。刘第谦老师的指导意见，说到我心里去了，正合我心意。现在，好不容易机会来了，怎能轻易错过呢？我决定大胆地尝试一下。

说来也怪，自从决心下定，我感觉浑身轻松、心情愉快，好像精力更充沛、精神更集中了。

1957 年五六月份，我得知全国统一考试安排在 7 月 15 日。提前招生的院校，包括中国人民大学，6 月下旬就进行考试。在东北设了两个考场：哈尔滨和沈阳。我所在的吉林市离哈尔滨比较近。但是，需要坐火车去。可当时我连买火车票的钱都没有，怎么办？正当我心中犯难时，同在吉林市读高中的九台一中高鹏鸣等老同学得知情况后，特地凑钱给我做路费，支持我去哈尔滨考试。我对老朋友们的鼎力相助，感动万分。意想不到的是，过了几天，有消息说考试又在长春市东北师大附中增设了一个考场。这样，我就不用出省为没有路费焦急了。到长春考试，我还可以住在表哥家，食宿也不用操心了，心里甭提多高兴了。

2014 年夏天，我回九台给姨父母扫墓后，路过长春住在亲戚家。

翌日早上，我到附近街上散步。突然，老远看见马路对面一栋四五层的浅黄色楼房，甚为眼熟，好像曾经来过似的。我急忙加快步伐，走过去看个究竟。很快，我看见大楼的正中有“东北师范大学附属中学”一排大字。我心中一惊，猛然想起，这不正是我当年考大学的考场吗？往事把我带回了50多年前。1957年6月，我就是在这栋大楼的考场里，使尽全部本事，全神贯注认真答题，以优异的成绩考取了中国人民大学新闻系。转眼几十年过去了，这所中学依然存在，就是在这里，我拿到了进京的通行证，才有了我今天的一切。我心中顿时涌起一股暖流，对她的敬意油然而生。我怀揣一颗感恩之心，立即面向大楼深深地鞠了一躬，并拍照留影。

考试结束那天，我们吉林市参加考试的同学，同乘一列火车返程。记得当时，同学们高高兴兴、有说有笑，还有两三伙打扑克的，看样子考得都挺好。但是，我坐在一边，怎么也高兴不起来，似乎还在考场里考虑答题呢。从考场出来，我脑子里就一直在琢磨，哪道题是怎么答的，有没有错误？作文写的如何等。虽然没找出什么问题，总的感觉还不错，特别是作文紧扣主题，语言流畅，脉络清晰，充分展示了长期写日记练就的基本功。但是，我心里仍然不踏实，总觉得希望渺茫。心想，全国只有两所大学设新闻系，招收名额又那么少，福星怎么可能落在我头上……越想越没底气，干脆不想了，好好休息一下，准备全国统一考试吧！这时，火车正好停在九台车站。我很遗憾不能下车去看望姨父母，还要等统一考试结束后才能回来。

其实，我也知道，这样是和自己过不去。既然报考了这个学校，这个专业难度又很大，自己是抱着试一试的想法报考的，考上考不上都有可能。考上就上，考不上就等统一招生时再考其他专业。不过，这在我的人生道路上，肯定会留下终生的遗憾。

我清楚地记得，1957年7月14日，《辽宁日报》公布了提前招考大学的录取通知名单。没有录取的，还可参加7月15日的全国统一考试。那天中午，我正在宿舍洗衣服，一位同学拿着一份《辽宁日报》，边跑边高兴地大声喊：“艾桂林，你考上中国人民大学新闻系啦！”我兴奋地接过报纸，看到了自己的名字，心情激动的难以控制。我真诚地从内心里感谢共产党，感谢毛主席！是新中国把我这个额穆孤儿培养成人，今天还考上了全国名牌大学的新闻系。

20 世纪 50 年代与同学在人大新闻系楼前（铁狮子胡同 1 号）留影
（左起：李养池、郭西江、艾桂林、张其鸿）

我渴望做一名新闻工作者的愿望，就要实现了。我鼓励自己，入学后，一定要好好学习，将来当个好记者、好编辑，把自己锻炼成一个合格的无产阶级新闻工作者。

开学后，我到新闻系报到时才知道。当年，人大新闻系原计划招收 100 名高中毕业生。由于当时中苏关系紧张，留苏预备生不能出国了。于是，一部分人转到人大新闻系学习。这样，应届高中毕业生的招生名额只有 70 名了。据说，当年报考新闻系的应届高中生就有两三万人。无形中，这又增加了录取难度。当年，东北三省只招收了四名高中生。吉林省除了我，还有东北师大附中的一位女生。体检时发现她患肺结核病而休学，第二年复查仍未康复，便被取消了入学资格。另外，沈阳和哈尔滨各录取一名高中生。

接到人大的录取通知书后，我便忙着收拾东西，想尽快回九台向姨父母报喜。当时，全国统一考试正在进行。为不妨碍其他同学考试，第二天我就悄悄地离开学校，坐火车回到了九台。

当我背着行李回到家时，虽然累得满头大汗，心里却美滋滋的。姨父母看到我大吃一惊，没等我开口，姨妈就急忙问道："这几天不是大学招生考试吗？"看见我满脸笑容，姨妈更是不解，又说："你怎么回来了，不考啦？"

我笑嘻嘻地说："姨妈，别着急。我早就考完了，已经考上了。"

放下行李，喘了口气，我详细告诉两位老人，我考上了，是提前半个月考的。

姨妈问："这个大学在什么地方？离咱家远吗？"

我告诉他们说："这个大学在北京，叫中国人民大学，是全国的名牌大学。我考的是新闻系。"

两位老人一听，非常高兴，掩饰不住内心的激动。平时话语不多的姨父笑呵呵地说："考到首都北京去了，在党中央、毛主席身边念大学，太好啦！"

那时候，东北农村对北京有一种神圣加神秘的感觉。都说，北京过去是历代皇帝居住的地方，有天安门、故宫、颐和园等很多名胜古迹。现在是党中央、毛主席办公的地方。可惜，离咱东北老远老远的。

姨父还问我："从九台坐火车得几天到北京？"

我说："其实九台离北京也不远，我估计一两天怎么也到了。"

我要到北京上大学的喜讯，不仅给姨父母脸上增了光，而且迅速传遍了全村。很多人夸赞姨父母教子有方，把一个没爹没妈的孤儿拉扯成人，还考到北京上大学；夸奖我从小就懂事，喜欢读书，学习好。有人说，从前屯到后屯，到九台县城念小学的孩子不少。但是读到初中的没几个，能到吉林市念高中的更少，上大学就更甭说了，一个也没有。现在桂林是头一个考上大学的，而且还是北京的全国重点大学，太了不起呀！

听到乡亲们你一言我一语的议论，我有些不好意思了。我对他们说："我是个无依无靠的孤儿，是姨父母把我从偏僻的额穆林区接来抚养，给了我一个温暖的家。他们千方百计让我读书。但是旧社会，穷人家的孩子读书太难了。解放后，我才能无忧无虑地读书。如今能到北京上大学，完全是共产党、毛主席领导的新中国培养的。如果不是赶上新社会，我绝不可能走到今天这一步。"

姨妈也说："桂林说得对。如果在旧社会，像我们这样的穷人家，一无权、二无钱，说破大天也培养不出一个大学生来。桂林能到北京念大学，完全是托共产党、毛主席的福啊！"

老邻居赵忠信插话说："桂林小时候就爱看书，非常认真。这孩子从小我就看他将来一定有出息。大学毕业了，说不定还能当上什么大干部呢……"

我不好意思地打断他的话说："赵大哥，我小时候读你的那些古典章回小说，对提高我的学习能力和文字水平有很大的帮助。为学习新闻专业打下了基础。我还要感谢你呢！到北京后，我一定好好学习，将来当个优秀新闻工作者。"

邻居们陆陆续续来串门，看望我。我很高兴，深深感到，一个人只有努力奋斗，取得成绩，人们才会尊重你，关心你，爱戴你。时至今日，五六十年过去了，那时的情景依然历历在目，好像就在昨天。

我考上中国人民大学新闻系，实现了我的最高理想。也使我深深体会到，年轻人只有树立奋斗目标，并全力以赴地为之奋斗到底，理想就一定会实现。在这个过程中，虽然失去了不少娱乐和消遣机会，付出的是艰辛和劳累，更谈不到浪漫和享受。但是，收获的却是胜利的果实。虽然在有些人看来，我这样的青春平淡无味。但是，我至今无怨无悔，因为我没有虚度年华。

1957年我入学时，中国人民大学正在西郊建设新校区，很多系都分住在市区内。新闻系在东四海运仓十二条胡同内。一年后，又搬到铁狮子胡同甲1号。刚报到时，我是同学中穿着最土气的一个。我穿着的一套黑布衣服，那是姨父卖自家园子种的茄子、青椒、黄瓜换的钱。钱不够，姨妈又向邻居借了十几个鸡蛋卖了，买的布。姨妈花了两天一夜，一针一线缝制出来的。我穿的鞋子，也是姨妈亲手做的。鞋底是用麻绳纳的，鞋帮的前端还特地用细线多纳了一片，使之更加结实耐穿。此情此景，时至今日，我仍铭记心头。可以说，他们倾其所有为我的前途铺平了道路。

1957年，我从九台到北京，必须到长春乘坐火车。我买了一张慢车票，需在天津换车才能到北京。经过一天多的旅途，当我到达北京前门火车站时，已是满街灯火，如同白昼。我分不清东西南北，只好咬牙雇了一辆三轮车，将我送到海运仓。后来，有时寒暑假要回九台看望姨父母，我也是乘慢车先到天津，再换乘到长春的慢车。这样虽然很辛苦，但却能节省几元钱，我一想到在农村辛勤劳作的两位老人，就一点也不觉得劳累了。

我到新闻系报到时，看到学生宿舍和教室都是红砖平房，和我在吉林市念书时几乎一样。与我想象的不同，我以为像中国人民大学这样的全国重点大学，肯定是高楼大厦，非常气派。后来才知道，这所大学是解放后为培养干部创建的新型大学，坚持艰苦朴素、勤俭办学的优良传统。我非常理解，并赞同这种做法。

大学二年级时，西郊校舍已经建起一些。学校又调整了各系驻地。同在东四海运仓的几个系都搬到新校区。新闻系则搬到市内张自忠路1号，即原来的铁狮子胡同甲1号（我们都称其为铁1号）。我

2013 年 11 月 13 日人大新闻系四年二班同学聚会在原校园内合影

（前排左起：邓志刚、戴正兴、雷仲予、刘静、马文蔚、张其鸿、邵焱、艾桂林、刘培根

后排左起：王国华、戴厚基、程友民、刘昭明、谢志强、邓家宝、史振中、胡玉亮、郭西江、林希哲、章利阜、龚来宝、张克迅、关湜源）

对这个铁 1 号充满了好奇。外面新修的街道宽宽的，校舍四周有高高的围墙。更令人奇怪的是，校舍的两组西洋式砖木结构古典建筑群全是灰色。主楼三层，辅楼都是二层，也是灰色。全都是木结构的建筑，三角檩架，铁皮屋顶，主楼外面采用砖雕装饰，图案非常精美。铁 1 号院内是西洋建筑，而通往外面的大门却是中国古典式的王府大

门。上面铺着片片灰瓦，鲜红的主柱支撑着高大的屋顶，地面厚重的巨石被车轮和行人磨踩得又光又亮。我曾想，院里的建筑可能晚于门楼。这个大院说不定是哪个亲王府呢。

后来，我才知晓，这个院原来是清朝陆军和海军军部。2006 年，国务院将此院定为全国重点文物保护单位。介绍是这样写的：1906 年，清政府拆除了和亲王府和贝勒菲苏府，兴建了两组西洋式砖木结构的建筑群，1907 年竣工。东为海军部，西为陆军部，两部共用一个大门。

这座大门外的广场，就是著名的“三·一八惨案”发生地。我在中学课文中学过鲁迅先生的名著“记念刘和珍君”。刘和珍等烈士就牺牲在这里。此刻，我仿佛看到了刘和珍等烈士为国捐躯的壮烈情景。我暗下决心，一定要向烈士们学习，争取早日加入中国共产党，继承他们的遗志，把革命事业进行到底。

新闻系搬到铁狮子胡同甲 1 号后，教室、宿舍都比较宽敞。尤其使我高兴的是，图书馆宽大敞亮。阅览室桌面很大，座位很多。各种报刊、杂志应有尽有，是我增长知识的宝地，也是我除上课以外，学习必去之处。每天的日记也是在此完成的。

在阅览室，除复习当天所学知识外。我还借阅小说、浏览报刊杂志。为积累词汇，我在特意准备的笔记本上，把阅读中遇到的优美词句、成语或形容词就记在本上。日积月累，一本写满又换一本，慢慢就成了我经常翻阅的“词库”。

铁 1 号和北海公园后门在一条街上，相距不过四五站路程。北海公园前门距景山公园和故宫博物院后门也都不远，我很喜欢步行去这些地方游览。通过参观游览不仅增长了知识，也开阔了我的眼界，也成为鼓舞我努力学习的动力。

北海公园，距今已有 800 多年的历史。规模宏伟的帝王宫苑，令人流连忘返。琼华岛是北海公园的中心，岛上建筑精美，错落有致。南面有依山排列的殿堂，直达岸边的牌坊，再前面是一座连接团城的拱桥；北面亭阁楼榭隐现在幽邃的山石之间；山下是依山傍水半圆形的60间长廊，像一条彩带把琼华岛拦腰束起，壮观异常。这里有宫廷餐馆仿膳，仿膳对面是游船码头。岛的西面有悦心殿、庆宵楼、阅古楼等；岛的东面建筑较少。乾隆皇帝手书“琼岛春荫”石碑，为燕京八景之一，立在绿茵之中。游客较多的五龙亭，位于北岸的西部。五龙亭是临水而建的五座亭子。该亭聚集游客最多，唱歌、跳舞……热闹非凡。

景山公园在故宫神武门(俗称故宫后门)对面。景山上建有五座亭子。游览景山时，站在山顶上的万春亭，可以俯瞰北京城的秀丽景色。我游览北海、景山公园，来回都是步行。一路下来，确实感到有些累，但内心是充实的、愉快的。有些同学感到不理解，我只是笑笑说这是为了锻炼身体。其实，我是在节省开支，不给姨父母增加经济负担。

1958 年与同学们在北京十三陵水库工地

上大学后，我制订了新的目标：政治上，申请入党，争取在大学期间加入党组织；学习上，严格要求自己，努力增长知识，提高理论联系实际的本领，把自己锻造成党和国家需要的、又红又专的无产阶级新闻工作者。

跨进中国人民大学的校门，我立刻感受到，这确实是一所不同寻常的重点大学。首先，学生的构成和普通大学不同，调干生占了很大比例。原来，这所学校是为党和国家培养干部而设立的。起初，只收调干生，后来也招收高中毕业生；二是，学生中党员比较多，政治素质比较高；三是校风好。学校规章制度健全，要求严格。开学不久，吴玉章校长，就把刚入学的新闻系部分同学请到家里，开座谈会，亲自听取同学们的发言。最后，吴老语重心长地鼓励大家努力学习，增长本领和才干，将来成为国家的栋梁之才。

1961 年 9 月中国人民大学新闻系四年二班党支部全体同志

吴老的讲话，字字千金，扣人心弦，更增加了同学们努力学习的积极性。

当时，新闻系主任安岗还兼任《人民日报》副总编辑。他要求同学们努力学习新闻专业知识。他说，新闻工作者不仅要有较多的新闻专业知识，更要树立无产阶级世界观。大家要养成善于思考，要有敏锐的眼光，要勤奋练笔，笔头要快……这样，才能把自己培养成合格的无产阶级新闻工作者。

第四章　青年杂志来约稿
家乡日记组文章

1958 年，我们新闻系从东四十二条海运仓，搬到张自忠路 1 号不久。有一天，听邻班同学说《中国青年》杂志社编辑部前来约稿。有两个班已经组织了写作组，正在商量怎样写稿呢。而我们班这时还没有动静，大概不想参与此事。但是，这事对我却有很大触动，很想参与。我决心利用业余时间进行写作。决心下定后，我开始考虑写什么，如何写。经反复思考，我决定翻翻写过的日记，从中找合适的素材。我想同学们大多是城里人，写城市方面内容的恐怕比较多一些。我家住在农村，对农村生活比较熟悉，我喜欢农村。进城上学住校后，假期也经常回去，日记中写了不少有关农村的内容。我想给《中国青年》写一篇关于农村题材的稿件。

于是，我从上高中后的日记开始翻阅。也就三四本，按年度翻看。在翻阅过程中，我发现写家乡饮马河水灾方面的内容比较抢眼。这样，我就把着眼点放在乡亲们如何与水灾进行斗争的壮举上。我当时的那些日记中，多次提到了孟大爷。对这位老人，我非常熟悉。每次假期回家，和他接触都比较多。孟大爷是在抗洪救灾中突显的一位典型人物。我在日记中写道：他 31 岁那年，洪水把他多病的母亲、老婆和两个孩子卷走了。洪水毁掉了他的家，使他成了孤家寡人。在日本鬼子、军阀和地主老财的压迫剥削下，他走投无路，被逼无奈逃到了北大荒。但故土难离，日本鬼子投降后，他又回到家乡，在原房址上草草地搭起个“马架子”，过起了简单生活。

我日记中还写道：土改后，孟大爷参加了互助组、初级社、高级社。听说在初级社时，刚锄过二遍地的时候，绿油油的庄稼便被洪水吞掉了。他住的“马架子”也被洪水卷走了。于是，孟大爷又要去北大荒。乡亲们和村干部得知后，怎么劝说都无济于事，他非要离开这里不可！乡亲们告诉我，孟大爷临走前，还到饮马河，对着滚滚的河水说：“我惹不起你，还能躲不起你！你怎么也不能撵到北大荒去吧！”

1958 年放暑假，我回到家乡时，发现孟大爷又回来了。据说，当时他向村干部表态说：这回不再走了。我要和乡亲们一起，与饮马河斗争到底！

我见到孟大爷，问他在北大荒生活怎样？他说，在北大荒也参加人民公社，还当上了生产队的水利委员。生活过得不错，可以长期在那住下去。但是，一到兴修水利时，饮马河的影子老在脑子里转，好像自己是被饮马河吓怕了去的北大荒。我心里不服气！当时也想，人民公社肯定要治理饮马河。如果自己不参加，总感觉不是滋味。为此，几次要求回家乡来，和乡亲们一起治理饮马河水患。当地公社研究后，一致认为孟大爷回乡治理水患是件好事，同意了他的要求。

那年夏天，饮马河像发疯一样，河水猛涨。我在日记中写道，在家乡我见到了孟大爷，他向我讲述了真实的想法。他说，回到村的那天，没见到乡亲们，他估计乡亲们一定在河堤上抗洪。于是，赶去和大家一起抗击洪水了。

孟大爷性格有特点，为人爽快，快人快语。我愿意接触他，为我写日记提供了好多感人的素材。

这样，我把描写孟大爷的好多日记编纂起来，组成了一篇短文。之后，又几经斟酌、修改，便成了“战胜天灾”一文，寄给了《中国青年》杂志社。1960 年第 18 期《中国青年》发表了此文。当时的笔名是“艾莫”。

如今，饮马河已经悄无声息，再也没发生过水灾。原来，在上游石头口门筑了一条大坝，修了一个大水库。河水被拦截在水库里，再也不会泛滥了。前几年，我回家乡时，还在此乘船游览，周边景观美不胜收。

第五章 新工作全力适应 压重担奋力挑起

1961年7月，我从中国人民大学新闻系毕业，分配到冶金工业部主办的冶金报社工作。这是一张面向全国冶金企事业广大职工的行业报。当时，我心里还很不情愿呐。因为，我对冶金行业一窍不通，又和我所学不对口，思想斗争很激烈。那时，新闻系毕业生很紧缺，我希望到综合性新闻单位工作。这样，就可以更好地发挥我的作用。但是，听说当时冶金报社缺员，人手比较紧张。为了从人大新闻系挑选比较理想的毕业生，报社人事干部受冶金工业部人事司委派，专门到学校政审、查阅档案。最后，报经部领导批准点名要我，并且校系领导已经同意。我只好服从组织分配，在冶金报社安心工作。

1961年9月大学毕业留念

事后，我静下心来，认真反思。感到我这个孤儿能够走到今天，实在不容易。完全是党和人民培养的结果。国家分配我到哪里工作，我就应该无条件地服从，克服一切困难，出色地完成任务。虽然，我对冶金行业一窍不通，但是我还年轻，身强力壮，可以从头学起。这样，才能对得起党，对得起我那远在东北农村辛苦劳动的姨父母啊！

随着时间的推移，我逐渐熟悉了同事，适应了环境。我感觉到报社是个温馨和睦的集体，同志间互相帮助，坦诚相待，学习和钻研业务的气氛很浓。当时，我年龄最小，大家亲切地喊我小艾。我也自然而然地融入了其中。当初的些许遗憾也荡然无存了。我将编辑部每位长者都视为师长。工作中遇到问题，虚心向他们请教。我放下人大新闻系毕业生的架子，甘当小学生，虚心学习。我决心借鉴老同志的成功经验，尽快把自己造就成合格的新闻工作者。

我们办的是冶金行业的报纸，不熟悉冶金业务，是无法从事这项工作的。在宣传报道中，一定要熟悉冶金工业方方面面的情况。可以说，对冶金工业我是一个地地道道的门外汉。这对我来说，又是一大难题。我从最基础的工作做起，采访时深入实际，下到生产第一线，和工人兄弟交朋友，仔细听取他们的意见，认真做好笔录。力求准确掌握事实和生动感人的细节，避免出现差错或说外行话。

我写的稿件都是几经修改，认真核实，直到自己满意才脱手的。这时，我唯一的想法，就是努力打好新闻工作实践的基础。

那时，我采写的一些稿件，受到同志们的好评。与其说写得好，莫如说是工夫好。我在采访中下苦工夫，甚至经历了不少艰辛和磨难而抓到好素材、好细节，才产生了感人的效果。

办好《冶金报》，必须熟悉冶金工业知识、行业的历史及现状。为了弥补我这方面的缺陷，报社领导煞费苦心，特为我安排了实习锻炼。首先，要我熟悉企业的生产经营、生产流程、产品性能等情况。陆子平总编辑亲自安排我到鞍钢实习 3 个月。

有一天，陆总编辑对我说，我们办的是行业报，主要面向全国冶金企事业单位和几百万冶金战线职工。为此，办报人员必须熟悉冶金工业的生产情况，了解生产经营和产品性能，熟知各主要企业的情况。报道的内容不能脱离实际。你到报社时间短，对冶金企业不熟悉。为了今后的宣传报道工作，报社决定派你到鞍钢记者站3个月，主要工作就是熟悉鞍钢的矿山情况。他说，鞍钢是全国最大的钢铁联合企业，从采矿到冶炼、轧材等都有。这次，你就专门熟悉那里的矿山情况。矿山是冶金工业的基础。先学学基础，冶炼、轧材以后再说。

听了领导的安排，我很高兴。当即表态，到那里一定认真学习，努力把矿山知识学好，为以后的宣传报道打下基础。

到达鞍钢以后，记者站派胡永奎同志陪着我下矿山。近处骑自行车去，当天回来。远处只能乘班车，回不来就在矿招待所住一夜。

骑自行车跑矿山也不是一件容易的事。有时我们为了省时间，抄小道。路面不平，蹬车很费劲，遇到上坡路，就更费劲。老胡身强力壮，在前面带路。我不甘落后，使足劲猛蹬。不久，我就浑身大汗淋漓，大口喘气，特别累。抬头看看前面的老胡，毫无倦意，还在悠闲地蹬着车。我意识到，这就是差距。在这方面我也需要锻炼啊！我不能示弱，一定要迎头赶上。我咬紧牙关，使足劲猛蹬起来。不一会儿，就追上了老胡。他看到我追上来，高兴地说："桂林，行啊，有劲儿。"当看到我满头大汗时，又说："这段路不好蹬，以后咱们速度慢一点。"我笑着说："是挺费劲的。不过，挺锻炼人的。"

就这样，我们跑遍了鞍钢的几个矿山。在老胡的帮助下，我边看边学过去没有接触过的新知识。遇到不明白或听不懂的地方，就不停地问他。胡永奎是个老鞍钢，他对鞍钢非常熟悉。对我所问，都一一耐心解答，我感觉收获非常之大。从而，也更加体会到，安排我到这里学习锻炼，报社领导用心良苦啊！

老胡带我骑自行车，首先参观的是鞍钢最大的露天矿山。当我们沿着弯曲的盘山公路，到达采矿场时，我惊呆了。那是一个好大的采场啊！最下面比足球场还要大。从下往上数，大约有六七个台阶。每个层面约有十几米高，都是采矿场。采场上面有铁路，火车在运输矿石或废石。装车的大电铲，威力无比。一个大车厢，只需三四铲就装满了。我好奇地对老胡说，这电铲真大啊！老胡说，这还不是世界上最大的电铲。听矿山的同志讲，外国有的电铲比这个还大，一铲矿石就能装满一车。

在这里，很少看到工人在现场劳动，基本都被大型设备代替了。

我们参观选矿厂时，老胡说，铁矿石选矿基本分两种：一种是磁选法；一种是浮选法。他说，选矿前必须把矿石磨成粉面放到水里。然后，再进行选矿。所以，选矿时需要大量的水。精矿选出后，不含矿粉的尾矿，便被排到尾矿坝里。老胡带我到尾矿坝参观时，指着尾矿坝说，这坝修得又高又厚，防止下大雨时，涨大水冲垮，造成水灾。

我们还参观了其他露天矿山。看到打孔机打完眼后，工人们紧张地往炮眼里装炸药，放炮。他还告诉我，矿石的铁含量，俗称品位。鞍钢的露天矿品位比较低，一般在30%左右。鞍钢弓长岭铁矿，地下开采的矿石品位高。

我们到弓长岭铁矿参观时，是从坑道进入地下的岩石巷道里。我第一次到地下参观铁矿，精神有些紧张，老胡就叮嘱我不要怕。工人们常年在这里劳动，虽然环境欠佳，工作很辛苦，但他们已经习惯了。你初来乍到，难免有些不适应。老胡一席话，使我对这些普通的劳动者，肃然起敬。他们每天就是这样默默无闻地，为祖国的钢铁事业奉献着。这也是我和他们之间的差距。我决心放下知识分子架子，虚心向工人阶级学习。

在鞍钢记者站学习快结束时，我向老胡提出抽一天时间参观一下炼铁、炼钢、轧材和焦化等生产过程，使我对冶金工业生产有个比较全面的初步认识。记者站的同志们都很支持我这个要求。有的同志说，一天不够，鞍钢太大，两天差不多。于是，我们就骑自行车，在各厂穿来跑去。这次，老胡继续当陪同员和讲解员，从生产设备到生产流程，都介绍得头头是道。我从内心里佩服老胡，不由得就称呼他胡老师了。他笑着说：“你刚大学毕业，学新闻专业的，我应当向你学习。其实，学习冶金知识并不难。只要下决心，多接触实际，就很容易学到。”

我们先到炼铁厂。为节省时间，我们没有去厂长办公室，径直到炼铁高炉旁。我们参观了几个大高炉，容积都是一两千立方米。我好奇地问老胡，这高炉炼出来的是铁水还是钢水？老胡告诉我，高炉是炼铁的。主要原料是铁精粉和焦炭。铁精粉被烧成块状，才能入炉。炼铁厂就是为炼钢厂生产铁水，供炼钢用。对高炉的要求是炼好铁水，提高铁水质量。为此，高炉必须提高利用系数，提高铁水质量，还要降低成本。老胡又说，我们看到的采矿、选矿都是为高炉服务的。选矿厂生产的铁精粉，不能直接进入高炉冶炼，必须送到烧结厂，烧成块块，才能进高炉炼铁。同样，煤也必须送到焦化厂，炼成焦炭，才能送去炼铁。他又说，不是所有的煤都能炼焦，必须是炼焦煤，才可以炼焦。老胡讲的这些，我都是头一次听说，还真不知道，光炼铁就有这么多学问啊。老胡笑着说：“有的新闻记者在报道中，把高炉炼出来的铁水说成是钢水。这就是说外行话。”

我问他，高炉都有多大的？他说，高炉有多种体积。小的几十立方米、上百立方米，大的上千立方米，两三千立方米。国外还有四五千立方米的。炼铁厂主要是提高铁水质量和高炉利用系数。

我们到炼钢厂参观时，先看到的是平炉。转炉正在建设中。老胡说，这平炉就是炼钢用的。原料就是炼铁厂生产的铁水，热装到平炉里再进行炼钢。平炉炼出来的是钢水，铸锭后，再运去轧材。他还说，平炉炼钢工艺已经落后了。公司决定建设转炉炼钢。这样炼钢的速度既快，质量又好。

那时，鞍钢的轧材厂较多。圆钢、板材、螺纹钢等各种钢材都大量生产，还能生产一些异型钢材。看了这庞大的轧钢厂令我振奋，对祖国的前途充满信心。

老胡还告诉我，炼钢除了平炉、转炉，还有一种电炉。电炉主要建在特殊钢厂，用来冶炼特殊钢材。这种特殊钢厂，咱们国家已经建了一些。将来，随着国民经济的发展，还要陆续建设。

我在鞍钢 3 个月的学习、参观、总结的同时，也对自己今后如何进一步学习冶金工业生产经营问题，制定了新的学习计划。我感谢报社领导对我的关怀和培养，给了我得天独厚的学习机会。感谢鞍钢记者站，特别是胡永奎同志对我的帮助。回报社后，我就进行 3 个月的学习总结，大体安排了今后如何了解冶金工业生产经营和每个时期的工作重点。为自己做出了如下安排。

一是争取多到冶金企事业单位采访，了解这些单位的实际情况。去过的单位都要做详细记载，长期保留。这些对新闻报道和编辑工作都有益处。

二是争取参加冶金工业方面的会议，无论是全国的还是地方的会议都尽量参加。这样，不仅可以了解部里的工作安排，也可以学习和掌握一些冶金工业和企业的情况。

三是每年 2 月份，部里召开的全国冶金工作会议能去参加最好。如果去不了，一定想办法搞到一份会议资料。对部长的报告，深入学习、研究，认真领会精神实质，以便做好全年宣传报道工作。

四是部机关各司局形成的文件要收集到，认真阅读和研究并作为重要资料保存好。

五是与部机关主管冶金业务的司局经常保持联系，不断进行沟通。他们发的文件要努力收集齐全，他们召开的有关会议尽可能参加。这样，既掌握了行业动态，又有利于宣传报道。

六是部机关图书馆是学习冶金工业知识的好地方，图书馆的冶金类书籍又多又全，足以满足学习需要。从鞍钢学习回来，我更加重视学习冶金工业方面的知识。

七是虚心向冶金系统行家学习冶金工业知识。他们中绝大多数都是冶金院校毕业的，又在部机关工作多年，都是我的老师。

我在冶金报社工作了三四十年，边工作边学习，对冶金行业的宏观和绝大部分冶金企业的情况，心中基本了解。一些企业领导和新闻界不太熟悉的同志，都曾以为我是学冶金专业的。我坦诚地告诉他们，我不是学冶金专业的，而是学新闻专业的。

1982 年 5 月 16 日夜到矿山生产现场了解情况

这 3 个月的实习收获非常大，对以后的矿山报道，奠定了坚实的基础。由此，我深深体会到，只有学好冶金知识，熟悉冶金工业生产情况，才能做好冶金报的记者、编辑。

我在《冶金报》社工作 3 年后，报社领导就有意识地给我压担子，安排我进行重要事件的采访报道。

一、首次完成采访马万水工程队的长篇通讯

1964 年第一季度，冶金工业部党委决定，在全国冶金系统推广学习思想红、作风好、工作硬的马万水工程队先进事迹。这年正是马万水工程队成立 15 周年。该工程队原名叫“马万水小组”。15 年来，

他们凿通了巷道2万多米（断面为4～20平方米），相当于40多华里长。创造了15次全国黑色矿山掘进纪录；培养了16名干部、59名班组长、250多名技术工人。这个英雄集体成为全国冶金系统的一面旗帜。要在全冶金系统掀起学习先进典型的热潮，《冶金报》就要大张旗鼓地进行宣传报道。之前，需要采写一篇全面介绍马万水工程队的长篇通讯。

《冶金报》总编辑陆子平找我谈话说："采访马万水工程队长篇通讯的任务，就正式交给你了。时间是半年左右。"他看看我又说："小艾，完成这个任务，你有什么想法?"

我略加思考说："陆总，这个任务太重了。我才毕业三年左右，工作经验和业务水平都不足，能不能换个老同志？我肯定全力配合。"

陆总说："以后是要增加人，调几个记者配合你采访。但是，这一万字的大通讯，肯定要由你完成!"

我又推让了一番。最后，陆总斩钉截铁地说："小艾，你有完成这个任务的能力，一定能干好！要有这个信心!"

我知道陆总、报社和政治部领导意见都是如此，就只好硬着头皮接下了这个任务。

我深知，这是报社给我肩上压的一副重担。能把这样重要的工作，交给我这个涉世不深的小青年，是组织对我的信任和培养。我似乎意识到，人体是有潜能的，平时可能发挥不出来，如果在外力的作用下，就能发挥出来。陆总这是在给我加外力，调动我的潜能，我用实际行动报答党和人民的时候到了。我暗下决心：必须竭尽全力，出色地完成这项光荣而又艰巨的任务。

我考虑，这篇大通讯能否写好，关键是采访工作必须出色。积累大量优质素材，是写好通讯的基础。因此，采访如何，直接决定整篇通讯的好坏。

马万水工程队所在的单位——庞家堡铁矿，位于河北省张家口市宣化地区，距北京较近，我曾采访过三四次。从队长到工人都比较熟，掌握了很多颇有价值的资料。该队从艰苦创业到成长壮大，路子越走越宽广，哪里需要到哪里去，哪里艰苦哪安家等部分内容，也是在宣化采访到的。应该说，通讯的绝大部分内容是在宣化采访的。有些典型细节，记忆依然清晰。

1965年5月5日作者（左二）在海拔4200米的吊大坂留影

马万水工程队向西北搬迁时，先到甘肃白银公司。不到半年，又转战到更远更艰苦的地方，建设甘肃酒钢镜铁山铁矿。矿区最高处海拔4200多米，生活区3000多米，全年结冰期半年左右。但是，他们不畏艰难险阻，努力完成生产任务。我在采访中深受鼓舞，决心克服一切困难，深入细致地挖掘典型素材，出色地完成任务。

常言道：“入深水，抓大鱼”。好的新闻作品，都是经过深入采访，或经过千辛万苦挖掘。有时，甚至是冒着生命危险，获取素材而产生的。20世纪60年代初，我去镜铁山铁矿采访马万水工程队时，由于我对地下矿石采掘业务不熟悉，没有亲身感受，要想写出好的文章，是不可能的。为此，我下决心跟班下井和工人一起劳动，亲身体验一下矿工的劳动。我在井下顽强地劳动了一周。当时，井下劳动环境很差，机械化程度非常低。放炮后，只能用铁耙子、铁簸箕往矿车里装矿石，劳动强度特别大。尤其在这个先进集体里劳动，工人们都是憋足了劲，甩开膀子大干，对我来说更难。尽管师傅们照顾我，让我不要像他们那样猛干。但是，一班下来，从井下上来，我全身就像散了架子一样，累得躺在床上，连饭都不想吃，但我咬着牙硬是坚持下来了。我亲身感受了矿工们以苦为乐，为国争光的崇高精神境界。我的行动，也博得了工人师傅们的好感，和他们打成一片，融入了这个英雄集体当中。在写这篇通讯过程中，我始终处于亢奋状态，真情实感自然地流露在字里行间。

我从华北到西北，采访马万水英雄集体的过程，也是接受工人阶级再教育，提高思想觉悟的过程，收获甚大。这些普通工人，看外表，都是有血有肉的普通人。但是，他们有高度的思想觉悟，钢铁般的坚强意志。为了祖国的建设事业，舍小家顾大家，在西北那极其艰苦的环境里，不怕困难，不怕流血牺牲，顽强奋战，取得了一个又一个胜利。这也促使我放下大学生的架子，不怕苦，不怕累，勇敢地挑起了采写大通讯的重担，为今后的发展奠定了基础。

在西北采访时，报社又抽调了四五位记者协助我。但是，陆总强调，长篇通讯还是由我执笔完成。

我们记者组返京不久，我便完成了任务。全稿共分 7 个章节，一万多字。我把稿件送交陆总，他看了很满意。又送冶金工业部政治部领导审批。过了几天，陆总告诉我，政治部也满意。至此，稿件通过了审批。

1964 年 7 月，《冶金报》全文刊登了长篇通讯“思想红 作风好 工作硬的马万水工程队”长篇通讯。此文被收入中国工业出版社出版的马万水工程队一书。

下面谈谈“思想红　作风好　工作硬的马万水工程队”长篇通讯，我是如何构思的。

文章的序言这样写道：“从火车站到马万水工程队的驻地，还有280华里。我们乘坐的吉普车爬上海拔4000多米高的吊大坂时，大家都感到头昏目眩，呼吸急促起来。身体差一些的同志已经躺倒了。这时，有人指着附近的电线杆说：‘在这里埋电杆可艰巨呀！’”

后来，我们知道吊大坂山上的电杆，是马万水工程队进山不久建的。那时，正是最寒冷的一月份，吊大坂的空气好像凝冻了。他们刚爬上去，就感到胸部压抑，透不过气来。凛冽的山风卷着阵阵雪浪，遮天蔽日地猛扑过来。这时，他们就伏在雪地上，紧紧扒住裸露的岩石，以免被暴风雪裹进深谷里去。阵风过后，他们又坚持劳动。坚硬的岩石和冻土结合在一起，又韧又硬，刨一镐一个白印；刨两镐还是一个白印。一个人刨几下喘不上气来，另一个人接过来再刨。青年工人卢春江边刨边说：“我就不信，石头和冻土还能硬过我们的革命意志！”

早晨出来带的馒头，虽然层层包裹着，午间吃的时候，冻得像石头一样硬。有人提议，升火烤烤再吃，可是满山遍野的白雪，到哪里去找木柴！肆无忌惮的山风，如何引火？他们就学中国人民志愿军“一口炒面，一把雪”的革命精神，啃一点馒头，抓一把雪……

我们深深为马万水工程队的模范事迹所感动。有人说：“马万水工程队是一颗明珠，放在哪里都闪光。”在长篇通讯里，我决定把这部分作为前言，从中可以看到马万水工程队如何做到思想红、作风好、工作硬的。这篇万字以上的大通讯，概括起来主要有7个部分：

（1）马万水小组的前身，是张家口宣化庞家堡铁矿的掘进第五组。这个掘进组是1949年底成立的。18名工友在党的领导下，为小组的后来人树立了艰苦奋斗的榜样。

工友们没有宿舍，就住在破庙和土窑里。睡觉盖的是千洞百孔的破旧棉被，吃的是小米饭拌盐面。但是，工友们知道庞家堡铁矿，是党和政府在华北恢复建设的重工业基地，对恢复国民经济和新中国建设具有重要意义。

工友们的行动，体现了党和毛主席提出的自力更生的革命精神。他们从荒山野岭中找来了被废弃的凿岩钢钎和铁锤，作为劳动工具。为赶工期打眼放炮后炮烟散不出去，他们就用衣服往外煽。

小组工人基本是长工、短工出身，在矿井劳动都是外行。他们苦干了 1 个月，才把巷道打进 1.7 米长，大家急得不行。正在工友们犯难时，马万水同志被派来当组长和技术指导了。七八年不见天日的煤矿生活，使马万水养成了倔强、刚毅的性格和练就了凿岩的本领。马万水进组后，倡议分班干活，开展爱国红旗竞赛。在马万水带动和耐心帮助下，进一步鼓起了工友们的劳动热情。

1959 年 6 月，这个小组创造了黑色金属矿山掘进的全国纪录，被评为全国劳动模范。于是，掘进五组被正式命名为马万水小组。马万水代表小组出席了全国第一届工农兵劳动模范、战斗英雄代表大会，见到了伟大领袖毛主席。

艰苦创业，为马万水小组写下了光辉的一页。

（2）15 年来，马万水小组经历了曲折、复杂的斗争。1950 年，小组刚成立时，创造了出色的成绩。阶级敌人却阴谋破坏马万水小组，企图把马万水赶走，夺取小组领导权。但是，马万水和他的工友们，提高了阶级觉悟，粉碎了阶级敌人的进攻。

在党支部领导下，马万水和组内的老工人一起，展开了社会主义和资本主义两条道路斗争的大讨论。请领导干部和老工人讲庞家堡铁矿的矿史，又组织参观了庞家堡铁矿的“万人坑”、“肉丘坟”。于是，激起了工人的悲愤，进一步提高了大家的阶级觉悟。

三年经济困难时期，部分工人受到资产阶级思想的影响，认为当工人没前途，要弃工务农或经商。为此，小组开展了小整风，巩固了无产阶级阵地。

（3）马万水小组积累了一套科学、丰富的掘进技术经验。开凿巷道是和岩石斗争。岩石性质不一样，硬的似铁，软的如泥。没有一套对付岩石的过硬本领，就无法快速掘进。马万水小组从建组到现在，先后创造了十几种对付岩石的办法。比如：打硬岩石用的“中间楔形掏槽法”；打软岩石用的“稀孔深眼作业法”；打一般岩石用的“夯楔形掏槽法”。

……

在运输方面，马万水小组不知流了多少汗水，绞尽了多少脑汁。他们创造的“道心铺铁板”、“钎子杆当临时轨道”等，都是在国民经济恢复时期，简单、经济、效率高的革新。实行“大规格一次掘进”以后，出渣成了最突出的矛盾。运输距离越来越远，工人推车不仅劳动强度大，矿车也周转不过来。怎么办？

“用骡子拉车！”马万水大胆提出建议。在公司党委的支持下，骡子拉车的功效比原来提高一倍多，推车的人比原来大大减少了。后来，又增加了十几头骡子拉车。临区的掘进组也使用了骡子拉车，直至用上了电机车。

（4）1963 年，马万水小组经历一场严峻的考验。他们没有气馁，发扬吃大苦、耐大劳的光荣传统，头顶破碎岩石和淋头大水，脚踏泥泞矿洞，战胜了一个个困难。

3 月份，井巷公司把清理 1958 年开工、后来又停工的九平巷，交给马万水小组。巷道打了多深？目前情况如何？冒顶了没有？……谁也不清楚，手头又没有详细资料。为此，决定正副组长汪振声和马明去探险。

他俩进入九平巷时，坑木沤烂了，泥臭了，水腐了。一阵阵臭气呛得他俩直恶心。在齐腰深的臭水里，趔趔趄趄趟着走。水越深，空气越臭，呼吸越困难。他俩毫不畏惧，坚持探险。最后，走进去 40

多米远，才基本摸清情况。马万水小组和污泥、臭水战斗了20多天，提前完成了九平巷的清理任务。下半年，马万水小组的掘进巷道，是石英岩与粘板岩交接之处，顶板经常破碎，淋头水哗哗不停。刚刚清除了浮渣，顶板的碎石就噼里哗啦掉了下来。有时，一下就落了几十立方米，堵住大半个巷道。工具被埋在里面，来不及抢救。矿车掉道事故经常发生。那些日日夜夜，马万水小组却在紧张地与岩石和淋头大水搏斗。好心人劝他们，换个活地，但他们坚持不肯。

10月份，活地的顶板更糟了。有一次，上百吨岩石把棚压得乱响。为了保证继续掘进，必须拆除棚子发镟。这是一件生命攸关的工作。老支柱工甄成计对党小组长张小生说："我是共产党员，我去!"为了炸断那根立木，他放了四次炮，都未成功。同伴们劝他，太危险了，以后再说吧。甄成计奋不顾身地拿着锯继续干。最后，随着炮声，棚子炸塌了。岩石天崩地裂地滚落下来。有人对甄成计说："如果把你埋住，什么时候才能扒出来呀!"他憨厚地笑笑说："为了完成生产任务，埋住也心甘情愿!"

11月份，马万水小组紧张地与破碎顶板斗争时，七号断层这个地下掘进的"拦路虎"跳出来了。工友们通过三学《愚公移山》，使得七号断层过得快，未发生大事故，受到领导的表扬。

（5）1964年，马万水小组又经历了一次严峻的考验。为了社会主义建设，党需要他们到最艰苦的地方去！这个小组从成立起，就未离开过庞家堡铁矿，大部分工人住在矿区几十里的八区、赵川等地。赵川南边有座黑泰山，那里有句俗话："看不见黑泰山就想娘。"而今，要到三四千里远的大西北去，一切难题接踵而来，需要工友们用实际行动回答。

大部分工人响应党的号召，哪里需要哪里去。但也有少数人离不开家。

党小组组织大家学习毛主席著作，以"白求恩为什么不远万里来中国”为题，组织讨论。青年工人说：“白求恩是外国人，不远万里来支援咱们革命，并且牺牲了生命。自己给自己搞建设，离家才几千里，还有什么可说的！”副组长马明说：“搞建设也是革命。我们不能只在家门口搞建设。要站在掘进头，看到全国。我们是个先进集体，更要学习白求恩的革命精神，有四海为家的革命思想。”

许多工人都表态，要响应党的号召，决心到大西北去！

初春三月，马万水小组踏着白雪，扛着大旗，步行20多里山路，参观庞家堡铁矿的“万人坑”。他们在被杀害的阶级弟兄白骨前宣誓：“不管高山峻岭，不管沙漠草原，走遍五湖四海，为党的事业奋斗一辈子！”

马万水小组沸腾了。决心书张张飞向党组织。

党小组长张小生妻子瘫痪卧床6年了，吃饭穿衣全靠人伺候。没有老人可托，四个孩子又小。买米、买菜、洗衣、做饭……样样都得他操持。他未迟过到，也未缺过勤。这次到西北去，领导为了照顾张小生，决定把他安排在留守处。可是，他听到这个消息，先找到工区党支部，又找到公司党委，并写了决心书：“国大家小，不能因家忘国。我是共产党员，坚决到大西北去！”

张小生的带头作用，对全组、全工区、全公司产生了巨大影响！多少工人扪心自问：“谁还有张小生困难啊！”

同时，马万水小组又细致调查每个工人存在的实际困难，提出了“小问题不出班，大问题不出组”的口号。通过劳动互助，帮助32户家属买回煤、劈柴，又帮助24户修缮了房子。小组还凑了一些钱，借给生活困难的工友，作为安家费用。第四班班长闫振芳等四户家属主动把照顾张小生家属的任务包了下来。

马万水小组到达甘肃冶金公司，没有房子住，就自己盖。在山上打混凝土，风机房没有水源，就用水桶、塑料袋等从山下往上提水。没有风机，就用大锤、钢钎打炮眼。支护巷道，没有顶梁起重机，用人抬安装……

马万水小组到甘肃冶金公司不到半年，又转战到离家乡更远、更艰苦的镜铁山建设铁矿。

镜铁山矿位于嘉峪关西南的祁连山中段，距酒钢 55 千米。矿区最高峰海拔 4200 多米，生活区海拔 3000 多米。全年结冰期半年以上。条件更为艰苦。

冬天，他们住的房子四面透风。没有柴烧，就爬十几里山路砍柴，一捆捆往回背。吃水都是用水桶、塑料袋等，从北大河提回来的。困难并没有把马万水小组吓倒！

修建二号、四号水泵平台，并不是马万水小组的任务。他们看到工程艰险、工程量大，兄弟班组完成任务有困难时，就主动把任务承担过来，保证了工期。

在马万水小组还流传着一首歌谣：

一天不唱歌，一天不活泼；

越艰苦越唱歌，越紧张越活泼。

马万水小组学唱了很多革命歌曲。他们休息、走路、集会等，说唱就唱，越唱越来劲。高亢激昂的革命歌声，增加了精神力量。他们对待困难的态度，不是沉默不语，而是动人心弦的革命歌声！

工友们唱啊，跳啊，热闹非常，哪有心思理会窗外的滚滚风沙呢！

（6）马万水小组是个革命熔炉。15 年来，这个英雄集体，虽然人员不断调进调出，但是小组的吃大苦、耐大劳，顽强斗争的革命精神，却不断发扬光大。这个战斗集体充满着浓厚的无产阶级风气。

小组创始人马万水，是一位坚强的无产阶级革命战士。1961 年，他患癌症逝世前，还对爱人说：“要永远听党的话。教育孩子不要忘本。将来还干我这行。”他还告诉老战友、继任组长郭进财：“回去转告小组的同志，要永远争先进，把党交给咱们的红旗保持住……”

郭进财公而忘私，舍己为人，工友们都亲昵地叫他“傻郭”。他有一手好技术，打眼、放炮等，在组内很少有人比得上。但干起活来，他却抢在前头，挑重担，干最累的活儿。1960 年，快速掘进时，人手紧张，他儿子得急病死了。老郭把孩子尸体掩埋之后，就返回工地投入紧张的劳动。有人劝他休息两天。他说：“人死了，也弄不活，快速掘进不能耽误！”

马万水小组的傅万禄、李祥、高长坡、张小生、甄成计等老工人，一直是小组工人的学习榜样。

初中毕业生苏金海，1963 年入组。不安心工作，嫌劳动太苦，“四块石头夹块肉”的坑下太危险。妻子、母亲也不让他再下坑劳动。他也曾几次三番另找工作。于是，工友们从各方面对他进行帮助，启发他提高阶级觉悟。遇到最艰苦、最危险的活地，老工人都争先恐后抢着干。他家里有困难，组里帮助解决。这一切，使他认识到畏艰险、怕困难是工人阶级的耻辱。只有大公无私、舍己为人、抢挑重担，才配得上工人阶级的光荣称号。在一次对比座谈会上，苏金海越听心里越不平静。他说，我也是个苦孩子啊！家贫如洗，父母没有生路，被迫卖掉了姐姐……许多心酸往事，涌上心头。他沉痛地说：“我错了，今后坚决听党的话。我是共青团员，党叫我在哪里干，就在哪里干！”现在苏金海是团小组长、学习毛主席著作和学习文化的辅导员。劳动好、工作积极，受到工人的好评。

在外单位，认为“不可救药”、缺点和错误比较严重的青年工人，入组几个月，就有了显著转变。王元、张瑞祥、齐子成、郭瑞图等人，是 1964 年前后，从庞家堡铁矿转到小组来的。当初，都是有名的“调皮鬼”。生活散漫、劳动拈轻怕重等等，有的几乎被开除。入组初期，表现还好。过了几天，故态复萌，要求出组。小组对他们一分为二地分析，认为他们出身好、年轻、有干劲，有时劳动也出色。于是大胆使用他们，耐心帮助他们。在星期六文艺晚会上，王元还用大鼓书的形式，说唱自己的转变过程。这些青年转变后，有的当了班长，有的被评为“五好工人”、工种能手、学习毛主席著作和学习文化的积极分子。

1963 年，毛主席发出了“向雷锋同志学习”的号召后，马万水小组出现了崭新气象。他们越出了巷道—宿舍、宿舍—巷道的狭窄生活工作圈子，到处散发着光和热。诸如扶老携幼，给不慎遗失火车票的老大娘买票，修补下雨天最容易滑倒人的小道，自动帮助炊事员切菜、洗碗等，更是他们常做的事。工人们就是生病住院或去疗养院休养也是好事做了一路，他们的行动感动的医务人员啧啧称赞。

在马万水小组里有几个爱买零食吃的青年工人，每月给家里寄钱很少。有的人“酒瓶不离嘴，嘴离不了酒瓶”。月末人家剩钱，他剩一堆酒瓶子，吃饭还得伸手借钱；有的人发了工资，就胡乱买东西吃。吃蛋糕还夹大蒜呢。如今，爱吃零食的人少了，往家寄钱的人多了。

（7）马万水小组是靠毛泽东思想起家和发展壮大的。他们经历了从听别人讲述毛主席的话，到亲自读毛主席书的过程。他们用毛泽东思想武装自己的头脑，做到既有旺盛的革命干劲，又有实事求是的科学态度。从而，闯过了道道难关，赢得了节节胜利。

1964 年和 1965 年，马万水小组部分工人，到鞍钢和湖北、湖南、江西、广东、广西和云南等省、区金属矿山学习取经。他们深刻体会到，兄弟矿山的好思想、好经验、好做法值得学习。他们决心戒骄戒躁，高举毛泽东思想伟大红旗继续奋勇前进！

二、采写时代赞歌——记哈尔滨新风加工厂抢救国家财产的英雄们

1966 年 2 月，总编辑陆子平让我到他办公室，说：“最近，哈尔

滨新风加工厂失火，出现了一批抢救国家财产的英雄人物。部政治部胡立声主任要去。要求报社也派记者去采访。报社决定派你去。时间比较紧，一定要认真干好。”陆总还交代，刚毕业来报社工作的洪景森等两名大学生跟我一起去实习采访。

哈尔滨新风加工厂原来叫东北轻合金加工厂，技术、设备和厂房建设得都很先进，是部属重点企业。我们一到工厂，就去火灾现场和采访救火的英雄们。晚上，去看望了胡主任。他让我们抓紧时间采访，多了解情况，一定要把报道写好。他说，你写的马万水工程队那篇文章挺好，这篇文章也要写好。

哈尔滨新风加工厂的火灾事故，发生在当年2月8日下午。一个危及全厂安全的储氧囊发生爆炸的紧急关头，共产党员、生产组长刘美泉等20名工人，把生死置之度外，勇敢地冲上去，奋力抢险，保住了国家财产和职工生命安全。

在救火中，有11名同志光荣负伤。在治疗过程中，他们忍受着剧烈疼痛，同伤痛展开了顽强斗争。刘美泉同志因伤势严重，抢救无效，于2月14日去世。其余10位同志伤势逐渐好转、康复。

我首先抓紧时间采访伤员。对活着的伤员，从救火过程到伤后治疗，都进行了详细采访。刘美泉伤势危重，不能采访本人，就千方百计找知情人采访。

由于省、市等新闻单位的记者都在采访，白天谈不成，我们就抓紧晚上采访。见缝插针核实问题。

我计划用一周左右时间采访完。但只采访了五天，胡主任就告诉我，他要返京，走之前必须看到稿件。这一突然决定，使我感到紧张。胡主任原来是解放军老少将，作风雷厉风行，到冶金工业部工作后，仍然保持着这种作风。我只好紧锣密鼓地干起来。一边回忆采访过程，一边整理资料，一边思考写作提纲。很快，长篇通讯的框架搭好了。我决定争分夺秒，把稿件写完。

这篇英雄们抢救国家财产的长篇通讯，共分四大部分。

（1）写英雄们救火的壮丽场面。充分反映他们一不怕死、二不怕苦的英雄气概和高贵品质。刘美泉是主角，要浓墨重彩。其他人员陆续出场，前后呼应。文字激昂、简洁、有力，气势恢宏，震撼人心。呈现给读者一个烈火压不倒、敢于战天斗地的可歌可泣的英雄集体。

我在通讯中写道：在火灾即将发生时，刘美泉第一个冲进了最危险、最主要的储氧室。那里有通向分流塔的总阀门和 6 个大储氧囊。他迅速关闭了总阀门，切断了通向分流塔的管路。这时，熊熊烈火已经在第一胶皮储氧囊的底部燃烧起来，很快储氧囊就会发生猛烈爆炸。刘美泉又扑上去，用两只胳膊扑火。并且边扑火边猛力拽储氧囊的胶皮管，想把第一个储氧囊拉开，不使火蔓延到其他储氧囊……

刘美泉的工友们，也几乎在刹那间，迅猛地扑向储氧室、电闸、阀门等紧要部位。

在同一时刻，共产党员检修工长赵长久，推开冲在他前面的新工人张有泉，冲进了储氧室，和刘美泉一起用双臂扑火……

在同一时刻，氧气站站长谭玉津赶到现场大声命令："赶快停车!"又和刚到氧气站 3 天的青年工人吴绍生一起，关掉了分馏塔附近的一系列阀门。他又发现有一台卧式空压机在运转，就迅速去停车……

在同一时刻，共青团员、女工公淑霞听到"赶快停车"的喊声，就飞也似的奔向 3 号氧压机附近的电闸。但被先赶到的共青团员沈俐拉开。她又转身，想关闭氧气机通往充氧站的阀门，又见冷传乐在关闭。她又毫不迟疑地冲进了储氧室……

在同一时刻，青年工人杨绍侠赶到现场，拿着灭火器，冲进了储氧室……

在同一时刻，共产党员陈发启冲进了储氧室……

在同一时刻，青年工人冷传乐奔赴已经喷射蓝色火苗的 3 号氧压机，不顾烈火烧身，硬是关闭了通往氧压站的管道……

就在这一刹那，只听到在储氧室灭火的赵长久往外撵公淑霞："火大了，快出去！"当杨绍侠正持灭火器冲进储氧室时，轰然一声巨响，6 个大储氧囊同时爆炸。能够切割钢板的蓝色火焰，夹着比十二级台风凶猛得多的气浪，一喷而出。冲开了储氧室的窗户，鼓裂了混凝土的房盖。从储氧室里喷射出来的火焰和气浪把对面 36 米远的双层大窗户和下边的砖一起冲掉。火焰过处的机器铁丝网也被烧化了。

赵长久、杨绍侠等同志被巨大的火流和气浪冲出了储氧室。

刘美泉淹没在一片火海中……

厂房里面，一场激烈的搏斗还在紧张地进行着……

厂房外面，另一场激烈的搏斗，也在紧张地进行着……

烈火终于被英雄们扑灭了！

（2）反映工人阶级硬骨头精神。烈火被扑灭，挽救了工厂和职工们的生命。英雄们在医院里的表现，也十分令人感动。严重的烧伤使刘美泉进入休克期，常常处于半昏迷状态。他在昏迷中，还念念不忘生产，不忘国家财产。其余 10 位受伤的同志不呻吟，不喊痛，同死神进行着顽强的抗争。共产党员赵长久、22 岁的小伙子冷传乐、共青团员公淑霞等人，都是我们伟大时代的骄傲。

（3）反映党和人民都在关心着英勇献身的英雄们。在厂区，在哈尔滨市，在首都北京和祖国的四面八方，人们都在关心着他们，想方设法医治他们的烧伤，期盼他们早日康复。

（4）反映省、市领导和广大职工群众的关怀和敬仰。为完成此稿，我奋战了整整一夜。直到太阳出来时，一万字的长篇通讯，才画上了句号。胡主任秘书把稿件取走后，仅仅过了个把小时，胡主任叫我去他房间，满意地对我说："桂林，熬了一整夜，辛苦了。文章写得很好！我一会儿就回北京，我让老陆尽快见报！"

过了几天，我返京后，又对通讯进行了少许修改，直到自己满意，才送陆总审阅。陆总改动不大，便于 3 月份见报了。

第六章　平反昭雪贯全文
中宣部称好文章

1977年前后，冶金工业部拨乱反正，又恢复了正常工作，这令部机关的大部分同志感到欣慰。新上任的唐克部长召开党组会议时，决定恢复机关报《冶金报》的出版发行。同时，指定《冶金报》原总编辑陆子平具体负责组建报社领导班子，“招兵买马”，尽快出版、发行报纸。

于是，陆子平从报社的老同志中选拔领导成员。他征得人事司的同意后，决定由我和刘健男同志参加，组成三人领导班子。健男同志很快就到位。我因出差在外，尚未接洽。我返京后，得到此消息后，犹豫不定。一个原因是，我在部办公厅秘书处已经工作三年，工作顺利，受到办公厅领导的好评，不愿意离开；另一个原因是，《冶金报》在“文革”中，是部里造反派的一个老窝。我担心人际关系不好处，报纸不好办。

正在这时，部里又安排给我一个紧急任务。当时，中央决定把全国平反冤假错案的典型案例写成通讯或报告文学，集中编辑成书，书名叫《春风化雨》，内部出版发行。冶金工业部恰好有一个典型案例被选中，部领导决定由我采写此稿。当听到这个消息时，我心里很高兴，心想《冶金报》停刊十年，我一直未写过长篇通讯，能否写好，心里不太托底。但是，既然领导把任务交给我，我决心一定得干好。

这样，我来不及和陆总打招呼，就立马出差采访去了。

我负责采写的这个案例，是内蒙古包头市第二冶金建设公司（后改为第二十二冶金建设公司）卫生所所长、正骨中医周福蕴受迫害后，昭雪平反的事实。由于定案说这是一起医疗事故，周福蕴被肇事医生诬陷，打成现行反革命分子。这时，周福蕴一家已经回到老家——大连市甘井子农村。于是，我又到甘井子采访。

我在周家住了一个多星期。采访了他本人和夫人、几个子女以及村干部、邻居等多人。就在采访过程中，还经常遇到骨折病人登门看病。

在我来的第二天。正要对周福蕴采访时，突然来了一位 20 多岁的女青年，右手包着白色绷带，哭哭啼啼地恳求说：“周大夫，我的右手食指断了，求你帮我接上吧！我跑遍了大连市的十几个大医院，都说接不上，必须截指。听说您医术高明、有办法，才来找您的。”周大夫问：“手指是怎么断的?”姑娘哭着说：“我是工厂的车工。开车床时不小心把手指撞断了。”周大夫劝她别哭，打开纱布看看再说。周大夫打开纱布，仔细查看伤情，又摸摸断指处，笑笑说：“我看不用截指，也能治好。”女青年听后，破涕为笑地说：“怪不得家人和工厂领导都说让我来找您，说您肯定能治好。不然，周大夫，您看我这么大了，右手要少个食指，将来怎么办呢?”只见周大夫把断指处理好，用硬纸板卷了卷，缠上绷带。又给开了些中药，说：“一个星期后再来。”女青年将信将疑。说声谢谢就走了。看她的表情，好像还未完全打消顾虑。但比来时的神情强多了。我正好要住一周时间，庆幸自己可以赶上看结果了。

一周后，女青年准时来就诊了。只见周大夫打开她右手的硬纸卷和纱布。手指既不肿胀，又没发炎。周大夫让姑娘动动手指。姑娘动了动，高兴地笑着大声说：“周大夫，接上了。指头连在一起了。回家这些天，我不敢碰这个手指，很怕长不好，被截掉。”周大夫说：“已经用硬纸板包上了，一般是碰不掉的。”接着，他风趣地说：“这回不用哭了。将来找对象也不用愁了。但是，最近一段时间还要注意保护。不要碰硬处，防止再断。”

姑娘走后，我想：姑娘的断指，跑遍大连的几个大医院，都无法治愈。而周福蕴却轻易就治好了。可见，其医术确实高明。我在包头采访时，很多被访者都反映，周福蕴的正骨医术非常高超，医德高尚。

在大连，我同样进行了大量采访工作，和周大夫一家生活在一起，亲眼目睹了他的工作和生活。只要没有病人就抓紧时间采访。能采访的地方和群众，都想办法采访，充分发挥了我的新闻专业特长。通过采访，感到周福蕴确实是被人陷害的，是一起证据确凿的冤假错案，我决心尽全力写好这篇文章。

其实，冶金工业部有关部门和第二十二冶金建设公司，对周福蕴的平反工作，做得非常深入细致。办案人员不辞劳苦、认真负责，每一个情节都证据确凿。由于二十二冶是撤销单位，很多资料难以收集、寻找。参加查案的保卫科长王丙才，终于找到了那份扣在周福蕴头上现行反革命罪名的证据——病历。原来，死者的主治医生根本不是周福蕴。病历上的签名恰恰是污蔑周福蕴的人——葛某某。他自己医治的病人死亡了，却倒打一耙，栽赃于周福蕴。这份病历太珍贵了，它彻底洗清了周福蕴背了 20 多年的冤情，还周福蕴一个清白。我被深深地感动了，下决心写好这篇通讯。

根据中央关于平反冤假错案的要求，我将通讯的题目和内容，都集中到“昭雪”二字。题目是“正骨中医昭雪记”。通讯写完，我反复斟酌、修改，才报到部里审阅。不久，听说此稿已报到中央宣传部审查。中宣部负责此事的领导批阅：“**好文章。从正面，从积极平反**

的角度写出的一篇好文章。其影响和价值比之以血泪控诉的文章要高得多。”

这篇通讯被收入群众出版社出版的《春风化雨》一书。我收到这部书时，发现全书都是平反冤假错案的文章。全书分上下两册，二百多篇文章。“正骨中医昭雪记”一文排在全书上册的第二篇。可见其被重视的程度。

后来，我去大连，到周大夫家看望时，发现他也收到了此书。他把这本书视为珍宝，收藏在抽屉里，生怕弄脏或丢失了。

通过采访和相处，我和周福蕴及他的家人也成了好朋友。他曾偕夫人来京在我家小住。我每次去大连，必去看他。两家交往密切，几个孩子和我们也很亲近。2004 年周福蕴 80 大寿时，我和夫人辛霞也被邀请参加庆祝。

正骨中医周福蕴生前，我在大连采访时，得知周福蕴的正骨中医秘方是祖传的。他的父亲周秉臣、祖父周克忠、太爷周运德及其上辈周世富等，都是从事正骨的中医师，经数代传承发扬光大，逐步形成了周家的正骨秘方。治愈的患者，据不完全统计达数万例。

周福蕴、林淑梅的子女，为了纪念他们的父母，在瓦房店龙潭山龙华宫供奉李时珍、华佗、扁鹊的医神殿，为他们建造了塑像。今年夏天，我们夫妇去大连，还进行了瞻仰祭吊。

在大连，我们看到了周福蕴 2013 年 4 月 27 日写的一份声明书，并经公证处进行了公证。他声明书的主要内容如下：

声明人周福蕴，现年 89 岁，我自幼师从爷爷周克忠、父亲周秉臣，继承并发展了祖传中医正骨秘方、技术、疗法。主治骨折、腰椎间盘突出、骨质增生、股骨头坏死、骨髓炎、骨结核、股滑膜炎等。从医至今，治愈患者数万余例。

我的女儿周玉坤自幼热爱医学，师承于我。现我年事已高，为支持女儿周玉坤继续研究中医正骨，将祖传医术发扬光大，我特作如下声明：

（1）我已将祖传秘方及我个人研发的中医正骨秘方、技术、疗法传授于女儿周玉坤；

（2）女儿周玉坤为我的嫡传弟子，是我家中中医正骨秘方、技术、疗法的第四代传人。特此声明。

因该声明引起的一切法律后果由声明人自己负责，与其他任何人无关。

2013 年 4 月 27 日，中华人民共和国辽宁省大连金州新区公证处，出具的公证书是这样写的：

“公证事项：声明

兹证明声明人周福蕴于二〇一三年四月二十七日来到我处，在我的面前，表示已经了解声明的法律意义和后果，愿意对声明所述内容负责并承担相应的法律责任，并在前面的《声明书》上签名、按手印。

周福蕴的声明行为符合《中华人民共和国民法通则》第五十五条的规定。”

第七章　“文革”期间烧日记
遗憾之情伴终生

最近，我在《额穆遗孤》一书中，谈到写日记好处多多的那一节时，写道，我在初中二年级，就开始写日记了。当时，教语文课的杨老师非常重视学生养成写日记的习惯，在课堂上也曾多次讲到写日记的好处。他认为，写日记可以提高语文水平，可以锻炼和提高写作能力，还可以积累对日常生活的观察和思维能力……我认为，杨老师说得很对，我一定按照他的要求做。于是，从那时开始，我就坚持写日记了。

我写日记的目的，就期望提高写作文的水平，争取把作文写得好一些。为此，我多次向杨老师请教，几次把写的日记拿给杨老师看，请他具体指正。这样，我就给自己规定了写日记的标准。要把当天自己感触最深之处写出来，哪怕是一件小事，都要充分发挥自己的思维，写深写透。这样的日记，就避免了平凡记事，写流水账。我开始写日记时，断断续续，不能坚持每天都写。特别有时因为喜欢打篮球，往往就把写日记的事忘记了。经过杨老师的帮助，我改变了三天打渔两天晒网的做法，严格要求自己，坚持天天写日记。我下决心把写日记作为必修之课。放学后，第一件事就是把日记写完。同时为了提高日记的质量，每天从早到晚，都注意观察、思考身边的人和事，积累写日记的素材。开始还打草稿。这样，日记的质量就提高了。

我考上吉林市高中后，认真翻阅了写过的日记。总的感觉质量较差，比较粗糙，语言不生动，主题不突出，叙事琐碎……我有意识改正这些毛病。日记质量有了明显提高。我认为，写日记也像学习和工作一样，需经常总结，才能不断提高写作质量。

高中阶段，由于坚持写日记，不仅提高了语文水平，而且对写作也产生了兴趣。进而想写些其他东西。于是，我就给《吉林市日报》投稿。万万没想到，第一篇稿子寄出不久，便被采用了，在学校引起轰动。之后，又连续登载了两篇稿件。为减少在学校的影响，我采取了两个办法。一是星期天、节假日到北山公园或附近繁华的河南街等处，像记者采访那样，收集素材写作；二是不用真名用笔名，免得同学议论。这样，高中毕业前，在《吉林市日报》上我又发表了20多篇稿件。由于坚持写日记和多次在《吉林市日报》发表文章，引发我对新闻工作产生了兴趣，并立志高中毕业时报考新闻专业。

1957年夏，我考上了中国人民大学新闻系后，更加重视写日记了。因为我认识到，提高写作水平与我所学的新闻专业关系非常密切，而写日记也是提高写作水平最有效的手段。班里30多位同学，基本都知道我有写日记的习惯。同班的调干生钱林大姐（《安徽日报》原总编辑）还特意送我一本精美的日记本，鼓励我：持之以恒，继续写好日记。

1961年，我大学毕业时，被分配到《冶金报》社工作。那时，还一直坚持写日记，直到“文化大革命”开始。

每当想到“文化大革命”时，我就想到我的日记。一是在那些轰轰烈烈的日子里，心里很乱，不能集中思考问题、继续写日记了；二是已经写了十五六年的日记，共有十五六个精致的日记本，竟被全部烧掉了。“文化大革命”期间，我始终未参加造反派组织。为此，造反派一直监视我，看我是否和“走资派”有联系。这时，有位好心的朋友劝我说：“你写了那么多日记。造反派可能对日记下手，搜罗你反党的证据。”“造反派什么事都能干得出来！白的能说成黑的，黑的也能说成白的！不如把日记销毁了，免得节外生枝。这样，使他们抓不住什么把柄。”我理直气壮地说：“我的日记里绝对找不出反党反社会主义言论！我是共产党、新中国培养成人的，没有共产党新中国，就没有我的一切！我日记里只有感激和报恩。”好朋友继续说：“造反派要整你，什么都是证据！还是把日记都烧了吧，免生后患！”与这位朋友谈话后，我产生了是否烧日记的思想斗争。烧还是不烧？反复思考，拿不定主意。甚至搅得我夜里难以入睡。那时冶金工业部机关大院的大字报铺天盖地，已经把机关搞乱了。部长们都靠边站了，他们经常被造反派拉到礼堂批斗，低头哈腰，挨打挨骂……这是促使我下决心烧掉日记的主要原因。于是含着眼泪，将一本本日记烧掉了。

至今，几十年过去了。难以忘怀的是，那些我辛勤积累的精神财富，无辜地被付之一炬。太可惜了！那些日记，真实地记录了我这个额穆遗孤，在共产党、新中国培养教育下，一步步成长的历程。充满了对党对毛主席的热爱和感恩之情。只因当时年轻，政治上不成熟，经验不足，怕造反派造谣生事，怕惹麻烦，而做出了悔恨终生的蠢事。每每想到此，我都痛惜万分。

我要感谢我的日记，是它帮助我走上了一条正确的从业之路。如果当时不写日记，我不会爱上写作，不会报考中国人民大学新闻系，也不会成为一名光荣的无产阶级的新闻工作者。我更要感谢引导我写日记的杨老师。如果他不提倡我们写日记，我哪会自觉地养成这种良好的习惯，取得后来的成绩。我甚至幻想过，假如我没把那些日记本烧掉，现在我不仅可以出版《艾桂林新闻作品选》等著作，甚至还可以把我的日记编撰出版《艾桂林日记汇编》或《人生之旅》，再或

《我爱写日记》，面向广大青少年读者。因为，我的日记内容很丰富，有初中、高中、大学及刚参加工作的不同阶段内容，对这些年龄段的人都会有所启示。我的日记会告诉他们，在青少年阶段，应该怎样学习、怎样生活、怎样工作，甚至怎样做人。如果那些日记保存下来，自己老了，闲下来翻翻，过电影似地重演过去的经历。它记录了我是怎样一步步，在党的培养教育下，从初中、高中、大学到成为一名新闻工作者的过程，也会增添无穷乐趣……悔之晚矣。

每每想到这些，我后悔不该烧掉日记。当时为什么会烧掉日记？这反映出自己政治上的不成熟，没有树立坚定的无产阶级世界观。只能说明我这个共产党员，缺乏远见卓识，缺乏党性锻炼。

第八章　记者队伍新组建
业务培训很重要

“文革”中，《冶金报》停刊十年左右。期间，我到云南冶金干校劳动一年；到陕西华阴汽车修造厂工作三年；回到冶金工业部机关，在部长值班室工作时，被评为部机关优秀共产党员。再到办公厅秘书处任副处长三年左右。此间，完成了冶金系统一典型冤假错案平反的长篇通讯。

正当我在大连、包头采写这篇通讯时，听说部党组决定复刊《冶金报》并更名为《中国冶金报》。报社老总编陆子平牵头组班子，我和刘健男都是成员。但是，我的采访正在紧张进行中，只能全力以赴搞好这项工作再去报社。即使陆总等得着急，我也顾不上了。大概过了个把月，直到“正骨中医昭雪记”交稿，我才去陆总处报道。

回报社后，分工我协助陆总抓报纸版面编辑工作。当时，记者队伍正在组建，培训工作也亟须着手进行。于是，陆总又让我把这项工作抓起来。这项工作我一直抓了四五年。

在筹备报纸复刊时，原来的老记者已经屈指可数。大部分记者都是刚刚从事新闻工作的，从未进行过系统的新闻理论学习。但是，他们积极性很高，非常希望参加培训班，能够比较系统地学习新闻理论和采访业务。为了满足大家的要求，经陆总同意，1981 年我有计划地安排了四期记者培训班，将全国《中国冶金报》记者基本培训了一遍。

恰巧，那年初，新华社举办内部记者培训班，为时半个月左右，我有幸参加。这个培训班的授课者，基本都是新华社采访经验非常丰富的资深记者。他们讲的虽然是采访写作经验，但是理论联系实际、深入浅出的授课方式，使我这个正规学习新闻专业的人，也受益匪浅。对每位授课者的讲课，我都认真做笔记。不亚于我在大学学习时的认真程度。

我在冶金报社举办的记者培训班上，一方面传达新华社培训班的精神；另一方面，我还结合自己大学时期所学新闻专业知识，以及《中国冶金报》对记者的要求，有计划地进行讲授。课后，记者们反映这样办班好，是从事新闻工作以来参加的学习班中，收获最大的，也是最受教育的。这次新闻业务学习，对提高记者业务素质和新闻工作水平，起到了助推作用。

1981 年 11 月在成都五冶招待所召开的

《中国冶金报》西南片记者学习班讲课

冶金报社举办的记者培训班，按时间排序为：

第一期培训班　1981 年 4 月份　地点　江西钢厂；

第二期培训班　1981 年 6 月份　地点　山西太钢；

第三期培训班　1981 年 8 月份　地点　辽宁本钢；

第四期培训班　1981 年 10 月份　地点　先后在成都第五冶金建设公司和峨眉半导体材料厂举办。

每期培训班一般 10 多天，有的半个多月。每天上下午讲课，晚上休息。愿意座谈的，也可分组进行。讲课者只有我一人，从头至尾唱独角戏。那时，我 40 多岁，身体健壮，精力充沛，并不感觉劳累。有时，晚上还和一些记者座谈交流。只是讲话太多，嗓子发炎，每天靠喝胖大海维持。

1981 年举办的四期记者培训班，每期大约有四五十名记者参加。《中国冶金报》的记者基本都参加了。由于培训班是分片进行的，如果记者由于工作忙，未能参加本片区的培训，经报社记者部同意，可以参加另一片区的培训。还有些通讯员闻讯后，积极要求参加听课，经研究也都随片区记者进行了学习。

总之，这年的培训，成效比较显著。

作者在宣传发行座谈会上

一是，报社领导重视。要求通过培训，建立一支比较整齐的记者队伍，以适应冶金系统新闻报道业务的需要；

二是，每期培训班都经过认真筹备。讲课者做好授课计划，记者部研究落实时间、地点等会务工作；

三是，记者和通讯员非常重视，积极性很高，认真听讲，作好笔记。不懂的问题主动提问，我都一一作了解答；

四是，密切了报社和记者们的关系，加深了感情，建立了友谊。

除了举办记者培训班，我们还经常召开部分记者参加的专题研讨会。目的是提高记者、通讯员采访、写作水平。写作研讨班确定的题目有针对性，都是大家关注的热点问题。一次研讨班，基本研讨一个问题。有主讲，有讨论。三五天时间。参加者一般 10 多人。这种小范围的交流、切磋，互相启发，受到与会者的欢迎。

《冶金报》复刊初期，记者队伍大部分记者来自党委宣传部门，对采写经济新闻比较陌生。针对这一实际情况，1982 年 2 月份，我们在海南铁矿召开了“怎样为《中国冶金报》采写经济新闻”研讨班。我在会上发言，引导大家围绕怎样采写经济新闻进行思考。通过这次研讨，大家提高了对经济新闻的重视，不仅增加了经济新闻稿件的数量，质量也有了明显进步。这在当时寥若晨星的行业报中，可以算是首屈一指的。

我还和记者们一起研讨，如何解决在采写稿件过程中遇到的各种问题。要求消息报道尽量写得短些，再短些，最好三四百字，有的还可再短些。通讯最好一两千字。内容丰富、感人的通讯，可多写文字，三千字左右。记者、通讯员在采写稿件时，要多为读者考虑，力求用最精炼的文字、最短的篇幅，达到最好的效果。同时，我还提醒大家，一定要注意 3 个问题：

（1）新闻是单线条的。一事一条，不要面面俱到，更不要横生枝节。

（2）注意掌握和运用新闻语言。新闻语言的特点，就是简洁、明快。新闻语言价值高、分量重，需要字斟句酌。一篇消息，常常是字字计较。有的地方，只能用此字，别的字不能替代。

（3）采写消息，避免用套话和时髦用语。少讲或不讲过程，也不要介绍过程。消息就是要讲新闻，开门见山、干净利落、一目了然。消息的导语也不要长。导语字数不多，写好不容易。写导语前，必须经过深思熟虑，反复斟酌、推敲。每篇消息的导语，都应匠心独运。

每次开记者、通讯员会或座谈会时，我还反复强调稿件的时效性。因为报社编辑部反映，有些稿件内容和思想性都不错，本来可以成为重要新闻。但往往时过境迁，变成一篇无价值的稿件，不能采用，很可惜。原因主要是由于撰稿人不重视时效性，错过了最佳时间，这个问题必须从思想认识上解决。我们要求记者、通讯员面对发生重大新闻的现场，绝不能等闲视之，必须争分夺秒抢时间写稿，尽快发稿。现在发稿的方式很多，要在最短的时间把稿件传给编辑部，争取早见报。

1995年2月，在长沙召开的全国冶金报社记者会议上，我在开幕和闭幕会上，讲了两次话，共有10个问题：

（1）坚持正确的舆论导向。《中国冶金报》是国务院所属的、冶金工业部主办的行业报。首先要主动地、自觉地和党的路线、方针、政策保持一致，要忠实、积极地进行宣传，不能有丝毫的政治偏离。

（2）要重视行业特点。如果忽略了这方面，行业报便不称其为行业报了。《中国冶金报》的全年报道提纲，是根据部长在年初召开的全国冶金工作会议报告制定的，体现了对全行业的年度工作构思和整体部署。这张报纸在全年的宣传报道中，应该充分体现。报纸还必须跟踪冶金工业部每个时期的中心工作，把其作为报道重点，紧紧抓住，卓有成效。企业加强资金管理，盘活资金，是部里抓紧抓好的一

1994 年 6 月 28 日作者与《中国冶金报》摄影记者通讯员会议代表合影

件大事。报社要和有关司局联系，协商如何对盘活资金的报道。

（3）宣传报道必须提高时效性。我们强调时效性，一是编辑工作加快节奏，不拖拉，早日使稿件见报；二是希望记者、通讯员加快采写步伐，快速将稿件送到编辑部。上下配合默契，立足于快。为此，《中国冶金报》又采取了两项加快新闻报道时效性措施。一是要将新闻报道的时间缩短，尤其是要闻版。使其见报的时间加快三天多；二是增加了快讯栏目。所谓快讯，即为近两天发生的重大新闻，只要头天上午 10 点前，传到编辑部，翌日即可见报。

我们强调新闻时效性，就是要求编辑部加快节奏，不压稿。不拖拉，是个重要因素。另外，也希望记者耳聪目明，不仅加快采写步伐，还要以最快的速度将稿件传到编辑部。只有双方配合默契，立足于快，杜绝失实，保证质量，才符合读者要求的时效性。

（4）争取写出更多精品。我们要求记者、通讯员不断提高报道

1992 年 4 月作者在《中国冶金报》全国记者工作会议上

质量，争取多出精品。所谓精品，就是优秀新闻作品。《冶金报》曾在全国被评为一等奖的“现场短新闻”和“年度全国好新闻”一等奖的消息等，都属于精品。

能否写出精品？首先，要解放思想，树立信心。气馁和无所作为的想法都是精品的障碍，要一扫而光。其次，要撒开捕捉好素材的大网，积极拓宽新闻即消息的来源渠道，是能否抓到具有精品素质的关键所在。没有璞玉浑金就不可能提炼出较纯的黄金和雕刻出精美的玉器。精选素材，认真制作，不落俗套，尽快发稿，也是制作新闻精品的重要组成部分。记者、通讯员要有勇气，敢于采写精品，才能使精品脱颖而出。

（5）加强典型报道。典型报道是新闻媒介报道的一个重要内容。典型报道可以加大宣传力度，收到较好的宣传效果。两个文明建设都可以进行典型报道。典型中有单位、集体和个人。

提供宣传报道典型，主要有两个渠道。一是上级有关部门已经确定的了的；一是记者、通讯员推荐的。希望记者、通讯员的头脑中要有发现典型这根“弦”。平时采访时要留意。一旦发现比较好的线索，要尽快向编辑部反映。当然反映上来的，不一定是典型，但可进行报道或者使编辑部了解这方面的情况。此外，也希望企业和基层单位提供典型线索。

在典型报道中，不仅重视新典型，还不忘记老典型。经常跟踪老典型的动态。他们有值得报道的新鲜事情，也要不失时机地采写，进行宣传。

（6）提高连续报道的质量。典型报道是新闻媒介宣传报道的一种宣传形式。目的在于全面地介绍报道对象的情况。同时，也是为了提高宣传力度，深层次揭示报道对象的内涵，以达到最佳的宣传效果。

怎样才能搞好连续报道呢？首先，要及时和编辑部通气，比较详细介绍一下，准备进行连续报道的主要内容，必须得到编辑部的认可。一定要防止未经同意，就擅自花大量时间和精力进行采写长篇巨著。如果随意这样做，常常会造成浪费；其次，要搞个比较详细的报道计划。这个计划应该比较全面反映报道的主要内容；第三，必须深入采访。连续报道的深入采访尤其重要。只有深入采访，才能掌握生动感人的事实，才能写出比较好的新闻作品，使读者受到鼓舞。连续报道同样可以出精品。

（7）提倡沉下去，深入采访。沉下去，深入采访是获得各种消息的重要手段。新闻作品中的精品，往往来自基层，来自生产第一线。记者倘若身临其境，再加上新闻敏感和文字功夫比较好，采写的稿件质量应该是比较好的。新闻工作者深入基层，更是转变工作作风的具体表现。

要想采写新闻精品，就应该离开办公室，经常深入基层，到生产第一线，到群众中去。同时，还要广交朋友，同他们亲密无间，无所不谈。在交往的朋友中，应该有方方面面的人物。上至党委书记、经理，下至普通工人。广交朋友，能让你获得更多的信息，其中不乏精品素材。深入基层，广交朋友，还能使自己吸收到群众语言，可以将新闻作品写得大众化。使职工读者喜闻乐见。如果采写通讯，增加一两个或者更多的细节描写和人物刻画，便能使读者受到感染，催人泪下。

作者在《中国冶金报》驻鞍钢记者站通联座谈会上

（8）进一步拓宽报道面。《中国冶金报》是行业报，其报道的内容应围绕冶金工业进行全方位报道。拓宽报道面，既包括精神文明建设的宣传，也包括重视抓好乡镇冶金企业的宣传报道。

（9）重视拍摄优秀新闻照片。新闻摄影要抓好两个问题。首先，是突发事件的拍摄；其次，是人物的拍摄。作者必须尽最大努力抓拍现场的主要人物。要注意人物内心世界的表现。要反映出人物的气质、风度，避免呆滞、无神或人为摆布之嫌。

（10）提倡敬业精神。有了敬业精神，才能积极开动脑筋，刻苦努力，不懈追求。成果也随之而至。新闻工作者和其他行业工作人员一样，都必须树立敬业精神。同是一种行业，有没有敬业精神大不一样。搞新闻工作，有了敬业精神，就知道努力奋斗，全力以赴搞好宣传报道。为了搞好新闻工作，首先，要努力学习党的路线方针政策，学习有关业务知识，千方百计从方方面面提高自己，丰富自己。其次，在采访、写作方面，要有一种不达目的誓不罢休的韧劲。这样，肯定比没有敬业精神的人紧张、劳累很多。但是，有了敬业精神，思想境界、新闻写作能力，一定会提高很快，宣传报道工作才会做得更好。

《中国冶金报》新闻业务研讨会后留影

（11）新闻工作者的学习问题。古语云“学有涯，而知无涯”。学习是无边际的，活到老学到老。只有经常学习，才能搞好报道。采访和学习同时进步。日积月累，知识斐然。《三字经》最后讲“勤有功，戏无益，戒之哉，易勉励。”勤不仅指学习。戏无益太绝对了。但多读书，少玩些，是不错的。

《冶金报》复刊后，我负责记者工作四五年。直到 1988 年，报社领导班子调整，陆总编离休后，我就负责报纸的编辑工作了。我在抓记者工作期间，脑子里一直盘算着如何把记者队伍建设好。我和大部分记者建立了深厚感情。他们遇到困难，我想办法解决。《中国冶金报》建成了一支比较有战斗力的记者队伍，适应了办报需要。我负责报纸编辑工作后，体会更深，感到欣慰，认为这几年的记者工作没白抓。我感谢他们做出的贡献。

第九章　幼树长壮靠养护
陆总关爱永不忘

1961 年 7 月，我从中国人民大学新闻系毕业，分配到冶金工业部《冶金报》社工作。

我来报社报道的那天，报社办公室主任带我到领导和各版编辑部办公室与同志们见面。当走到陆子平总编辑办公室，介绍我是艾桂林时，陆总立即说，你就是小艾啊！从他的口气听，好像已经知道我了。过后，办公室主任对我说，报社经部人事司同意，派人到你们新闻系查档、考察，最后才选中你到报社工作的。这也是经报社领导班子研究，报部里批准的。

我到报社的时候，陆子平是副总编辑。当时，总编辑由冶金工业部政治部副主任张仁第兼任，陆总主持报社全面工作。

我知道，《冶金报》是一张冶金系统的行业报。不熟知这个系统的生产经营情况，是无法胜任办报任务的。我在这里是外行，对冶金工业一窍不通，工作无从下手，心中难免有些苦恼和郁闷。怎样才能弥补这一先天缺陷？我认为最好的办法就是，到生产第一线去，在实践中学习冶金知识。其实，领导心中早就做好的安排。

一、去鞍钢3个月，学习矿山知识

陆总编对我的情况很了解。有一天，他找我谈话说，我们办的是冶金行业报，读者是冶金企业几百万职工。因此，办报人员必须熟悉冶金工业的生产经营情况。绝不允许说外行话。他说，为便于今后的宣传报道，报社决定派你到鞍钢记者站学习3个月，主要熟悉鞍钢的矿山情况。鞍钢是全国最大的钢铁联合企业，从采矿到冶炼、轧材等都有。这次，你就熟悉那里的矿山情况。矿山是基础。先学好基础，冶炼和轧材以后再说。

陆总的话说到我心坎上了，这正是我所期盼的。

报社和鞍钢记者站对我的学习很重视，做了精心安排，并派有经验的记者胡永奎负责这项工作。近处，我俩就骑自行车跑，当天来回。远处乘班车，当天回不来，就在招待所住一夜。

我们跑遍了附近的几个露天矿山。我边看边学。老胡讲解认真细致，我听得专心致志，感到收获很大。鞍钢弓长岭铁矿是地下开采的，品位高。到地下参观时，我感到很惊奇，又有点害怕。工人们在几十米的地下巷道里打眼放炮，四块石头夹着人。环境很差，劳动强度极大，非常辛苦。我心中不由自主地对他们产生了深深的敬意，是他们在默默无闻地苦干，为发展我国的钢铁事业，做着无私奉献！

我和老胡跑遍了鞍钢的所有矿山。我全面地学习了矿山知识。

在鞍钢3个月学习即将结束时，我提出，是否能带我看看炼铁、炼钢、轧材、焦化等生产线，了解一下生产过程。记者站安排了两天时间。通过参观这些工厂，又丰富了这次学习的内容，我非常高兴。

从鞍钢学习回来，我在总结的同时，也对自己今后如何进一步学习冶金工业生产经营问题，制定计划。我大体做了如下安排：一是争取多到企业单位采访。从中了解生产经营情况；二是尽量多参加冶金工业方面的会议。无论是全国的还是地方的会议，都可以学习和掌握一些冶金工业和企业的情况；三是争取参加每年 2 月份召开的全国冶金工业会议。参加不了会议，也要拿到一份会议文件，认真学习，充实自己；四是密切与机关各司局关系，收集有关文件。经常与各司局保持联系，了解有关情况。认真阅读各司局针对生产经营等形成的文件，开阔视野，增长知识；五是到图书馆“充电”。部机关图书馆是我业余时间学习冶金知识的好去处；六是虚心向冶金行业的行家里手学习。

1989 年 8 月作者在河北迁西金厂峪金矿

我写的鞍钢学习 3 个月的总结和今后打算，都送请陆总审阅。

二、首次完成采写马万水工程队长篇通讯

1964 年第一季度，冶金工业部决定，在全国冶金系统推广学习思想红、作风好、工作硬的马万水工程队。这一年，正是马万水工程队成立 15 周年。

不久，陆总编让我到他办公室，交代任务说：“马万水工程队是全国冶金系统先进典型。部里要在全国冶金系统推广学习，要求《冶金报》进行宣传报道。之前，需要采写一篇介绍马万水工程队的长篇通讯。采写这篇通讯的任务，就交给你了。你有什么想法?”我立刻意识到，这是一副非常沉重的担子，顿时感到压力巨大。我随即回答说：“陆总，这个任务很重要，担子很重。我刚毕业三年，工作经验和业务水平都不足，恐怕难以胜任。换个经验丰富、采写能力强

的人吧。”陆总说：“以后是要增加人，调几个记者配合你。但是，这篇一万多字的长篇通讯，肯定要你来完成！”我又推托了一番。但是，陆总编斩钉截铁地说：“小艾，你有完成这个任务的能力和水平。一定能干好！要有这个信心！这是我经过慎重考虑后决定的。你就下决心吧！我们满怀信心等待你高高兴兴地完成任务！”

事情就这样定下来了。这是大学毕业后，报社交给我的第一项重要任务。沉甸甸的担子，重重地压在了我的肩上。我感到压力很大，甚至有些力不从心。但是，我知道这是领导对自己的关心和培养，把这样重大的任务交给我，是对我的信任……想到这些，我热血沸腾。我这个额穆孤儿，是党一手培养的，我是党的人。不能向组织讨价还价，一定不辜负领导的期望，竭尽全力出色完成任务！现在，我的理解应该是，人身上都有潜能，外界施加压力，就能释放出来。领导从外界给我施加压力，给我创造了锻炼成长的机会。帮助我挖掘蕴藏在体内的潜力，充分发挥主观能动性。

思绪稳定了。接下来，我就开始考虑如何写好通讯的问题。我知道，这篇通讯能否写好，最重要的是采访工作必须出色！积累大量采访素材，是写好通讯的基础。所以，第一步必须搞好采访。

马万水工程队起初所在的单位是庞家堡铁矿，在河北张家口宣化，距北京较近，我曾三四次去采访。从队长到工人都相处得很好。在采访中，我掌握了大量有价值的资料，写过一些短篇报道。如从艰苦创业到路越走越宽、严峻的考验、哪里需要哪里去，哪里艰苦哪安家等内容，都是在宣化采访到的。有些典型细节难以忘怀。这些内容都可以用在通讯上。

后来，马万水工程队搬迁到甘肃白银冶金公司。不到半年，又奉命搬迁到离家乡更远的甘肃酒泉，建设酒钢镜铁山铁矿。新的环境十分艰苦。矿区最高处海拔4200多米。生活区海拔3000多米。全年结冰期半年左右，工作和生活条件都相当艰苦。但是，他们不畏惧，不退缩，不顾个人安危，努力完成生产建设任务。我在采访中深受鼓舞，决心深入、细致、狠挖典型，如实反映这个英雄集体的高贵品质。一些生动感人的情节，我都写进了通讯里。

我从华北到西北采访马万水工程队的英雄事迹，收获甚大。对这个英雄集体理解更深、更广，对我个人的思想震动、启迪也是平生最大的。他们为了祖国的建设事业，舍小家顾大家。在西北那么艰苦的环境中，不怕牺牲，战天斗地，终于取得了胜利。

到西北采访时，报社又从外地借调来四五位记者。但是，陆总在交代任务时说，他们是帮助你采访的。写稿的任务还是你干。

1995 年 3 月作者（后排中）重返镜铁山

我们记者组从酒钢镜铁山矿回京不久，我便抓紧时间写完了通讯。全文一万多字，我觉得文字长了些，于是，将稿件送交陆总定夺。他看了后，觉得可以，报送冶金工业部政治部审查。过了几天，陆总告诉我，稿件通过了。1964 年 7 月，《冶金报》全文发了这篇长篇通讯。后来，中国工业出版社出版了《马万水工程队》一书，该通讯被收在此书中。

三、采写抢救国家财产英雄们的长篇通讯

1966 年 2 月的一天，陆总叫我到他办公室，说："哈尔滨新风加工厂失火，出现了一批抢救国家财产的英雄人物。政治部胡主任要去。同时要求报社也要派记者采访。报社决定派你去。时间比较紧，一定要抓紧，认真干好！"陆总还交代，刚毕业的洪景森等两位大学毕业生跟你去采访实习。

哈尔滨新风加工厂原名东北轻合金加工厂。其设备、技术和厂房建设等，都很先进，是部属重点企业。到了现场，我们就去了解火灾情况和采访救火的英雄们。晚上，去看政治部胡主任时，他让我们抓紧时间采访，多了解情况，一定要把报道写好。他还说，你采写的马万水工程队那篇文章挺好。这篇也要写好。

火灾发生在 2 月 8 日下午，该厂一个危及全厂安全的储氧囊爆炸。紧急关头，共产党员、生产组长刘美泉等 20 名工人把生死置之度外，勇敢地冲上去，奋力抢险。保障了国家财产和职工生命安全。有 11 位同志光荣负伤。在治疗过程中，他们忍着剧烈疼痛，同伤病展开了顽强的斗争。刘美泉同志终因伤势过重，抢救无效，于 2 月 14 日去世。其余 10 位伤员伤势好转，陆续康复。

期间，我先抓紧时间采访伤员，无论是救火过程，还是伤后治疗，都详细采访。刘美泉伤情危重，不能采访本人，便千方百计采访知情人。采访这些人也很难，因省、市记者都来采访。白天找不到他们，就晚上谈。还核实了一些情节。我计划采访一周左右。但采访了五天，胡主任要回京，走前必须看到初稿。胡主任原是解放军老少将，作风雷厉风行。于是，我就抓紧时间，边采访边思考文章结构，晚上夜战。通讯共分四大部分：一是写英雄们救火的壮观场面；二是反映工人阶级硬骨头精神；三是反映党和人民都在关心这些英雄们；四是反映省、市领导对英雄们的关怀和表扬。

当天色大亮时，我的长篇通讯也画上了句号。我把稿子拿去送胡主任审阅。胡主任返京前告诉我，通讯写的挺好，让老陆尽快发表。

我返京后，又对通讯进行了认真修改，更换了标题，直至自己满意，才送陆总审阅。这篇通讯于3月份见报。

四、提高宣传力度　决心写好言论

我1961年到冶金报社工作。除《冶金报》停刊那些年外，我大多时间是在陆子平同志领导下工作，直到他离休。《冶金报》复刊后，我从副总编辑，干到总编辑。在多年的共事中，我深深感到，陆总是一个党性和事业心极强的人。他处事公道正派，处处严于律己，为人师表，办报经验丰富。在他领导下，报社人心齐、干劲足，一派和谐向上的气氛。

在工作上，陆总勤勤恳恳，任劳任怨。尽管他爱人患病多年，需他照顾和承担家务。但他从未因此影响工作，每天都是早来晚走，为《中国冶金报》社无私奉献了自己的全部精力。

陆总的优秀品质和敬业精神，对我的影响是长久和潜移默化的。我担任总编辑后，在办报指导思想和工作态度方面，陆总的言行一直在影响着我。我立志在办报方面，要在他奠定的良好基础上，充分利用所学的新闻专业知识，把《中国冶金报》办得更好。

为此，我想在进一步加强报纸言论，并在陆总的关注下，下工夫进行探索。

在改变《中国冶金报》言论薄弱方面，取得了一些成绩时，就得到了部领导的肯定。陆总到报社看望大家时，也说大部分言论写得好。增加了宣传力度，要坚持下去，把报纸办得更好。

我当总编辑11年来，粗略地统计所写的言论，最多的是评论，共74篇、本报评论员文章54篇。社论是报纸最重要也是最难写的言论，我还是迎难而上，写了14篇。其中，有3篇社论是为年度冶金工业会议写的。有 1 篇社论是为在鞍钢召开的冶金质量工作会议写的。1991 年 4 月 30 日，发表了庆祝五一国际劳动节 105 周年社论“要把全心全意依靠工人阶级落到实处”。冶金工业部和冶金机械工会发出向李双良学习的决定时，又写出了“宣传李双良学习李双良”的社论。1993 年 7 月 23 日，庆祝《中国冶金报》创刊 35 周年，我写了不到一千字的社论“为冶金战线两个文明建设做更大贡献”。社论发表不久，便听到戚元靖部长的表扬：这篇社论写得好，值得认真阅读。

部长的表扬，企业、群众的赞扬使我对社论的撰写更加重视。我感到这一问题的关键所在是“年度冶金工业会议精神，应该是当年宣传报道的中心内容。部里每个时期的中心工作，就是我们同期的宣传报道重点。”有一次我到部里开会，见到戚部长，说起了此事。他说：“对，就是这两句话。这是《中国冶金报》的正确舆论导向。”

第十章　办报导向把握住
丝毫偏差不允许

《中国冶金报》是冶金工业部主办的行业报。冶金工业部是国务院所属的工业部门。因此，《中国冶金报》的宣传导向，必须和党中央、国务院的路线方针政策保持一致，绝不允许有丝毫偏差。

作者在报社办公室

我担任总编辑后，主管《中国冶金报》11年的宣传报道中，每年的宣传报道提纲的制定，都是根据年初召开的全国冶金工业会议上部长的工作报告制定的。这个报告体现了党中央、国务院的要求，体现了冶金工业部对全行业年度工作的部署。报纸在全年的宣传报道中，必须充分体现，决不允许横生枝节，另搞一套。

我负责报纸一、二版工作时，就一、二版的宣传报道方面存在的问题，我归纳总结出以下五条。谈谈看法，供以后宣传报道参考。

（1）有长计划，无短安排。有些通讯员反映，摸不到《中国冶金报》宣传报道的脉搏，一些记者也有同感。对一版反映比较突出。

在河南安阳钢铁公司召开新闻报道研讨会时，记者们也谈到了这个问题。出现这个问题的主要原因，我认为在于编辑部有长期报道计划，而无近期报道安排。可见，每年搞出季度、半年乃至全年报道计划是非常需要的。因为编辑部这个长期计划，是根据冶金工业部工作安排制定的宣传报道计划。但毕竟是粗线条的，带有综合性质。就报纸宣传而言，欠具体化。什么时间报道什么问题，都不明确。从报纸的版面来看，报道不集中，内容不突出，甚至出现，一期报纸宣传一个中心，突出一个主题，不是有计划地连续报道一个主题或某个单位的一件重要事情。解决这个问题的关键在于宣传报道时，编辑部不仅要有长计划，而且要做好短安排。

当然，解决这个问题有一定难度。因为冶金部对全国冶金行业，只能进行宏观指导，不像过去那么具体。一个时期有一个时期的中心工作，报道时也可围绕这个中心进行宣传。但是不管难度有多大，这个问题非设法解决不可，也完全可以解决。当前，党的十三大精神十分明确，冶金工业会议也已经召开。我们完全可以据此认真研究，如何有计划、有步骤地组织报道。要抓住几个层次，逐步深化。当然，要解决好这个问题，也不只是编辑部的事情。记者和通讯员们也应当积极协助。及时向编辑部反映下面存在的问题，并提出自己的意见和建议。只有编辑部和记者、通讯员密切配合，齐心协力，才能使这个问题解决得好一些。

（2）新闻稿件一般化。目前，编辑部收到的新闻稿件存在着一般化问题。内容一般，形式一般，读来平平，很少新意。有的勉强能用，有的干脆不能用。稿件之所以一般化，有新闻价值问题，有主题提炼问题，有采访问题，也有写作问题等。最根本的是，有些作者只停留在表面，不肯深入采访。比如，关于平衡的经济联合，中国共产党十三大政治报告中指出："通过联合投资、相互参股等多种方式，促进人才、资金、技术、资源等各种生产要素合理的流动与重新组合。应当主要以大中型企业为骨干，以优质名牌商品为龙头，以促进科研和生产的联合为重点，积极发展企业群体或企业集团，以适应专业化分工和规模经济的要求。”

事实上，冶金企业之间，冶金企业与其他行业之间，已经实行了广泛、多种多样的联合，并显示了强大的生命力。但是，《中国冶金报》至今为止没有横向经济联合的报道，仍停留在一般化动态的报道。浮光掠影地报道了一般信息之后，作者就再也不理睬了。留给读者的悬念，不管联合后的企业如何兴旺发达，以及遇到的各种问题，包括成功经验、失败的教训和前进中尚需解决的问题，都应连续反映。在这个报道过程中，就应该深入调查，捕捉联营中的问题予以提炼，写出带有指导性报道来。

消息一般化的另一个突出表现，在于千人一面，八股味极浓。党的十三大以后，《中国冶金报》连续报道了一些冶金企业，在十一届三中全会以后的八九年来，在改革开放中取得的可喜成就。这些消息基本属于一种格式：泛泛地叙述多方面的数字。报道成就时，叙述不能没有，数字也不可缺，但问题在于只有“共性”而没有“个性”。在这方面，需要作者找到符合企业本身特点的个性，即取得成就的特殊性。各企业有各企业的特点。尽管有改革开放这个大前提，但取得成绩的原因，也是各不相同的。作者就是要努力寻找特点。这里有作者的水平问题，也有采访深入与否的问题。从一些熟悉的记者来稿看。不是水平问题，主要是采访不深入和对材料归纳、提炼不够。

（3）成绩连篇，问题少见。对问题的报道，有两层意思。一是登载批评稿件，披露某个单位的某件事情或某个人的错误，一定要准确、真实。这体现了报纸的战斗性；二是就某方面的问题。比如实行经济承包责任制、厂长（经理）负责制的过程中，存在的问题，进行督促检查报道。所反映的问题虽然是局部的，但往往具有普遍意义，可以增加报纸的指导性。

《中国冶金报》登载的批评稿件不多。原因是批评稿件采写的难度较大，有些稿件是记者力所不及的。但是，对问题的报道则显得困难少得多了。关键在于记者要有敏感性，要求记者必须深入实际，进行调查研究。然后，对掌握的大量材料进行分析、判断，从纷繁的问题中，理出带有指导性的材料，写出报道。这样的消息，新闻价值自然要高。《中国冶金报》头版头条刊登的消息，是讲实行厂长负责制以后，水钢厂长犯了罪怎么办？这条消息提出了实行厂长负责制后出现的新问题，也讲了正确的解决办法。这个厂不仅总结了经验教训，教育广大职工更加坚定推行厂长负责制。因此，较有新闻性。而对类似这样问题的报道，我们一些同志则往往予以忽略。当然，实行厂长负责制以后，出现的问题不仅限于此。怎样进行深入报道？需要同志们在实际工作中去了解，去搜索。此外，对品种质量、“双增双节”运动、经济承包责任制等方面的报道，都需要我们不断摸索，开创报道的新局面。因为，典型的事例已经做了处理，却仍不失教育的作用。有些问题，如果报道及时，采写角度新颖，影响是出乎意料的。所以，今后对这些问题，我们不要置之不理，而应该持积极的态度，认真对待。

（4）内容单调，尚需拓宽。《中国冶金报》改周三刊后，报道比过去丰富了，报道面也比过去宽了，进一步增加了可读性。这是很多读者共同的看法。

如果认真回顾《中国冶金报》的宣传报道情况，感到报道的内容还有些单调。精神文明建设的报道，还不如物质文明建设的报道；冶金行业的其他方面，如黄金、地质、基建、科研、教育、矿山等报道和钢铁比较还很薄弱；地方中小企业的报道和大型企业比较还亟待加强；边远地区的报道远不如沿海地区和几个大城市的报道；乡镇企业的报道尤其应该增加；一些省市的报道，比过去明显减少。如此等等，应该努力采取措施，尽快改变。

一段时间以来，一版的报道尤其显得单调。作为要闻版，必须同时宣传两个文明建设。现在的情况是，物质文明建设报道较多，而且内容单一，一般化，广度和深度都不够。一些稿件只盯在生产经营上，一个模式，一张面孔，毫无新意，可用可不用。世间万物都有自己的特点，采写这类稿件也应该写出其特殊性来，各企业的生产经营都有自己的做法。要想采写到特点，就必须深入调查研究，抓第一手材料。否则，绝不会使稿件摆脱一般化。

头版头条消息，是否写大企业的？都是生产经营方面的？不见得。持有这种看法的同志应该改变。好的个人、班组和车间新闻、有特色的通讯、重要的读者和记者来信，也可以上头条。应该不拘一格，关键要从宣传效果考虑。

（5）稿件要特别强调真实、准确。新闻必须真实、准确。这是新闻工作者必须牢记并在实际工作中时时遵循的准则。从新闻工作者主观上讲，无论记者、通讯员，都不想采写失实的报道。但是，我们在新闻作品中，又确实发现存在着不准确、不真的情况。这就需要大家对每篇稿件的事例、数字、人名、地名等，认真核实，切不可粗枝大叶。绝不要因为一时疏忽和侥幸而造成重大或者较小的失误。

这里主要强调一下准确问题。有些稿件的个别提法欠准确，而滋生了不好的影响。比如，稿件中讲到完成的利润、合同、按国际标准生产、高炉利用系数、焦比、成材率、达到国际水平、国内第一家、独家生产、首创、最先进……例子很多。这里既有数目字，也有提法。作者既有初学者，也有搞了多年报道的记者或通讯员。产生的原因是多方面的，很难理出几条。但是，最重要的是记者和通讯员必须对自己的作品要认真负责，一定准确无误。疑难问题，没弄清之前，绝不撒手。如果大家发给编辑部的稿件都能这样对待，既减少了编辑部的核实负担，也增加了宣传报道的准确性。

在报道年初召开的冶金工作会议时，报纸必须脉络清楚地发表消息，写好如何贯彻会议的重要社论。有些重要内容还要反复宣传。条理清晰，使读者更为重视，知道轻重缓急。

全国冶金工作会议的报告就是全年宣传工作的纲，必须抓紧抓好，使读者深入人心。当然，冶金工业部对全年工作怎样做，如何抓。还要根据每个时期的实际情况，有针对性地进行操作。对此，《中国冶金报》应该开辟专栏，发表言论，连续报道。做到既有声势，又有深度。这样，可以收到较好的效果，使领导和读者都感到满意。

为了坚持正确舆论导向，在改进宣传报道方面，我向编辑们，特别是一版编辑，提出了几点具体要求：

（1）要制定报道计划。有了报道计划，一定要坚持执行，不要被自然来稿牵着鼻子走。怎样制定报道计划？从时间上讲，有短期的，如月计划；有中期的，如季度计划；有长期的，如半年计划等。制定报道计划的依据，是部里一个时期的中心工作。从报道内容上分，报道一个大问题时，不可能一次解决，往往都是连续报道，进行波浪式宣传。

（2）要加强约稿。制定了报道计划，必须加强约稿。否则，报道计划难以实现。重点报道要约稿。要做到约稿准确，必须对企业情况十分了解。为此，编辑部通过多种渠道掌握企业情况。之后，才能确定约稿对象。

（3）要重视并认真处理稿件。负责约稿的编辑，对稿件要严肃认真，仔细审阅，不要轻易否定或完全肯定。对有些写作不符合要求，但内容又非常重要的稿件，如果时间来得及，一定要请记者进行修改。如果本人有困难，可请记者部或编辑亲自去帮助修改，不能凑合或降低要求。

（4）要抓紧时间学习。抓紧时间学习是新闻工作的需要。谁不抓紧时间学习，谁就干不好新闻工作。人们常说，新闻工作者思想敏锐。为什么敏锐，就是因为学习抓得紧，精通方针政策。

我们办的是冶金工业行业报，采编人员必须清楚冶金工业的产业政策，必须清楚冶金工业部在贯彻这些政策时的具体部署，必须知道部党组每个时期的中心工作等。不仅如此，为了搞好宣传报道，对党中央、国务院有关方针政策也要了解。此外，编辑们对企业管理、冶金工业的生产技术和行业、重点企业、地方骨干企业等，都应了解或熟悉。

作者在宝钢生产现场

1996年9月，为庆祝《中国冶金报》创刊40周年时，我写了一篇社论，题目是“抓好记者队伍建设，坚持正确舆论导向”。在“坚持正确舆论导向是办好报纸的生命线”的论述中，我强调“每年部长在全国冶金工作会议上的工作报告，便是《中国冶金报》全年宣传报道的中心”。在那篇社论中，我还写到，部党组每个时期的中心工作，便是《中国冶金报》那个时期宣传报道的重点。我认为，这一点也非常重要，因为部里全年工作，每个时期都有重点。作为部党组的喉舌必须积极配合，抓住重点，有针对性地进行报道。这篇社论得到部领导的肯定，受到表扬。

在1989年那场政治风波中，部党组要求，全行业职工必须坚守岗位，积极抓好生产。《中国冶金报》在宣传报道中，按照部党组的要求，始终坚持正确的舆论导向，反复向职工宣传坚守岗位，抓好生产，绝不偏离这个要求。我在总编辑岗位上，曾经收到几家报纸声援学潮的声明，要求《中国冶金报》参加共同发表。我看了声明后，觉得和部党组的要求不一致。于是提出不同意见，表示向部党组请示后再定。结果，部领导同意不予刊登。我坚决照办，不管其他报纸如何，《中国冶金报》没有刊登这个声明。在那场政治风波中，《中国冶金报》没有出现丝毫错误导向，成了首都最“干净”的报纸之一，受到部党组的表扬。

我认为，报纸的舆论导向正确与否，政治方向是个非常重要的问题，必须牢牢把握住。同时，还要注意到，以经济建设为中心的新形势下，对经济政策的学习，必须认真抓紧学好。尤其是新的经济政策出台时，更要认真学好，理解清晰，积极配合宣传。已经过时的，切不可继续宣传。有些在宣传中，还要掌握分寸，把握时机。

1987 年 6 月作者参观河南安阳钢厂

《中国冶金报》在日常宣传报道中，刊登了一些比较好的作品。就新闻报道来看，有些作品的质量是比较高的，在全国新闻报道中，属于独家新闻。在我当总编辑期间，《中国冶金报》曾获得四种在全国新闻界、摄影界颇有声望的奖项。宝钢记者站站长阮海儿（女）写的“宝钢小人物推动全国金融政策调整”，获得1991年全国好新闻消息一等奖。这是新闻界年度消息最高奖。武钢通讯员李军写的“鲜花不知送给谁”获得现场短新闻一等奖。报社编辑部王援朝的摄影作品获得两项大奖。在广东韶关市举办的全国报纸版面评比中，《中国冶金报》获得了二等奖。在一年中，《中国冶金报》获得了这么多的奖励，标志着这张报纸已经进入了全国先进报纸的行列。

第十一章　个人得失放脑后
全心全意办好报

我在自传体报告文学《额穆遗孤》一书的第十一章写道，陆子平总编辑退休，部里为《中国冶金报》社调整了领导班子。新来的社长兼总编辑，是北京一所大学的党委副书记。我们原来就认识，也比较熟悉。我仍任副社长兼副总编辑。部人事司司长到报社宣布了此事。

当我听到这一任命时，感到有些不理解。因为，中宣部曾规定，报纸由总编辑负责。总编辑必须熟悉新闻业务。我知道这位领导从未办过报，怎么当总编辑呢？我思想上确实产生了一些想法。比如，报纸怎么办？我如何与他配合工作？等等。

既然事实已经如此，我冷静下来，觉得还得面对现实。自己是副总编辑，照样可以办报。我是个孤儿，是党和国家把我培养成一个新闻工作者。我不能辜负党的培养教育，要积极想办法把《中国冶金报》办得更好才对。经过一段时间的相处，我感到新总编辑为人诚恳、老实厚道，很尊重我的意见。我渐渐放平了心态，毫无顾虑地决心好好大干一场。在日常工作中，我很尊重他，做到多请示、多汇报，充分发挥自己的长处，真正从思想上与他团结好，协调一致，和谐相处。不利于团结的事不做，不利于工作的话不说。

事实上，新总编辑头脑很清楚，知道怎样把工作继续下去。他每次开编前会，都尊重我的意见，甚至让我主持并讲话。散会时也总说，大家如果没有意见，就按艾总的意见办。

1992年5月22日作者在办公室看大样

在工作接触中，我感觉到这位新总编辑的思想水平和工作能力都很强，待人处事忠诚、心地坦荡，不搞小动作。于是，我从心里想助他一臂之力。在日常工作中，该总编辑干的事，我都和他沟通。两人意见一致时，再向主任们和编辑部宣布。对新闻报道和新闻业务工作，也是如此。每次，他总是谦逊地说，你对新闻工作是内行，好好干吧！我没有意见。

在办报方面，我坚持继承报社多年的好传统、好做法，跟上改革发展的新形势，再前进一步。对此，我们采取了一些新措施，如扩大报道面，使版面更活跃；配合部领导的工作更紧密；报纸的言论逐渐增多等，都收到了较好的效果。

我热爱新闻工作，热爱《中国冶金报》。从内心来讲，没有想过成绩归谁的问题。出乎我的意料，新总编辑来了以后，报纸会办得如此之好。在这个过程中，我的思想深处也受到很大的触动。我从新总编辑这位老大哥身上，也学到了如何做人，如何做事，增长了很多见识。

我正在专心致志地协助新总编辑办报，并初见成效的时候。有一天，部干部司司长姚恩澍打电话通知我去他办公室。姚司长说："桂林，有一件事要和你商量一下。此事，戚元靖部长已经同意，拟发文执行。后来他同意我的建议，再听听你的意见。”原来，组织上要任命我为冶金工业出版社社长兼总编辑，并要求尽快上任。

这个消息使我感到意外。对个人升职而言是件好事，可以由副司局级提为正司局级。出版工作虽不是我的专长，但和新闻工作也接近。可是，我仔细一想，目前报社还离不开我，我也离不开我热爱的《中国冶金报》。如果我调走了，新总编辑的工作肯定会更困难。新总编辑需要我鼎力相助。姚司长同意我的看法。他说：“桂林，你做得对，不能一走了之。想着报社的前途是对的。你是学新闻专业的，又干了那么多年报纸工作。应该多为报社操劳。”

作者在宝钢第二届优秀通讯员表彰会上

过了两天，姚司长打来电话说，戚部长已同意你不去出版社的决定。他说：“不去出版社也行。《中国冶金报》需要艾桂林。”

我热爱《中国冶金报》，不去出版社，还有另一个想法。

我总感到，我的潜力在报社还未充分发挥出来。我认为人的潜力能否充分发挥，要受条件的影响。在报社一二十年来，我基本过了采写消息和通讯关，特别是完成了几篇重要通讯的采写任务，还受到好评。但一直感到写言论尚欠火候。下决心在退休前，一定把写言论的关隘闯过去。如果去出版社，这个愿望就无法实现。

在宝钢第二届优秀通讯员表彰会上

我在报社工作稳定后，更增加了努力办好《中国冶金报》的决心。《中国冶金报》的宣传报道，逐渐有了较大的改变。在日常宣传报道方面，《中国冶金报》刊登了一些较好的作品。就新闻作品而言，有些质量还是比较高的。在全国新闻界产生了较好的影响。《中国冶金报》曾一年获得全国新闻界、摄影界颇有声望的奖项。

《中国冶金报》获得了这么多的奖励，标志着这张报纸已进入全国先进报纸的行列。这是报社领导、编辑和记者、通讯员团结一致，携手共进，努力奋斗的结果。

第十二章 采写消息很重要 多出精品是目标

1996 年 8 月，我在冶金记协消息研讨会上发言，主要讲写好消息，写出精品。现摘要如下：

按照冶金记协常务理事会去年的决定，由首钢报社举办的这次新闻业务研讨会，主要是研讨消息在新闻报道中的主导地位问题。这里讲的消息，并非一般信息。而指的是一种常见的新闻体裁，即是新闻报道的“常规武器”。

许多报社对这次研讨做了充分准备。绝大部分报社将发言打印成材料。其内容不仅符合会议的要求，而且有些发言也比较深刻。大家在讨论中，虽然各抒己见，但对消息如何在新闻报道中占主导地位的看法，基本一致。所以，这次研讨会是比较成功的，达到了预期的效果。我相信，通过这次研讨会，必将进一步提高大家对采写消息的认识，更加促进消息在新闻报道中的作用。

这里，我主要讲如何写好消息，多出精品，算是对这次研讨会的总结。

第一、消息主题的确定。我们采写一切新闻作品时，主题的确定都是十分重要的，往往成为新闻作品成败的关键。对一篇消息来讲，确定好主题尤其重要。这主要是消息内在的特定因素决定的。衡量一篇消息的分量，主要看新闻价值和宣传价值。而这些又取决于消息的主题。当然，读者从消息的主题中，可以看出作者的政治水平或政策水平及对客观事物洞察的敏感程度。选择一个好的主题或者好的角度，是作者写好消息的关键。

在新闻报道中，不要以为消息只有几百字，顶多上千字，可以随手拈来，甚至不费吹灰之力。这种想法显然是片面的，不符合客观实际的。一篇在社会上影响较大的好消息。有的尽管区区几百字。但是，作者不知为此付出了多少辛苦，耗费了多少精力！写作中还要字斟句酌，甚至连每个字、每个标点符号都要仔细推敲。目的是为了更好地表现主题，使读者从较少的字里行间，知晓作者的意图。

在消息采写中，选择一个好主题或好角度，是作品成功的关键。我们在采访中，必须对此高度重视，集中精力，反复考虑。切不要浅尝辄止，更不要图省事，怕在主题上下苦工夫。

怎样才能确定好消息的主题？首先在于学习，不断充实自己。学习的内容很多。最主要的是熟悉党和政府的方针、政策。因为，这是每个时期报纸宣传报道的重点。其次，不怕辛苦，多多深入基层，特别是要经常到生产、生活第一线去。以便掌握更多、更生动的素材，因为这是新闻报道的源泉。新闻工作者的职业特点，就是要大量掌握实际情况。要做到这一点，就必须多多接触实际，通过耳濡目染可抓到很多报道线索。另外，要增强敏感性，看问题要敏锐，由表及里。从平凡事物中发现其特殊之处。这是新闻工作者的职业要求。这种工夫不是朝夕所致。要靠刻苦锻炼，勤奋学习。当然，首先要热爱新闻事业，有敬业精神。否则，难以做到这一点。确定消息的主题，当然不止上述几点。这里，我只是粗浅地讲讲。

第二、想采写好经济新闻，必须下工夫。企业的主要任务，是生产经营，提高经济效益。因此，企业报刊登的消息大部分都是经济新

1989 年 9 月作者在宝钢二期工程
冷轧厂生产的冷轧卷板前留影

闻。中央提出以经济建设为中心以后，新闻媒介对经济宣传更加重视。尤其是如何宣传好经济建设，已成为各企业报探索的重要课题之一。当然，企业报也肩负着促进两个文明建设的双重任务。目前，有些企业报的经济新闻干干巴巴，无血无肉，可读性差。有些刊登的经济新闻如文件，似简报，缺乏新闻特色。怎样克服这些毛病呢？我以为：

一是必须深入采访。不要靠现成的简报、电话或道听途说。作者只有深入下去采访，才能掌握大量真实、有说服力的素材。这样写出来的经济新闻有血有肉，内容充实，才能避免一般化。

二是要熟悉并掌握企业的生产经营情况，力争成为行家里手。采写经济新闻离不开生产经营，倘若作者对这些情况不熟悉或一知半解，试想一下怎么能写好经济新闻呢？以采写这类题材为主的作者，即使没有报道任务，也应该多花些时间，不怕辛苦，到有关部门或生产第一线跑跑。多了解一些情况，多熟悉生产工艺。这是搞好经济新闻报道的前提。有时还可能摸到重大的经济新闻线索。

作者参观上海冶金企业

三是要积极提高掌握和驾驭语言文字的能力。这是写好经济新闻的重要一步。新闻工作者要像海绵吸水那样，善于积累文字。作者的语言愈丰富，写出的新闻作品就有可能愈好。因为，报刊上的新闻靠文字传播。新闻工作者必须和文字打好交道。所以，掌握和运用语言文字，是新闻工作者的基本功，分内之事。

第三、要树立采写消息精品的意识。所谓消息精品，就是精湛的消息作品，即优秀的消息作品。她不仅属于作者，为作者增添光彩；同时也属于报纸，为报纸罩上光环，是报纸质量的仪表。报纸刊登的精品愈多，表明报纸的质量愈高。当前，一些新闻媒介，都将出精品作为主攻目标，争取出更多的优秀新闻作品。

消息在新闻作品中是最多、最常见的。消息理应涌现出更多的新闻精品。但实际上精品消息并不多。

我们在采写消息时，必须树立精品意识，努力争取多出精品消息。在采访中，遇到新闻价值高或有宣传价值事件性新闻及非事件性的新闻，一定抓紧采写，迅速将稿件传到编辑部。有的稿件，作者还需向编辑部说明其重要性，以引起重视，达到尽快处理的目的。同时，编辑部上上下下也都应该树立精品意识。对精品稿件抓紧处理，精雕细刻，尽量做到完美，经得起推敲，争取及时见报。编辑部得到的好稿件、好线索，尤其是那些新闻价值高、宣传效果好的信息，要抓紧安排采写。不仅落实到人头，还要提出时间要求。编辑部遇到这类稿件，编辑可以直接请示总编辑，绝不能按常规方式，贻误了稿件的见报时机，使精品稿件变得不精，而成了可上可下的一般稿件。

第四、消息也要深入采访。有些作者以为消息短小，上百字左右，可以信手拈来，似乎无须深入采访。他们以为有了简报，甚至打个电话就可以写成消息了。当然，有的简报或短消息，受到有关条件的限制，这样做也未尝不可。然而，在一般情况下，作者就不应该仅凭简报或电话采访，而要深入实际采访，尽可能掌握更多情况，增加更多见识，使其更加真实可信。这样，写出的消息，不仅内容丰富，语言不干瘪，甚至可以增加文采。同时，由于作者深入采访，对问题和事件了解比较透彻，情况比较熟悉，也可以从不同角度进行采写。因为，同一个事件，采访者可能是多人。如果这样，就应该变换角度报道，使作品有可能接近精品。

1991年6月与“太行行”成员留影

在日常新闻报道中，我们不难发现，有些题材已经报道多次，但有些记者在以后的报道中，却能独辟蹊径。其作品就不一般，令读者有新鲜感。追溯原因，可能是多方面的，但我认为其中一个重要因素，就在于记者采访深入，掌握的素材超乎一般。抄简报或用电话采访，确实省事。在特殊情况下，不得不用。但能不用时，还是不用为好。作者尽量走出去，对有价值的素材，深入采访，精心写作。这样产生的作品，就不一般。须知，图省事、不愿意付出艰辛的人，是很难写出消息精品的。

第五、消息的语言必须简洁明快。所有新闻作品的语言，都应该简洁明快。即用最少的文字进行恰如其分的表述。长篇通讯或述评也不例外。由于消息文字简短，尤其必要，能省略一个字就省略一个字。作者要像拍电报那样，字斟句酌，惜字如金。

现在，有些消息文字冗长、累赘，拖泥带水。对其仔细分析，有些多余句子未删节，有些多余词汇未删去。不知是作者怕忍痛割爱，还是水平不及所致。有的字可以删去，而没删去。要做到消息文字简洁，必须下决心将其修饰完美一些。

消息简洁，也不排除使用文学语言。如果使用恰当，可以增加文采，增加可读性，耐人寻味。但是，消息中的文学语言运用，应该简洁明快，恰如其分。要用与事件贴近的，而不是冗长的形容，与主题无关的描写。在这方面那些优秀的新闻作品，已经为我们树立了榜样。只要认真学习，刻苦努力，成效会越来越好。

第六、采写和发表消息一定要注意时效性。这里讲的消息时效性，之所以谈到采写和发表，是因为消息的时效性，不仅关系到作者，也关系到报社编辑部。只有双方都努力，抓紧时间，互相配合好，才能保证及时见报，体现出时效性。倘若哪一方衔接不好，都能影响到时效性。

怎样才能保证消息的时效性？首先，从作者到编辑部及其领导，

1992年4月29日作者于合肥钢厂与马钢记者站记者汪俞舵（右一）、
合钢经理李宗泌（右二）、人大同班同学
《安徽日报》总编辑钱林（右三）合影

都必须增强时效性意识。大家必须认识到，有些消息的新闻价值和宣传价值与时效性息息相关。保证了时效性，可以使一些消息身价百倍，取得非常好的宣传效果。如果失去时效性，其身价大跌。宣传效果，大相径庭。我们每年评好新闻时，发现有的稿件内容很好，写的也不一般，就是因为未及时发表，使用了“近日”、“不久前”等含混的时间用语，而失去了竞争力。所以，我们千万不要小看了时效性。其次，作者和编者都要牢记时效性，并采取具体的实施办法。上下都要抓紧时间，步调一致，才能保证稿件的时效性。作者得到线索，要克服困难，及时采访、及时写稿，用最快的速度传到编辑部。同样，编辑部也要迅速处理，尽快见报。需要明日见报的，哪怕大样已送印刷厂，也要努力向总编辑提出申请，争取使稿件上到明日见报的大样中。这样，才能保证消息的新闻价值、宣传价值不贬值。倘若是精品，岂不更增加了好新闻评比的竞争力！

第七、消息与其他新闻作品体裁的关系。消息在新闻作品中是最常见的，最普遍的一种新闻体裁。人们习惯称其为新闻作品中的“常规武器”。主要原因在于作者用消息反映新闻事实比较快捷，比较轻便，容易操作。读者了解新闻事实也比较方便、简单，一目了然。所以，就报纸而言，尤其是要闻版刊登的消息比较多。这不仅是报道内容的客观要求，也是为了满足广大读者的需要。一张报纸，消息类新闻作品，占的位置比较多、分量也比较大，基本上唱主角。这是理所当然的。相反，倘若不是消息，而是通讯、言论或其他文章长期充满了版面。那么，这份报纸就可能成为杂志了。

消息尽管简短，也比较容易写。但是，将消息写好，特别是成为精品，就不容易了。这就需要作者下苦工夫磨炼。若想采写到好消息，需要多方面的因素。其他章节已经谈及，这里就不赘述了。

关于消息与通讯的关系。在部分新闻事实采用消息的新闻体裁报道之后，读者就基本知晓了一次性事件。当然，有些新闻事实，消息一次报道还不行，尚需换换角度，再继续用消息体裁报道。有些新闻事实，只是采用消息报道一次还不行。因为读者还想进一步了解实际情况。这样，就只能先采用消息，以最快的手法将发生的事情告诉读者。然后，作者再深入采访，用长篇通讯的体裁，向读者比较详细地交待发生事实的过程和许多重要情节。从而，增加了对主人公或事件的叙述，以满足读者进一步需要。

有些新闻采用消息体裁报道之后，虽然已经完成了此项任务。但作者从宏观方面考虑，感到通过此事件，尚可进一步报道，以增加读者对该事件的深层次认识。这样，就可以基于消息再进行报道和论述。比如，写通讯、记者述评、评论员言论等论述。当然，有时也可以以消息为契机，编辑部根据掌握的宏观情况，发表短评、评论，甚至社论。

第八、拓宽消息报道思路。新闻报道是事实的反映。一般来讲，发生的客观事实，具有新闻价值或宣传价值，作者都可以采用消息的新闻体裁予以报道。我国提出以经济建设为中心以来，经济报道的分量比较大。经济部门主办的行业报，更是突出报道本行业的经济工作。这些都是大家的共识，并为之不懈努力。

我这里讲的拓宽消息报道的思路，主要有两点。一是经济报道的思路要进一步拓宽。因为生产经营是一个多方位、十分复杂的过程。我们的宣传报道必须与之相适应，决不能简单化。这不仅是客观事实，同时也适应了广大读者的需要。我们应该把眼光放到产量、质量和经济效益上，而且成为主要的报道内容。我们还应注意到生产经营的方方面面。二是精神文明建设的报道要进一步拓宽。目前，对企业的精神文明报道虽然扩大了，对先进、模范人物的宣传报道尚需加强。要有计划、有重点地报道他们的先进事迹，为职工树立鲜活的学习榜样。

对企业的热点、难点问题，不要回避，应采取正确的态度，积极主动宣传报道。在宣传报道中，积极进行释难解疑。从正面引导，做好宣传教育工作。要引导职工正确对待那些一时难以解决的问题。在宣传报道中，要积极鼓励、振奋大家的斗志，增强战胜困难的信心。

加强企业的文化宣传。要认识到做好这项工作，有助于企业精神文明建设。此项工作要有计划、有步骤地进行。最好有专人负责，有步骤地安排好。

第九、端正对采写消息的认识。目前，在新闻界仍然有些人对消息的认识欠全面。一是认为消息容易写。看看简报，打打电话，顺便了解一下情况，就能写消息；二是认为消息容易写作。文字简短，可以很快草就；三是认为消息在新闻作品中分量最轻，谁都能写，似乎上不了大雅之堂，等等。其实，采写消息并非如此之轻易。尤其是采写精品消息，更是难上加难！否则，在每年的新闻大奖赛中，评选一等消息时，为什么那么难选？有时甚至空额。

我们一定要端正对消息的认识。无论是年轻的新闻工作者，还是经验丰富、工作多年的老记者，都不要小视了消息的采写，特别是消息精品。不要以为字数多的大块头新闻作品就重要。其实，一篇几百字的消息精品，其新闻价值不低于几千字的长篇通讯或比其长得多的其他新闻作品。难道事实不是如此吗！

第十、报社领导要重视消息的采写。这是一张报纸能否发表更多的好消息，能否生产出消息精品的关键所在。首先，编辑部领导要做到上情及时下达，多为活动在第一线的记者或通讯员出点子，甚至指点迷津。这样做的结果，往往可能出现消息的精品。其次，记者、通讯员因把握不准而反馈上来的问题，要做到正确而及时回答，尽量做到上下思想沟通。如消息内容对路，则无须经过大量修改，就可以见报。第三，好作品应及时见报。遇到个别的好消息，不仅放在重要位置，事先留出版面。甚至打破常规，不怕麻烦，在大样上换稿件。

第十一、报社编辑部要形成研讨消息等新闻业务的风气。一张报纸如果经常发表一些比较优秀的新闻作品，特别是好消息，则说明这张报纸是办得比较好的。当然，首先要看该报道宣传导向。报纸能否经常发表比较优秀的新闻作品，则取决于报社的大部分编辑的政治业务水平。我们要鼓励和提倡编采人员不断学习，提高政治和业务水平，做到思想敏锐，努力办好报纸。对不务正业，不肯钻研业务，甚至得过且过的编采人员，要加强教育，努力提高他们的政治、业务水平。对出手的稿件应严格要求，反复修改，直至达到较高水平才罢手。这样，全报社才能形成钻研业务的浓厚气氛，报纸质量才能得以提高，越办越好。

报社这种钻研业务的氛围怎样才能形成呢？关键在于报社领导树立办好报纸的决心，为提高消息精品，要经常对佳品进行表扬。按月或按季度，至少半年评一次好稿件。还可举办提高稿件质量的研讨会，鼓励大家谈心得体会，探讨今后报道思路。研讨的题目可以根据

宝钢日报第二届优秀通讯员表彰会现场

一个时期在宣传报道中遇到的问题确定。

第十二、培养名记者、名编辑，对写好编好消息很重要。获奖的优秀新闻作品，既反映了报纸的质量，又提高了报纸的知名度。同样，名记者、名编辑既反映了报社采编素质，也提高了报社知名度。两者的关系，后者更重要。因为，有了后者才容易产生前者。后者是基础。所以，报社领导必须首先重视培养名记者、名编辑。

在办报过程中，怎样培养名记者、名编辑？重要的是选准人员，必须有重点、有步骤地进行培养。因为都要求大家成为名人，一时是做不到的，只要有目标、有重点地培养，才能实现。《中国冶金报》1980年复刊后，我抓了几年记者工作。当时，记者队伍逐渐扩大，鼎盛时期达到一百几十人。在这些人中，有专职记者、兼职记者。我把培养目标，放在专职记者身上，盯着文字水平较高、积极采写并取得较好成绩的人。那时，确有十几名骨干记者，他们采写的稿件质量、数量都是很好的。我任总编辑后，更是经常安排他（她）们承担重要的、紧急的采访任务。

要抓重点记者，就必须为其成长创造必要的条件。内因是主要的，但外部条件也不可缺少。另外，要对培养的记者施加压力，促使他们发挥潜能。我认为人都是有潜能的，有时没有外界压力，潜力难以发挥出来。适当增加其工作负荷，甚至交办一些未曾干过的采访任务。工作量大，任务又紧急，逼他们尽力发挥潜能。他们担当的任务不仅能完成，而且干得很好。对此，我深有体会。1963 年，我大学毕业刚刚三年，领导就把采写全国冶金系统先进集体——马万水工程队的长篇通讯重任交给了我。当时，虽然压力很大。但我想到这是领导在培养我，我是党和国家培养的新闻工作者，必须全力以赴完成任务，动力由此而生。经过几个月的艰苦采访、写作，终于圆满完成任务，受到领导的好评，我的工作能力和写作水平，也得到了较大提高。

第十三章　提倡采写短新闻 报纸宣传再改进

近几年来，中央和地方出版的报纸，都开始重视刊登现场短新闻了。对新闻界来说，这是个新的、可喜的变化。在宣传报道方面是一大改进。当然，现场短新闻也受到广大读者的欢迎。因此，提倡采写现场短新闻，委实是件好事。记者和通讯员应该积极努力，写出更多更好的作品来。

改革开放以来，我国经济状况和社会面貌发生了巨大变化，国民经济出现了喜人的景象。人民生活的温饱问题已经基本解决，精神面貌焕然一新。新闻工作者必须深入基层，及时采写现实生活中那些生动感人的人和事。用现场短新闻这种体裁，具体的而不是抽象的，身临其境的而不是道听途说的，写出短小精粹、新闻价值高，现场感又很强的好作品。通过篇幅短小的现场短新闻，可以生动而具体地宣传党的基本路线，宣传经济建设取得的成就，宣传深化改革和治理整顿的效果，使广大读者深切体会到中国共产党的伟大和社会主义制度的优越性。同时，采访现场短新闻，必须深入基层，到第一线去。由此，可以促进记者转变作风，有利于提高记者的思想和政治水平及业务素质。另外，报道现场短新闻可以拓宽报道视野，增加报纸的可读性。一言以蔽之，提倡宣传报道现场短新闻，是报纸宣传改革的一次可喜的尝试，值得庆贺。

中央领导同志和有关部门对现场短新闻的采写非常重视。李瑞环同志参加了全国记协举办的第一次“现场短新闻颁奖大会”。他在会上说，新闻宣传要使人感到亲切、轻松，喜闻乐见。他强调，新闻宣传首先要真，第二要新。同时要活，要短。他认为，现场短新闻是一种好形式。继中共中央宣传部委托全国记协主办了第一届现场短新闻比赛之后，还将组织第二届“现场短新闻评选”。《中国冶金报》已经开辟了“现场短新闻”栏目，准备参加第二届现场短新闻评选。一些新闻单位多次组织现场短新闻研讨会，对提高现场短新闻的写作水平，起到了推动作用。

二

《中国冶金报》编辑部对现场短新闻的采写十分重视。编辑部领导在不同场合，曾多次要求记者、通讯员积极深入基层采访，努力写出更多更好的现场短新闻。编辑部印发的《记者通讯》和《冶金报通讯》不仅要求记者、通讯员采写好现场短新闻，还组织部分记者、通讯员参加现场短新闻研讨会，总结交流经验。增强了采写现场短新闻的积极性。

《中国冶金报》的现场短新闻栏目，陆续发表了一些现场短新闻。比较好的有陈冰洁的“焦化一日”、李军的“鲜花不知送给谁”（此稿获第二届现场短新闻大赛一等奖）、陈小浔和包斯文的“早餐五钢”、梁建中的“大暑这天”和“广钢无会日”、魏春秀的“灾后第一炉钢”、张英林和张明的“‘克拉斯’上过伏天”、董树清的“唐钢换房会一瞥”、蔡立君和赵五一的“产品质量抽查随访记”、赵英超的“通勤车换新颜”、任昊的“鏖战‘1450’”、李国强的“考工记”、郭圭琮的“合同大战”、张苓的“高处不胜寒　漠风任驰骋”

及“又见铁水，又见铁水”、阮海儿的“曾乐‘出诊’”、曾莫林和商悦、张明的“小雨厅内招工忙”、李其祥和李绍坤及李斌的“南钢绿树环抱 几万飞鸟云集”、匡华安的“5000万元债券之后”、冯文的“彩色瀑布”……其中，相当一部分稿件是获奖作品。

二

要想写好现场短新闻，必须掌握现场短新闻的特征，了解现场短新闻应该具备的要素。这是必须做到的。

目前，一些记者、通讯员还未做到这一点，还不清楚现场短新闻的特征及其要素。因此，有些人把本来不具备现场短新闻要素的稿件，当做现场短新闻来写。似乎现场短新闻俯拾即是，可以随手拈来。结果，稿件到编辑部后采用率很低。也有些同志认为，采写现场短新闻难度非常大，不易奏效，甚至比人物新闻还难写。因此，对现场短新闻怯而止步，不予问津。还有些人基本不重视或很少重视现场短新闻的采写。在这些同志中，还包括从事新闻工作多年的记者和通讯员。他们很少写作现场短新闻，个别人在稿件登记簿上还是空白。

那么，现场短新闻的突出特征表现在什么地方呢？应该说，主要表现在较强的现场感方面。这就要求作者必须到新闻发生的现场，以听到、看到的新闻事实，进行纪实性的报道。在报道中，应该有绘声绘色的描写。切忌进行抽象的、平淡的、甚至枯燥无味的叙述。目前，编辑部收到的一部分现场短新闻稿件，有一个共同突出的毛病，就是现场感少，有的稿件基本没有现场感。大部分稿件缺乏生动感人的描写。只是一般的叙述，令人感到乏味，甚至难以读下去。当然，这类稿件可读性更谈不上了。这是采写现场短新闻时必须认真对待的。

要想写好现场短新闻，必须了解和掌握现场短新闻的要素。那么，现场短新闻的要素是什么呢？我同意对现场短新闻应具备三要素的说法。

要素之一，现场短新闻的新闻价值必须高，现场短新闻的内容，应及时报道读者想要知道，或者尚未知道的事情，即有效信息价值高。报道的客观事实体现了党和政府的方针政策并能产生良好的社会效果，即宣传价值高。新闻事实体现在思想美、情感美、景色美方面，即审美价值高。

要素之二，现场短新闻的现场感必须强。这一点是现场短新闻的特征，也是不同于其他新闻作品的主要之点。因此，不具备这一点的新闻作品，便也不是现场短新闻。所谓现场感强，主要表现在写作上有形象描写，不是平淡叙述或者罗列概念。让读者有立体感觉，不是平面形象。总之，现场短新闻应该有较强的感染力，令人阅读时如临其境，如闻其声，如见其人。

要素之三，现场短新闻必须短小精粹。这是对此种新闻体裁的特殊要求，也是对客观事实完美的表达。现场短新闻应该像一件小巧玲珑的艺术品。必须经过作者字斟句酌，精雕细刻。对现场短新闻的内容和形式，都要求短小精粹，而且非常凝练。

此外，对现场短新闻的语言要求，应该比一般新闻更高一些。新闻语言的特点是简洁明快，干净利落。最忌讳句子冗长，拖泥带水，反复叙述。写现场短新闻，应该用最精练的语言，恰如其分地运用一些文学语言是必要的，因为使用干干巴巴的语言是写不好现场短新闻的。除了文字要求严谨外，标点符号的用法也应该讲究。目前，很多记者、通讯员不注意标点符号的用法。一些来稿中，成段文字一逗到底，不给人喘息的时间。一句话本来结束了，但句尾还是逗号。接着，又叙述另外一句话。在报社内部，有少部分编辑使用标点符号时也漫不经心，对自己要求不严，致使部分文章也出现使用标点符号不准确，甚至错误。我在审阅即将送往印刷厂付印的报纸大样上，就曾经发现过这类问题。当然，这与各部主任审稿不认真也有关系。这就要求采写现场短新闻和其他稿件的记者、通讯员，必须认真选词造句，注意贴切地运用标点符号。

三

我们办报在坚持党性原则、坚持正确报道导向的前提下，大力提倡采写现场短新闻。发动记者、通讯员采写现场短新闻，是伟大的社会主义建设事业的需要，是改革开放时代的呼唤，是广大读者的要求。提倡采写现场短新新闻，还可以推动我国新闻事业的改革。

从《中国冶金报》的宣传报道来看，一般的经济消息报道多，见物不见人的报道多，可报可不报的数字多。具有现场感的新闻报道少，生动活泼内容的新闻报道少，读者喜闻乐见的新闻报道少。为此，编辑部做了一些工作。从记者、通讯员来稿内容看，有较大改进。《中国冶金报》报道的“三多三少”现象，也随之减少。对此，有些读者来信表扬，希望报社再接再厉，将报纸办得更受读者欢迎。

诚然，《中国冶金报》的宣传报道确实比过去有进步。但是，离广大读者的要求，还有很大差距。尚需编辑部、记者和广大通讯员继续努力，争取把《中国冶金报》办得更好。

如何把这张报纸办得生动活泼，可读性强，受读者欢迎。我们曾做过一些尝试，收到了较好的效果。比如，我们曾在一版连续举办两次人物新闻征文，一次比一次效果好。过去，报社与山西冶金厅联合举办的“晋冶杯”人物新闻比赛刚刚结束。专家们在评选这次人物新闻比赛作品时，普遍认为应征作品质量，不仅比上次有显著提高，而且有些作品和一些大报刊的人物征文相比，并不逊色。

报社举办人物新闻征文，还能解决报纸刊登有现场感新闻的问题。为此，编辑部曾决定，一版在继续举办人物新闻征文的同时，要开辟现场短新闻专栏，以使报纸进一步增加生动活泼、读者喜闻乐见的新闻。《中国冶金报》创刊35周年之际，报社决定举办现场短新闻百日大奖赛。举办这次百日大奖赛有两个目的。一是纪念《中国冶金报》创刊35周年；二是进一步推动现场短新闻的采写。编辑部号召记者、通讯员及喜欢宣传报道的同志们，到生产第一线去，主动采写稿件，积极踊跃参加百日大奖赛。

四

关于采写现场短新闻的目的、意义等问题，前面已经讲过。这里再讲两个问题。

（1）记者和广大通讯员必须端正对现场短新闻的认识。立即行动起来，采写更多更好的现场短新闻。从《中国冶金报》已经发表的现场短新闻看，质量好的寥若晨星。要想参加这次现场短新闻的角逐，必须抓紧时间，尽快拿出好的作品来。如不抓紧时间采写，势必错过时机，留下遗憾。大家要认识到，采写现场短新闻，不是权宜之计，而是一件长期的工作，必须持之以恒地抓下去。现场短新闻并非“小菜一碟”，并非不能登大雅之堂。更不能认为，只有消息、长篇通讯，才能上头条，登头条。这些看法都是片面的。记得，报社和山西冶金厅共同举办“晋冶杯”人物新闻征文时，本钢记者站高显洲、张岩松合作的“本钢工人田志华著书立说惊四方”，就发表在《中国冶金报》一版头条，而且被评为一等奖。于文国拍摄的宝钢300吨大转炉检修的新闻照片，也曾登在一版头条。要知道，报纸和其他新闻宣传手段，在宣传报道方面，没有一成不变的格式。我们报纸宣传的目的，是为了推动社会主义两个文明建设，必须注重宣传效果。由于现场短新闻具备的特点，可以增强新闻报道的吸引力、感召力和说服力。所以，优秀现场短新闻，当然可以登在一版的重要位置。甚至是一版的头条。

目前，《中国冶金报》记者体制的特点是，绝大部分记者都生活、工作在企业，和编辑部同志相比可以说都在基层工作。这是相对而言。但是在企业的记者，不等于生活在第一线。有些记者在办公室或在机关里的时间多，而真正下到生产第一线则较少。这也是一些记者不能写出较多、较好的现场短新闻的原因之一。

（2）提倡记者真正下到生产第一线去。那里有丰富的现场短新闻资源。只要努力开发，像选矿一样，取得精矿，去掉尾矿。同时，要积极提高精矿品质，把现场短新闻写得精彩，堪称优秀之作。如果坐在办公室里，长时间不下去。无论如何是写不好现场短新闻的。我们的记者、通讯员应该真正到生产第一线、到工人中去，采写令人耳目一新的现场短新闻。

记者、通讯员能否采写出优秀的现场短新闻，广交朋友也是重要因素。我们常说，记者是“社会活动家”。其含义无非是要求记者善于交际，广交朋友，以了解掌握更多情况，丰富自己的头脑。有些好的现场短新闻素材，往往是他人提供的。之后，又经过记者广泛深入地采访，反复构思、仔细推敲而就。现场短新闻也和其他体裁的新闻一样，往往是报道已经发生过的事情。但是，采写的现场短新闻，作者有叙述，也有恰如其分的勾勒。这种现场短新闻，使读者有身临其境之感。因此，一般来说，优秀的现场短新闻，其作者都是亲身经历了事件的全过程。而这种机遇，又很不容易遇到。从这个意义上说，记者广交朋友，是非常必要的。不仅如此，善于广交朋友，是所有新闻工作从业者应该具备的素质。

第十四章　努力办好第一版
全神贯注为首要

回忆我负责《中国冶金报》一版的十多年来，《中国冶金报》一版的宣传报道取得了很大成绩，基本完成了报社编辑部制定的宣传报道计划。

这些年来，根据部长在全国冶金工作会议上的报告精神，报社认真贯彻了以质量、品种、效益为中心，对促进钢铁工业持续、稳定、协调发展做出了贡献。

一、一版的宣传报道质量不断提高，效果显著

一版在宣传报道中，坚持了物质文明、精神文明建设一起抓的方针。加强报道了依靠科技进步和企业管理，调整品种结构，提高产品质量，增加经济效益；加强报道了提高企业素质，挖潜改造，走以内涵为主扩大再生产道路；加强报道了把投资重点转变到调整结构上来，生产重点转变到质量品种上来，经营管理重点转变到主要依靠科技进步，加强管理，提高效益上来。

这里还应该提出的是，一版在宣传报道“质量、品种、效益年”活动方面，是下了工夫的。这项工作抓得早，报道声势比较大，宣传

效果比较好。在具体报道中，宣传的范围比较广，不仅反映了重点钢铁企业是怎样开展这项活动的，而且也反映了地方骨干，甚至一般中小企业的活动情况；报道的形式比较多样化，既有连续的动态消息，又经常刊登通讯或经验介绍。同时，加强了言论工作，较好地宣传了部领导在品种质量工作会议的讲话精神。

在冶金系统推广武钢质量效益经验，是在1990年全国冶金工业会议上提出的。针对国务院办公厅发出要在全国推广学习武钢经验的通知，一版在宣传报道中抓得比较紧，系统地介绍了武钢经验，取得了较好的宣传效果。

在日常宣传报道方面，一版刊登了一些比较好的新闻作品。在这些好作品中，有消息、通讯、言论、现场短新闻、人物新闻等。就一版发表的消息而言，应该承认，有些消息的质量还是比较高的。有的消息采写及时，时效性强，内容有新意，在全国的报纸、电台、电视台的报道中属独家新闻。同时，在写作手法上也属于高档次。大家知道，自从1989年下半年，《中国冶金报》一共获得了4个在全国新闻界、摄影界都颇有声望的奖项。在广东韶关举办的全国报纸版面评比中，《中国冶金报》又获得了二等奖。这些情况说明，为了办好这张报纸，广大记者、通讯员和编辑部的同志们都在积极努力，奋力拼搏。

总而言之，《中国冶金报》复刊以来，由于同志们的共同努力，宣传报道质量不断提高，取得了较好的宣传效果，受到广大读者的喜爱，促进了冶金战线两个文明的建设。

二、必须看到缺点 把质量再提高一步

一版的宣传报道，成绩是主要的。但也要看到存在的不足。这些年来，对一版报道的得失，我经常琢磨。看到缺点时，心里就产生危机感。

我讲的危机感，主要是如何把一版的宣传报道的质量再提高一步，避免“盛名之下，其实难副”。我们强调提高办报质量，使《中国冶金报》宣传报道更上一层楼，就是用高标准严格要求自己，必须真心实意地克服存在的问题。从一版的宣传报道来看，我认为从内容到形式，主要还存在“几多几少”的情况。略谈如下。

（1）一般动态多，问题抓得少。在一版的报道中，固然以消息为主。消息是新闻报道的常规武器，可以较好地体现报纸的指导性，即提倡什么，不提倡什么。但是，认真检查《中国冶金报》时，发现一般的消息，重复的消息，未免多了一些，占去了不少版面。与此同时，抓问题稿件却寥寥无几。实际上问题不是没有，关键在于没有抓住，不去涉猎。比如，搞好大中型企业，如何发挥职工主人翁作用，企业如何转换经营机制，等等。往往只是一般的消息报道，而没有去抓问题。须知，如果抓住带有共同性的问题，及时报道一些企业是如何解决的，肯定比一般的消息报道会产生更好的宣传效果。

（2）自然来稿多，重点组稿少。此疾久矣。当然，这种情况，也并非不能体现编辑部宣传报道意图。如果自然来稿多，选择余地大，意图也可能体现一些。但是，这与有重点、有组织地约稿毕竟不同。只有加强组稿，才能使报道意图体现得更充分。读者对版面反映的内容、宣传的重点也看得更清楚。只有编辑部加强组稿，才可以左右一版的报道，掌握版面的主动权。版面的内容就不可能被自然来稿左右。编辑部掌握主动权，也促进记者、通讯员在宣传报道中，积极贯彻落实编辑部的意图。

（3）一次性报道多，连续跟踪报道少。这是多年的通病。编辑部有责任，记者、通讯员也有责任。事实上，很多事物是在不停地发展变化的。有些宣传报道，不能报道一次就了事。如搞好大中型企业，怎样挖潜改造、节能降耗、提高质量品种等，都是宣传报道的永恒主题。应该经常抓，多侧面、多角度进行宣传。对事件的报道，作者要经常和编辑部沟通，编辑部也要和作者保持联系。在新闻报道过程中，上下沟通、共负责任非常重要。

（4）严肃面孔多，活泼笑脸少。当然，要闻版要强调指导性。这和其他版面不一样。但是，强调指导性，并非要用一副严肃的面孔。如果用活泼的笑脸，深入浅出地和读者说话，不仅同样起到舆论导向的作用，或许宣传的效果更好一些。现在，一版的面孔，总的来看严肃有余，活泼不足。其中，有些消息表现最突出。大部分消息向读者绷着脸，无血无肉，干干巴巴，老模式，老套套，很少有新的突破。有些消息的内容很好，但写作一般化，没有创新，影响了宣传效果。这类消息，在制作标题上，作者和编辑，包括总编辑，都应该下工夫。既然消息的内容很好，但写作一般化，没有创新，从而影响了宣传效果；既然消息的内容很好，在标题的制作上，应该下工夫，使之好上加好。制作好的标题，必须认真思考，反复推敲。同时，也需要不断学习、借鉴别人的经验。

（5）粗放耕作多，精耕细作少。有相当一部分稿件缺乏精雕细刻，质地欠佳。有些在一版见了报，是比较好的新闻作品。但原稿很粗糙，犹如璞玉浑金，是经过编辑部多道加工而成的精品。严格来讲，这些稿件应该经过作者精心制作、认真修改，达到自己满意的水平，再发给编辑部。而实际上，编辑部接到的稿件，很多是一个只经简单加工的素材，离精品稿件还有较大差距。还有的稿件未经核实或核实不够准确。我们要求，作者写完稿件，一定要认真核实，按规定程序送审后再传给编辑部。这是新闻工作纪律。违反了，不仅对个人造成影响，更严重的是影响报纸的公信度，造成不良社会效果。

（6）数字排列多，具体做法少。这类作品虽然占的比例不大。从内容看，属于总结式的材料，基本是小标题加数字罗列。在新闻报道中，有些数字是“硬通货”，在稿件中常常起到举足轻重作用。有些消息，由于缺乏必要的数字，往往难以见报。而有些消息，正是因为有了过硬的数字而放到版面的重要位置，甚至是报眼、头条。可见，数字在新闻报道中是多么重要！但是，在新闻报道中，如果一味罗列数字，而缺少文字承上启下。那么，这样稿件也将减少宣传价值，失去见报机会。

现在回想起来，我当总编辑负责一版期间，没能真正坐下来，仔细研究、推敲一版的宣传报道。为进一步提高一版的报道质量，我粗略地总结了“几多几少”。对于得与失的估计，难免有不够确切之处。

三、继续办好一版是我们的神圣责任

怎样加强和改进一版的宣传报道，如何减少“几多”，增加“几少”？这是摆在我们面前的重要而紧迫的任务。对编辑部来说，从编辑到主任、总编辑都有责任。最重要的是大家必须统一思想，确实认识到一版存在的不足。当然，不一定如我讲的几多几少。但必须清楚有哪些不足。认真研究如何加强、改进要闻版的宣传报道。最好制定出几条具体办法，坚持执行，定期检查。只要一版编辑和有关人员，

作者在镜铁山采访留影

真抓实干，锲而不舍，一版的质量定会有很大提高。

改进和加强一版的宣传报道，一版的编辑们有直接的责任。在此。再讲几点具体意见。

（1）要制定报道计划。有了计划，经主管总编批准后，要坚持执行。这就有了主动权，不至于被自然来稿牵着鼻子走。怎样制定报道计划？我以为，从时间上分，短期的，如月计划；中短期的，如季计划；较长期的，如半年计划。报道计划的依据是部里一个时期的中心工作。从报道内容上分，报道一个重要问题时，不可能一次了结。往往都是连续报道，波浪式宣传。对此，也要制定计划，有计划地进行宣传，才能把问题报道的比较深透。这样，既能防止打乱仗，又可避免出现“夹生饭”现象。

（2）要加强约稿。有了报道计划，必须加强约稿，特别是重点报道的稿件。否则，计划等于白订。约稿，要基于对企业情况的掌握。编辑部必须了解企业情况，掌握企业动向。随着传递稿件手段的现代化，约的稿件可以很快传到编辑部。这样，时效性就大大提高。编辑部对约稿记者、通讯员都十分重视。各版面对记者、通讯员约稿情况要掌握，经常与编辑部沟通，年终总结时，进行批评表扬。

（3）要重视编稿。这里讲两个问题。一是编辑对稿件需要严肃认真处理，不可轻易否定或肯定。把握不准的，可向部主任和总编辑请示。编稿时，要严肃认真，做到字斟句酌，反复推敲。一般稿件要反复修改，重要稿件多次修改，直至达到要求。说白了，编辑就是为他人作嫁衣裳，必须有奉献精神；二是有些不符合要求，但内容又非常重要的稿件，在时间允许的情况下，一定要请作者修改。如果本人缺乏修改能力，可请记者或编辑部去人采访。有些重要稿件，动动干戈、花些气力是合算的。编辑部对稿件不要凑合，更不可降低要求。只有大家都树立高标准严要求的思想，稿件质量提高了，才能保证报纸的宣传报道水平。

(4) 要抓紧时间学习。这是针对一些编辑、记者和通讯员而言的。抓紧时间学习是新闻工作的需要。人们常说，新闻工作者思想敏锐。其中一个重要原因，就是学习抓得紧，精通各项方针政策。改革开放以来，出现了很多新事物，要求学习掌握的东西很多。我们必须抓紧时间，既要了解基层情况，又要掌握中央的方针政策。要办好冶金报，必须清楚党中央、国务院发展冶金工业的大政方针，必须清楚冶金工业的产业政策，必须清楚冶金部党组贯彻这些方针政策的具体部署，必须清楚部党组每个时期的中心工作等。这样，才能真正办好《中国冶金报》。只有抓紧学习，才能掌握与冶金工业部门相关单位的情况。另外，对企业管理、冶金工业的生产技术、建设和全行业、重点企业、地方骨干企业等，都应该了解和熟悉。这样，才能进一步提高宣传报道质量。

上面讲的几点，不仅是对一编室和报社编辑们说的，对记者、通讯员也有裨益，希望大家共勉。

此外，对记者、通讯员再讲两点意见。

一是采访要深入。目前，确实发现有些记者、通讯员存在采访不深入的情况。因为采访深入与否，从稿件可以看出个大概。稿件内容空洞，干货不多，内容和主题不搭配等，往往都是作者不深入造成的。采访不深入，调查研究不够，是目前记者、通讯员采访中存在的共同毛病。其表现之一是，采访面窄。甚至和有关人员草草谈话，便收兵。应该和了解情况的人多谈谈，多看看现场，多接触实际，增加感性认识，多积累素材。这样，才能把稿件写得内容充实，生动感人。

二是写作要精心。目前，有些稿件内容空泛、粗糙。编辑部虽说是个“加工厂”，但原材料太粗糙，想加工成优质产品也难。粗糙稿件的主要表现：有的欠字斟句酌，标点符号使用不规范，甚至一逗到底；有的事件交代不清楚。对事件发生的时间、地点、人物、单位等

1989 年 9 月在宝钢二期工程 2030 热轧板车间留影

交代不完整；有的产品名称、技术术语、数字等欠准确；有的消息角度欠思考，影响了新闻价值和宣传价值；还有的稿件在处理内外关系方面，有不妥之处。

编辑部要求记者采写新闻稿件，应精益求精。写作前，要反复推敲，选角度，思结构，定事例。写作时，要用最洗炼的文字表达内容。文字的标准应简洁明快。

寄给编辑部的稿件不进行核实，也不加以说明，也是稿件粗糙的表现之一。

采访的稿件一定要送审、核实。这项工作同样是采访新闻过程的组成部分，切不可忽略。

第十五章　新闻稿件采写好　努力扩大报道面

1988 年 3 月，在全国黄金行业通讯员培训班上，我讲了 4 个问题。

一、写新闻，靠事实

这个问题，对新闻工作者而言，是个常识。大家要自觉地遵守这个准则，是不言而喻的。现在，重提这个问题，原因是在报道中存在着不用事实说话的情况。这种个别现象的存在，不是说整个报道都是凭空捏造。《中国冶金报》从 1980 年复刊至今，尚未发现一条消息或一篇通讯是“客里空”，无中生有。但是，部分失实的现象是存在的。比如，情节有出入，张冠李戴，数字不准确，时间拖后或前移……作为新闻报道，这种现象，理所当然地应予否定。作为记者或通讯员，也不想或者不愿意在作品中出现这些失实之处。但是，为什么还时而出现这种令人烦恼的现象呢？我觉得，最关键的问题在于，我们搞新闻报道的同志，一遇到具体问题时，就往往忽略“新闻要用事实说话”这条原则。他们或者认为，消息报道基本属实就可以了，通讯内容大体如此就差不多了。至于细节、数字、时间等，可不必细究。结果，往往就发生这种现象。一篇新闻价值很高，主题很好，影响颇大的消息，却发生了个别失实的现象。编辑部曾收到当事者或知情人的来信，要求澄清某些细节。

作为一个工作扎实、文风严谨的新闻工作者，这些失实现象，即使是个别的、偶然的，都是不应该发生的。把握不准的事情必须认真核实。如果难以核实，宁可删除或不写，也不要凑合。这是原则问题。否则，就难免不发生失实现象。我们做新闻工作，不论时间长短，都要严格坚持新闻要用事实说话的原则。这方面不能有丝毫含糊。记者或通讯员在编辑部建立的威信，受到读者赞扬，是靠认真工作取得的。但是，由于一时不慎，写了失实报道，受到批评，也同样会受到读者指责。

记者和通讯员能否写出好的、颇有影响的报道，虽然有多种原因，但主要是采写水平问题。这种功夫，不是一蹴而就，而是长期努力学习和刻苦锻炼的结果。但是，记者和通讯员能否杜绝失实报道，则不是写作水平问题，而是态度问题了。一位有强烈事业心的新闻工作者，在采写中就应该有严肃认真的工作态度。追本溯源，一丝不苟，按事物的本来面目，如实报道。不清楚的，必须搞清楚。不要模棱两可，更不允许想当然。为了弄清一个数字，一个人名、地名或者一个情节，采访者可能要多跑路，耽误一些时间，甚至吃一些苦头。但是，请不要为之懊恼应该感到欣慰。因为，在你的报道中消除了一个失实的隐患。

二、熟悉报纸，搞好报道

要想搞好新闻报道，最重要的是加快提高自己的政治素质，勤奋采写，不懈努力，树立锲而不舍的坚韧精神。

这里，我着重讲讲，搞好通讯报道与熟悉报纸的关系。

要想搞好《中国冶金报》的通讯报道，增加《中国冶金报》的用稿量，就必须熟悉《中国冶金报》，掌握《中国冶金报》的情况及宣传报道脉搏。首先，应该熟悉《中国冶金报》版面。一版为要闻版，主要刊登重要新闻。二版的报道比较广泛，有黄金、地质等专栏。刊登思想性新闻、法制教育、精神文明建设、党的生活等。此外，还有固定的言论专栏，如“说天道地”等。三版有三个专版“冶金消息”、“企业管理”、“科技教育”。每周二、四、六各一期。四版除了每周半个版的“读者来信”外，主要是综合副刊“花溪”和刊登广告。但是，作为《中国冶金报》的通讯员，仅仅了解到《中国冶金报》的版面安排还不够。更重要的在于掌握《中国冶金报》每个时期的报道思想。要紧跟，最好是朝前走。怎样才能触摸到《中国冶金报》的宣传报道脉搏？无非有两条：其一是，每个时期的报道要按点采写。其二是，精心阅读、研究每期《中国冶金报》的内容，以便从中了解最近主要宣传什么。哪些内容已经报道过了，哪些内容尚需开拓……这样，不仅可以避免采写重复稿件。也有利于克服稿件一般化的通病。有些记者、通讯员不爱阅读自己的报纸，有的像普通读者一样大体浏览一下。搞新闻报道的同志应该养成研究报纸的习惯，特别要认真研究自己的报纸。当然，研究报纸的目的，不仅是为了搞好报道。学习写作知识，提高写作水平，对刚刚步入新闻队伍的新兵来说，也是非常重要的。

三、克服一般化，力求有深度

目前，在编辑部收到的一些稿件中，属于一般化的较多。一类是主题平平，没有新闻性；一类是内容雷同，早已见报，甚至同一主题报道多次，无再报道的必要；一类是稿件内容根本构不成新闻，如此等等。这些稿件，有些根本不能见报，有的可见可不见，一般不见；有的勉强见了报，但效果不佳。

这些稿件不只出自初学写作者之手，也有通讯员写的，还有记者采写的。这些稿件就像工厂里生产的废品一样，毫无价值。作者劳而无功。话又说回来，没有一位作者愿意花费劳动，故意采写不能用的稿件。但是，为什么还屡屡发生这种现象呢？追溯原因，恐怕能理出几条来。那么，怎样才能使稿件避免一般化而有一定深度呢？产生上述问题的原因，我认为：

第一，没有抓住主要问题多思考。多思考是新闻工作者的特点，能抓住问题也是新闻工作者的特点。只有对事物，对发生的现象，多动脑筋思考，才能抓住问题的所在。只有多思考，才能避免浅尝辄止。只有多思考，才有助于抓住事物的特殊性，才便于发现新闻价值。采写的稿件也自然防止了一般化。我们新闻工作者应该养成多思考的习惯。这对于采访中抓问题，写出有一定深度的稿件是大有裨益的。有成就的记者，不是思想的懒汉，而是善于思考的勤快人。

第二，没有深入采访。抓大鱼，必须入深水。要采访那些生动感人的情节，非沉下去不可。舍此别无他路。有的人认为写通讯应该深入采访，否则抓不住能够表现主题的细节。细节收集的越多，越能够表现主题。这话是对的。因为好的通讯无一不如此。但是，我要补充一点，深入采访，不仅有益于写通讯，写消息也应该如此。不要以为和一两个人粗浅地谈谈，大体上掌握了一些情况，就可以动笔了；也不要以为，手头有一份简报，内容挺好，便抄抄改改，加上本报讯，就成消息了。当然，还有更简捷的。从电话里得到少许消息，也可拉长成消息发出。可能还有一些现象，如果按照上述办法写消息，由于某种原因，报纸也可能采用。但是读起来肯定空泛干瘪，没有血肉，更谈不上可读性了。另外，这种办法采写消息，还容易失实，往往产生不良后果。岂不知，好的消息，尽管简短，也可以写得有血有肉，甚至颇有可读性。其关键在于深入采访，掌握大量素材，再予以浓缩。

1989 年 9 月与宝钢记者在宝钢 1 号高炉（4063m^3）前。
（左起：王艳芬、阮海儿、艾桂林、晁国荣）

四、牢记锲而不舍，苦干才能长进

新闻报道和干其他事情一样，也必须有锲而不舍的苦干精神。要下决心干好，未取得优异成绩誓不罢休！有了这种精神，才能大有长进！

新闻报道工作是党的事业的组成部分，在社会主义建设事业中发挥重要作用。搞这项工作的同志担负着重任，也很光荣，要努力做好。能否搞好新闻报道，关键要热爱这项工作。在《中国冶金报》记者和通信员队伍中，那些报道搞得好的同志，基本上都有锲而不舍的精神。他们勤奋好学，埋头苦干，全心全意投入到新闻报道中。他们发表的许多优秀作品，足以证明这一点。

有些同志对新闻报道很积极，为报社写了不少稿件，但见报不多。于是，有人丧失了搞新闻工作的信心，也有人埋怨编辑部不识货等。稿件发表与否，原因很多。就作者而言，应该多找主观原因。同时，也要主动和编辑部联系，取得他们的支持帮助。遇到困难和挫折时，要积极面对，努力找出原因，绝不能烦恼，更不能丧失信心。初学写作者，稿件采用率低，是正常现象。只要多写多练，日积月累，定能取得成绩。

1988 年 3 月，在邯郸钢铁总厂召开的部分记者会上，围绕《中国冶金报》出周三刊问题，我讲了 3 个大问题。

第一，地域、企业的报道面要扩大。《中国冶金报》是冶金工业部党组的机关报，是面向全国冶金企业的。凡是冶金企业都应该报道。先进企业并非样样都先进，落后企业也并非什么都落后。只要大家认真采写，勇于进取，不畏艰难和挫折，拓宽报道面肯定会奏效的。编辑部为难的是，落后地区和企业的来稿太少，有的单位很长时间见不到稿件。这种状况需要大家努力，尽快改变。这是我们的希望。

第二，行业的报道面要扩大。《中国冶金报》不能只报道钢铁公司，还要报道冶金系统其他行业，如基建（包括设计）、矿山、地质、机械、科研、黄金、运输、物资供应、教育、集体企业等等。《中国冶金报》应该经常反映这些行业两个文明建设的情况。我们要从纵的方面考虑和解决，对钢铁企业以外的行业报道。同时，要求大区记者站从横的方面也要组织好报道。总之，编辑部考虑，要进一步加强对冶金系统各行业的报道，使版面尽量照顾到方方面面，内容更加丰富多彩。

第三，采写的新闻体裁要增加。记者、通讯员应该掌握新闻报道的几种写作手法。十八般武艺样样精通，是最理想的。如果暂时做不到，消息和通讯的写作还是应该掌握好的。消息是常规武器，报纸的容量最多。通讯量很少。新闻特写、速写、记者述评、调查报告等更少见了。《中国冶金报》办周三刊后，版面容量大了，刊载的内容也增多了。希望记者、通讯员拿起笔来，勤采勤写，努力开创宣传报道的新局面。

另外，我对记者、通讯员又提出了四点要求。

(1) 深入实际，认真采写。采访是新闻写作的基础。没有深入的采访，没有掌握大量的素材，就不可能写出有血有肉、生动活泼、耐人寻味的优秀作品。好的长篇通讯如此，几百字的消息也不例外。我们不要以为消息短小，就不需要深入采访，就不需要煞费苦心，而随手拈来。有这种想法的人，肯定写不出好消息。

现在，有些记者、通讯员的报道存在问题。有写作方面的，但更为突出的是采访上的。有些稿件可以明显地看出作者占有材料不足，缺乏现场感，没有抓住能够反映主题的生动情节。这些同志往往把写作看得比采访还重要。其实，这是本末倒置了。好的消息和通讯，恰恰是在采访上下了工夫。掌握材料多了，情况也就熟悉了。于是，能做到取舍自如，行文流畅，人物跃然纸上。这是许多有经验记者的共

1991 年 6 月，“太行行”成员与《长钢报》部分记者在长治水库

同感受。

有些记者、通讯员很少到现场，采访那些感人肺腑的生动事迹。过后去采访，又粗枝大叶，浅尝辄止，自然表现不出来。从某种角度讲，记者是写历史的。因为记者极少遇到正在发生的事件。采访就是挖掘已经发生的事情。希望大家在今后的采访中，要努力挖掘已经发生的事情，而且非要下一番苦工夫不可！

1991 年 6 月“太行行”采访小分队与《长钢报》记者在长治水库

（2）要争取做多产记者和通讯员。对新闻工作者而言，改革开放带来大好形势，应该促进自己，用手中的笔，大量颂扬为社会主义事业建功立业的优秀人物。要努力多写质量较好的稿件。稿件能否发表，需要编辑部决定，不要计较一篇或几篇的得失。有一定的数量，才能保证一定的质量。新闻工作者需要有锲而不舍的精神，采写稿件越多，进步越快，成绩越突出。大家都应该做新闻作品的多产者。

（3）牢记新闻必须真实。这个问题，虽然不断讲，但报纸上还往往出现失实。好在这些年没有发生重大失实问题。这说明采编们都重视了这个问题，但有时还有疏忽。报道失实问题不仅新记者、通讯员存在，当了多年的老通讯员也偶尔发生过。所以，要经常提醒大家，首先从思想上重视，牢记新闻必须真实。其次，在具体报道中，一定要认真对待，切不可马虎大意或存侥幸心理。这恰恰是造成失实的原因之一。

（4）需要更多更好的新闻照片。和文字稿件一样，好的新闻照片也精彩。去年夏季，在吉林市召开“冶金报摄影训练班”时，我们曾向企业报摄影同志讲过，你们就是《中国冶金报》的摄影通讯员。希望大家经常寄来新闻照片。今年，还是要按照去年的要求，寄摄影照片来。前几年，我们曾在无锡、成都举办过新闻摄影学习班。希望这些学员进一步发挥作用，不断创作出好的新闻摄影作品来。

第十六章　宣传报道抓得紧 积极采写见成效

为了贯彻1989年2月份在广东开平召开的全国记者会议精神，《中国冶金报》在宣传报道方面采取了一些措施。对宣传的内容和报道的形式，都进行了有益的改进。当然，这些都是在原来已经进行的新闻改革的基础上取得的。

开平记者会议以后，报社编辑部又分别在北京开了两次部分记者座谈会。一次是大钢和部分地区记者站站长会，主要研讨钢铁生产在煤电运紧张的严峻形势下，采取一些什么对策，制止和减少生产"滑坡"；一次是部分记者对《中国冶金报》1989年举办的人物新闻征文的研讨。在这两次研讨会上，报社编辑部也征求了对《中国冶金报》宣传报道的意见。大部分记者认为，最近几个月来，《中国冶金报》版面的消息容量大了，信息增加了；每篇新闻的字数少了，更简洁明快了；标题字号大了，比较醒目了；排版也比较灵活了。同时，大家也提出了在宣传报道方面存在不足的地方，比如可读性没有多大改进，内容比较单调、空泛，长文章还多，见物不见人的现象依然存在……

正像在改革开放时期出现的许多新生事物需要不断完善一样，对

《中国冶金报》宣传报道的改革也同样如此。这就是说，既要对新闻改革坚持不懈，又要根据广大读者的要求和愿望，有针对性地、逐步地采取一些措施，予以满足。新闻是事实的反映。同样，报纸的宣传报道也要从实际出发，不仅报道的内容要根据实际进行采写，而且报道的形式也应多样化，即采取最能反映内容的较佳办法组织宣传。所以，一张报纸的版面安排、专栏设置等，经常变化是正常的，是符合客观实际的。如果版面多年一贯制，长期是一张面孔的话，这张报纸就没有生气，读者也会感到厌烦。当然，好的版面或专栏也有保持多年而拥有一大批读者的。其原因在于版面或栏目虽同，但报道的内容却随着客观实际的变化而不断更新。

根据改革形势的变化，《中国冶金报》为了更好地宣传报道冶金行业两个文明建设，必须在报道内容和宣传形式方面，继续进行改进。这里谈几点意见，供记者和通讯员们在报道中参考。

一、短些，再短些

从 1989 年 2 月下旬开始，《中国冶金报》的标题字比过去提高了一号。一、二版比较明显。头条和报眼的消息开始用小初宋标题，还曾用过老初宋标题。版面的其他消息、通讯和言论的标题字号，也相应大了一号。编辑们排版时，想多采用几种大字号标题，以便改变版面文章标题的单调现象。但由于承担印刷的冶金出版社印刷厂标题字号品种少，一时还难以增加，只好作罢。

标题字号大的直接效果，能使文章醒目，对读者可起到提神的作用，自然也增加了宣传效果。但是，大标题也夺去了文字的地盘。一张对开的大报，一个版只能排 1.3 万多字。去掉标题占的位置，去掉新闻照片的位置，也只能排 8000 字左右。一版还少些，因为还得去掉报头的位置。又要标题字号大，又要增加信息量，版面的容量又是固定的，文字又得用新五号铅字排。怎么解决这些矛盾？唯一的办法，就是要使文章短些，再短些。

目前，编辑部接到的大量来稿都比较长。大部分消息超过 500 字，有的上千字；大部分通讯四五千字。但是，见报后都比较短了。这是由于编辑们的工作量加大的结果。希望今后来稿都力求短。消息一般不超过 500 字，最好是三四百字；通讯一般不超过 3000 字，最好是 2000 字左右；言论也应言简意赅，一般有四五百字就足矣；管理版的文章也并非都该是大块头的，最好也要控制在两千字左右；四版副刊的文章也应求短。好的报告文学，可以适当放宽字数，但最好也不要占掉整块版。

文章要短。首先从记者、通讯员做起。希望广大作者们树立群众观点，即采写稿件要为读者着想，力求用最洗练的文字、最短的篇幅达到你的写作目的。这里有三个问题应引起重视。第一、要注意新闻是单线条的。最好是一事一条，不要面面俱到，更不要横生枝节。有些同志往往在消息里罗列了许多事例，目的是给编辑们筛选。其实，大可不必。一则消息，有一两个典型事例也就够了。有些同志往往还把消息写成工作总结，列出几条。这类消息实在难以采用。只用其中的一条，又感到过于空洞和单薄。写这类消息的作者应该加强新闻业务的修养，努力提高新闻敏感性，锻炼自己善于在纷杂的事物中能够发现有价值的新闻。第二、要注意掌握、运用新闻语言。新闻同其他社会科学一样，也有自己独特的语言。新闻用语的特征，往往最集中表现在消息里。甚至可以从一篇几百字的消息，能看出作者是新闻战线的老兵，还是新战士。当然，也能依稀看出作者的新闻写作水平，以及驾驭新闻语言的本事。那么，新闻语言的特点是什么呢？一言以蔽之，就是简洁、明快。有些消息使用了文学语言。但是，这些文学语言也是新闻化了，只能是画龙点睛的描写。新闻语言价值高，分量重，需要字斟句酌。一篇消息常常是字字计较。有的地方只能用这个字，别的字往往代替不了。希望记者、通讯员们，今后在运用新闻语言上多下点工夫。第三、写消息避免用套话和时髦用语，少讲或尽量不讲过程，也不要介绍经验，更不要把一件事情说满或过头。背景是可以交待的，但要掌握住分寸。目前，有些来稿长的主要原因是过程讲得多，经验介绍得多。在消息里用过多语言讲过程，没有必要，只能拉长篇幅，冲淡主题。在消息里介绍经验，也达不到目的；如果真的是好经验，可以另起一篇，单独介绍。

消息，就是要讲新闻，开门见山，干净利落，犹如出水芙蓉，亭亭玉立，一目了然。消息短了，消息的导语也不要长。导语虽然字数不多，但要写好也不容易。每篇消息的导语，都应有特点，表现出作者的匠心独运。要做到这一点，必须冥思苦想，企图不经过反复琢磨，轻轻松松就能写出好的导语来是办不到的。

二、见物，又见人

今天，强调《中国冶金报》在宣传报道中见物又见人，并不是说过去的《中国冶金报》宣传只见物不见人。只是说，过去对人物的宣传比重少了一点，今后要增加一些。

宣传报道中，不管采取什么手段，都应见物又见人。《中国冶金报》尽管是一张行业报，也不能违背这一条。今天，在我国的社会主义建设中，强调物质文明和精神文明两个建设一起抓。因此，报纸的任务，就应该围绕两个文明建设，搞好宣传报道。报纸如何宣传好精神文明建设？这是每一位新闻工作者在工作实践中，需要不断认真探索的。社会主义精神文明建设的内容比较多。通过对各类人物的宣传，报道他们的先进事迹，反映他们的高尚情操，歌颂他们的优秀品德……无疑对广大读者起到了鼓舞、激励、推动和鞭策作用。表扬先进人物，就是提倡人们学习他们，就是树立真善美，反对假恶丑，使社会风气日益好起来。应该说，这项工作是社会主义精神文明建设的重要组成部分。我们要千方百计地做好。

对人物的宣传可以采用各种体裁的文章，如通讯、消息、特写、新闻小故事、报告文学等。《中国冶金报》发表的通讯，大部分都是写人物的。这是许多记者和通讯员习惯于采用的写作手法，认为是轻车熟路。但是，我们回过头来，翻翻以前的报纸，感到写得非常好的人物通讯并不多，读了一般印象不深。其中一个通病在于揭示人物的思想境界不够，没有表现出人物的“精华”。大部分人物通讯缺乏感人的细节描写。一般的都是叙述过程，空泛议论。不少通讯语言平淡。这些毛病都应引起我们的注意。

我们提倡用消息体裁写人物。这是进一步推动《中国冶金报》在宣传报道中见物又见人的一种尝试。为此，今年年初，报社与山东冶金总公司联合举办了人物新闻征文。从近几个月的来稿看，稿件数量还可以，但是大部分稿件不对路，质量欠佳。有些已经见了报的稿件，虽然加上了人物征文小题头，但编辑、记者和一些读者又各持己见，看法不一。为了统一思想，把人物征文进一步办好，报社于4月下旬在北京召开了部分记者研讨会。大家对如何写好人物新闻，畅所欲言，充分发表了自己的意见。研讨会期间，又请中国人民大学新闻系汤世英副教授讲了人物新闻的特点，以及如何写好人物新闻。最后，大家基本统一了看法：人物新闻就是人物消息。这次研讨会提出的关于对人物新闻的要求，以及如何写好人物新闻的问题，洪景森主任写了会议纪要，请大家参照去办。这次征文是《中国冶金报》创刊几十年来举办的第一次。征文过程中，我们又开了一次有针对性的研讨会，为征文的顺利进行创造了必要的条件。希望大家写出更多、更有特色的人物新闻，为使《中国冶金报》的宣传报道见物又见人做出贡献。

三、继续加强精神文明建设的报道

过去，我们也一直强调《中国冶金报》在宣传报道中，要做到两个文明建设一起抓。在几次记者会上，也曾要求加强精神文明建设的报道。《中国冶金报》的宣传报道也确实增加了这方面的内容。在宣传精神文明建设方面，记者、通讯员和编辑部都做了大量工作。我们希望在现有的基础上，再接再厉，继续加强精神文明建设的报道。

增加宣传精神文明建设的版面是加强报道的重要措施。报社领导已研究决定，第二版的报道内容主要以精神文明建设为主。目前正处于过渡阶段。我们设想，将来二版对除钢铁之外的行业专栏报道还要继续保持外，主要是报道精神文明建设。至于思考性新闻，则不一定非放在二版不可。重要的可放一版，属于精神文明建设方面的继续放在二版，属于经营管理和科技方面的放在三版，属于文化方面的放在四版。二版的精神文明建设报道，目前的专栏还可继续保留。但是，要努力提高质量，扩大报道面。同时，要增加人物报道。人物新闻征文期间，人物消息一版可能多发一些，二版也要发一些，有的不可能放在科教版，主要视来稿情况。待这次人物新闻征文结束后，人物消息放在哪个版发，主要看稿件内容。

精神文明建设的报道内容比较多。比如，发扬艰苦奋斗的精神，提倡勤俭节约的作风，向雷锋同志学习……我党的优良传统、中华民族的优秀品德，都应该宣传。当前，更要突出报道廉政建设方面的内容。希望广大记者和通讯员积极支持第二编辑部的工作，共同搞好精神文明建设的宣传报道。

四、新闻报道也应丰富多彩

长期以来，在编辑、记者和广大通讯员的思想上，似乎形成了这样一种思想，即对《中国冶金报》的宣传报道只能报道经济新闻及有关的其他新闻。改革开放以来，情况逐渐变化，报道的内容也开始多了起来。但是，广大冶金职工对此还不满意，希望《中国冶金报》宣传的内容再丰富一些，进一步增加可读性。这个要求并不过分，应该努力工作，尽量满足。

首先，《中国冶金报》是冶金工业部主办的，是一张全国冶金行业报，面向全国300多万职工，连同家属共1000多万人。面对这样庞大的读者队伍，只报道冶金工业经济新闻显然是不行的。

其次，冶金工业本身也包含着许多行业，如黄金、矿山、地质、基建、机修……遍布全国各地。在改革开放的形势下，各类新闻层出不穷。《中国冶金报》理应根据两个文明建设的需要，加以报道。能否采写到丰富多彩的各类新闻，关键在于记者和通讯员，以及热心为报社投稿的广大作者。希望大家解放思想，深入采访，力争在报道方面有所突破。新闻来自于生活，是事实的反映。生活本身是丰富多彩的。记者应该深入到丰富多彩的生活中去，捕捉那些有价值的新闻，进行报道。

这里再着重讲讲创新的问题，在新闻报道方面，编辑部从来没有给记者、通讯员划框框、定调调，更没有具体规定只能采写经济新闻，不能采写社会新闻。同时，也希望大家不要给自己的采访筑上一道无形的堤坝，划上一道看不见但又牢牢禁锢着自己思想的框框。现实是纷纭复杂的，生活是五彩缤纷的。你要采写什么，编辑部难以遥控。但是，只要符合两个文明建设的新闻，都可以采写，而且写作都可以创新。希望记者和广大通讯员解放思想，开动机器，标新立异，为《中国冶金报》刊登丰富多彩的好新闻做出贡献。

一版是要闻版。当然，主要配合冶金部的中心工作，刊登重要新闻。这是一版的主要任务。同时，一版也可刊登一些非经济方面的重要新闻。一言以蔽之，一版的下半部分的新闻应丰富多彩一些，杂一些。这样，既活跃了版面，又增加了可读性。

五、采写新闻必须注意时效性

这个问题在不同场合谈过多次，也曾写文章强调过。但是，时至今日，有些记者和通讯员对新闻报道的时效性还未引起足够的重视。编辑部常常收到一些迟到新闻。对这些新闻的处理往往使编辑作难，因为大部分稿件“弃之可惜，食之无味”。有些虽然来稿晚了，但事实本身尚有报道价值。于是，编辑只好在时间这个重要新闻要素上打个马虎眼。这就是有些消息常常出现的“近年来”、“最近”、“前不久”、“日前”……如果把具体时间披露出来，恐怕读者就要指责《中国冶金报》了。

注意新闻时效性，思想重视是第一位的。时间对新闻工作者来说是至关重要的。有些稿件就是因为时间的原因成为重要新闻或毫无发表的价值，而被抛弃。一个新闻工作者如果时间概念不强，总是不能改变，恐怕面临着改行的威胁。重大新闻，事实是基础，但是没有时效性，也可能失去重大的意义。

也许有些作者认为，《中国冶金报》是行业报，又不是日报，时间早晚问题不大。非也，作为一张报纸，如果不注意时效性，这张报纸是办不好的。《中国冶金报》是周三刊，新闻往往不如日报快，是事实。但也不能一概而论。因为，过去《中国冶金报》发表的新闻，有些就早于首都其他日报。张欣民的首钢取消干部、工人界限，实行首钢工作者的消息，《中国冶金报》见报后，首都其他日报才报道。有些消息，如完成生产任务，某项工程竣工投产等，如果确有把握，可提前发稿，编辑部也可提前划版。大样出来时，能补上日期和数字就行。凡是重要而且时间性较强的消息，如果每周二、四、六送到编辑部，一般都可赶上下期报纸。非常重要的消息，如果每周一、三、五上午送到编辑部，第二天就可以见报。当然，这就需要编辑部临时派人去印刷厂调版了。目前，有些完成生产任务的稿件来得太晚了。有的报道完成第一季度生产任务的消息，快到4月中旬才收到。由于编排和印刷时间的制约，见报也近4月下旬了。这类消息为什么不能提前发稿？一般来讲，企业能否完成季度或月份的生产计划，并不是到月末最后一天才见分晓的。

六、不要忘了工会、共青团

工会生活的报道，过去《中国冶金报》未曾辟过专栏，只是零散报道过。对共青团的报道也是零散的。1988 年上半年以前，四版曾搞过“冶金青年”专版，大约维持了两年左右。青年读者们对此反映较好。

在年初召开的开平记者会和最近两次部分记者研讨会上，许多记者希望《中国冶金报》增加对工会和共青团的报道。编辑部也收到一些反映同样愿望的读者来信。

报社领导考虑，今后要进一步增加对工会、共青团的报道。拟开辟两个专栏（或者各半个版）作为报道园地。待决定后，对报道的内容和要求再另行通知。目前，这两方面的报道可先搞起来。希望记者和通讯员们到冶金行业的企事业、大专院校采访时，要注意对工会、共青团的报道。同时，也希望工会和共青团组织增加《中国冶金报》的订阅。

第十七章　新闻报道很重要
业务素质要提高

（1996年在宁波全国记者会议上的发言摘要）

1996年，《中国冶金报》的宣传报道，要继续坚持以邓小平同志建设有中国特色社会主义理论为根本方针，努力做到三个坚持，即坚持党的基本路线，坚持解放思想、实事求是，坚持服从和服务于全党全国及冶金全行业工作大局，弘扬主旋律，保持宣传基调的连续性和稳定性，鼓舞和激励冶金系统全体职工和家属在党中央领导下，统一思想、齐心协力、奋发进取、讲求实效，为实现十四届五中全会提出的各项任务，为实现“九五”和2010年宏伟目标而努力奋斗。

关于1996年《中国冶金报》的宣传报道提纲，已根据刘淇部长在全国冶金工作会议上的报告精神制订出来，发给了大家。今年，冶金部每个时期的重点工作，我们也将及时通知大家，将其作为那个时期的宣传重点，希望认真采写，突出宣传报道。

一、努力提高新闻工作者素质

这里讲的提高新闻工作者素质，包括两个方面：一个是提高新闻工作者的政治素质；一个是提高新闻工作者的业务素质。

开始，我准备在这次全国记者会议上的讲话时，未讲这个问题。主要原因是感到记者们对提高自身素质都比较重视，相当一部分人还十分努力，一般来讲，大家的政治素质和业务素质都比较好。

但是，最近当我反复学习和考虑后，觉得还应该讲讲这个问题。目的无非有二：一是和大家一起再学习一次中央领导的讲话精神；二是与大家共勉，继续努力提高自身的政治素质和业务素质。

我们新闻工作者应该具备较高的政治素质，必须讲政治，必须具有良好的政治素质，具有很强的政治鉴别力和政治敏锐性，必须树立高度的政治责任感。为此，每个同志都要自觉地在思想上、政治上与党中央保持一致，在任何复杂多变的形势面前。都要保持清醒的头脑。这是坚持正确的办报方向，始终保持正确的舆论导向的关键所在。

这些要求既给人以启迪，又令人深思。我每次学习，尤其是和自己的新闻工作经历联系起来琢磨时，更深有体会。在八九年那场政治风波中，《中国冶金报》一直坚持了正确的办报方向，始终保持着正确的舆论导向。追溯原因，就是在于《中国冶金报》社包括记者在内的绝大部分同志，能够在思想上、政治上与党中央保持一致。因此，在那样复杂多变的形势面前，能保持着清醒的头脑。当时，在北京包括部委办的所有报纸中，《中国冶金报》是一张最“干净”，即舆论导向最正确的报纸之一。记者从未投过那类的稿件。编辑部人员既未写又未催发过那类稿件。不像有些报纸的编辑、记者主动去采写、逼着老总发。所以，经过那次政治风波的考验，我深深感到《中国冶金报》这支采编队伍是一支很好的队伍。

在那场政治风波中，《中国冶金报》之所以能坚持正确的舆论导向，主要原因在于部党组的正确领导。当时，部党组要求《中国冶金报》突出报道职工坚守岗位，搞好生产。报社领导坚决按照这个要求，排除干扰，专心组织报道。这个好做法，我们要永远记取，“在任何复杂多变的形势面前，都要保持清醒的头脑”。

关于新闻队伍的建设和新闻工作者提高业务素质问题。要适应新时期新闻舆论工作的需要，高标准地搞好新闻队伍建设。首先要加强学习，学政治、学军事、学文化、学新闻业务，不断提高自身的素质。新闻工作有很深的学问，涉及方方面面的知识。一个称职的新闻工作者，必须始终保持坚定正确的政治方向，努力做到知识广，视野开阔，才能在新闻领域里得心应手，纵横驰骋。新闻工作者要学习高科技知识，因为现代科学技术发展日新月异，如果不努力学习和掌握高科技知识，就会影响做好舆论引导工作。

作者在西安钢铁厂留影

新闻工作者要讲究职业道德，树立很好的形象。新闻工作是教育人的，所以新闻工作者也应当成为“人类灵魂的工程师”。这就要求新闻工作者树立正确的世界观、人生观、价值观，自觉抵制腐朽思想文化的侵蚀与影响。如果我们的记者、编辑自身没有好思想、好作风、好形象，写出来的文章就不会有说服力、感召力，还会损害报纸的形象。

报社的同志们要有很强的国家利益观念，严守党和国家的秘密，严守新闻宣传纪律，尤其在对外交往中，要慎之又慎。

搞好宣传报道，办好报纸，必须努力提高新闻工作者的政治素质和业务素质。新闻工作专业性很强，政治性更强。大家不要小瞧了新闻工作，以为有一定文字水平，能写一般文章，就可以干新闻工作了，不那么简单。我是学新闻专业的，又编了几十年《中国冶金报》，现在仍然感到很多不足，做总编工作尚有很大难度。所以，我还要坚持学习，还要全力以赴，认认真真办报。每次看大样时都要全神贯注。修改消息标题时，至少要看两遍文章，以防题不符文，或者修改错了。每期报纸发稿需要我审阅的，不敢马虎。该发或不发的稿件，也要经过斟酌。主持开每期报纸的编前会时，都要认真对待，避免出纰漏。报纸出版那天，我早早到办公室查看报纸有无差错，直到未发现问题时，一块石头才落了地。

我讲这些话的目的，说明像我这样老的新闻工作者，也同样要加强修养，不断提高政治和业务素质。在这方面，我愿与大家共勉。

二、增加深层次报道

《中国冶金报》的宣传报道还是有一定深度的。做到此点的主要原因，在于报社领导及采编人员能够按照部党组的要求，始终坚持正确的舆论导向。《中国冶金报》创刊40年来，把宣传党中央、国务院关于冶金工业的方针、政策，以及冶金部为执行贯彻这些方针政策所采取的具体措施为己任，坚持不懈，不讲价钱，不横生枝节，不搞旁门左道，不标新立异。我讲这五“不”的含意，就是要认认真真、老老实实地按照上级的要求宣传冶金工业战线的两个文明建设。《中国冶金报》在宣传过程中，如何使采编人员具体操作呢？部长年初在全国冶金工作会议上的报告，就是《中国冶金报》全年宣传报道的纲。这个报告经过党中央、国务院审阅批准的，完全体现了中央的方针政策。《中国冶金报》当年宣传报道提纲，就是根据这个报告要求认真研究制定的。报社全体人员（包括广大通讯员、记者），都自觉以此为根据，进行采写和宣传。这就保证了《中国冶金报》的正确舆论导向。

冶金工业部在全年工作中，每个时期有工作重点。《中国冶金报》在宣传报道中，又把冶金部的每个时期工作重点作为这个时期的报道中心，或者说进行重点、突出报道。

几十年来，《中国冶金报》都是按照这个章法进行宣传报道的。这样，就促进了我们采编人员不断深入，不断加强深层次报道。

既然如此，为什么现在还提出增加深层次报道的问题呢？主要基于以下三点：

一是动态消息垄断了版面。消息是新闻的常规武器，多报道一些，无可非议，因为这是客观事实的反映，也是广大读者的需要，都希望从消息报道中多得到一些信息。倘若，整个版几乎都刊登动态消息，那么这个版面的报道深度不仅受到影响，而且新闻题材品种也显得单一。所以，希望大家除了采写动态消息外，还要根据企业的实际情况，再采写一些反映深层次问题的报道。比如，目前国有大中型企业在发展中都遇到了一些难题。由于企业情况不一，遇到的困难也不尽相同，解决的办法也不一样。对企业的困难，新闻工作者不应熟视无睹，一方面要深入调查困难的成因，探索解决困难的途径；一方面要深入反映企业如何克服困难，扭转被动局面。形势好的企业比较容易宣传，困难很大的企业也有积极因素，也可反映迎战困难的精神，所以同样可以报道。这就需要大家到基层，沉下去，花大力气进行调查研究，分析问题，理出解决困难的办法。只要这样做下去，才可能采写出好的调查报告、通讯、特写之类的新闻精品。到现在为止，我还未发现一篇描写企业领导深入基层，和工人一起研究解决克服困难的好通讯。这类题材不见得没有，只是我们未发现或未放在心上罢了。

再比如，企业遇到困难时，与企业命运连在一起的广大职工，是如何发挥主人翁作用，积极主动和企业一起渡难关的生动事例。如果踏踏实实深入到基层，可能采访到很多很多。有些感人的事迹，经过充分发掘和认真写作，往往催人泪下。但遗憾的是，目前这类的稿件很少见到。

二是增加深层次报道。知道得最多，最有发言权的还是常年活动在企业，特别是生产第一线的记者、通讯员。我在这里只是提个醒儿。希望大家重视这个问题，努力使自己采写的新闻作品更多的是深层次报道。我以为，若下定决心采写深层次报道也不难。首先要转变观念，真正在思想上引起重视，决心在深层次报道方面付诸行动，采写出更多的新闻作品。此外，还要多跑基层，经常沉下去。抓大鱼必须到深水。最生动感人、最有典型意义的新闻素材，往往就在第一线。

三是在增加深层次报道中，冶金行业中的热点、难点问题，也要认真对待。能公开见报的要认真采写，争取公开发表。不能公开见报的，也要认真采写，认真核实，可发《内部情况》，供领导参阅。

这里，我再谈谈为《内部情况》供稿问题。这份仅供领导（有些也发给部机关司局领导）参阅的内参，是企业向冶金工业部反映疑难问题，并取得支持和帮助解决的有利渠道。企业领导应该重视并充分利用它。据我了解，有些企业领导至今尚不知道这个内部刊物。所以，你们一方面要向企业领导宣传这个不定期的《内部情况》，主要讲它的作用；另一方面，也要注意采写内参需要的稿件。内参可以使部领导了解企业存在的问题。而这类问题，往往又无渠道向上反映。内参也可以帮助企业排忧解难。

三、深化学习邯钢经验的宣传

国务院对推广邯钢经验非常重视。1993 年，国务院办公厅发出通知，要求在全国学习推广邯钢经验。今年 1 月 2 日，国务院批转了冶金工业部关于邯钢管理经验的调查报告，并向全国发出了学习、推广邯钢经验的通知。据了解，国务院向全国发出通知，推广学习一个企业的经验，可能是继 20 世纪六七十年代推广大庆油田经验之后的第二次。

2 月 19 日至 3 月 2 日，全国学习推广邯钢经验暨企业管理工作会议在邯钢召开。吴邦国副总理出席会议并作重要讲话。他指出，邯钢经验是在我国深化企业改革、强化企业管理过程中产生的，内容十分丰富。邯钢经验的精神实质是：以经济效益为中心，依靠职工群众。坚持“三改一加强”方针，按照市场经济要求，建立起“模拟市场核算，实行成本否决”的机制。这是企业实行两个根本性转变，加快转换经营机制的关键。

吴邦国特别强调当前学习邯钢以下五点：

一是面向市场，转变观念，建立起适应社会主义市场经济要求的经营机制；二是紧紧抓住降成本这个提高经济效益的关键；三是加大科技投入，加快技术改造，增加技术进步在降低成本、提高效益因素中的比重，增强企业竞争力；四是全心全意依靠工人阶级，充分发挥广大职工的主人翁作用，人人当家理财；五是建设一个政治素质和业务素质高的企业领导班子，讲政治、讲学习、讲正气。

刘淇部长也在大会上讲了话，题目是“大力推广邯钢经验，加速实现冶金工业的两个根本性转变”。他要求做好以下几方面工作：一是进一步提高对学习邯钢经验重要意义的认识；二是努力实现冶金行业今年学邯钢经验，提高经济效益的工作目标；三是下大决心，加大力度学邯钢，领导带头抓落实；四是用邯钢经验推动扭亏增盈工作；五是把学邯钢经验同改革、改组、改造和加强企业管理结合起来；六是学习邯钢经验，必须全心全意依靠广大干部和工人。

国务院和冶金工业部如此重视推广学习邯钢经验，就要求我们一定要加强宣传推广学习邯钢经验的力度。刘淇部长多次强调，冶金工业部今年的重点工作就是推广学习邯钢经验。希望大家要把推广学习邯钢经验作为今年的重要报道内容抓紧抓好。

《中国冶金报》宣传推广学习邯钢“模拟市场核算，实行成本否决”的经验已经进行几年了。今后还要加大宣传力度。这在新闻宣传报道中，可谓“永恒”的宣传题目。怎样使这个“永恒”的宣传报道内容不重复，有新意，而且更要步步深入，进一步达到宣传效果，是我们采编人员必须努力做到的。希望大家对这个问题要认真思考，积极进行探索。

对此，我谈些个人意见，供同志们在采写学习邯钢经验报道时参考。

学习邯钢经验的动态消息还要继续采写。由于这类的消息太多了，容易重复，可能雷同。所以，大家在采写时，要翻翻《中国冶金报》过去类似的报道。尽量使消息有新意，做到独辟蹊径岂不更好！在新闻报道中，往往事实差不多，只是由于作者写作的角度别致，文章读起来才有新意。别小看了几百字的新闻，写成不一般而独具特色才不容易呢。

采写学习邯钢经验要具体一些。从企业来讲，力戒宏观，多写微观。采写一个班组，一个工段，一个车间，一个分厂是如何学习邯钢经验的。采写这样的稿件较易突出个性，极少雷同。读起来也不一般化。

采写学习邯钢经验也可写人。从企业领导来看，是如何重视学习邯钢经验的，是怎样具体学习邯钢经验的……作者要跟踪、观察。如果采写通讯或特写，还要捕捉到一些生动感人的细节。这样的文章就不落俗套而颇有特色了。同样，也可写班组长、基层干部或者工人是如何学习邯钢经验的。

学习邯钢经验的单位可以进行经验介绍。采写通讯或调查报告皆可。有全面经验的更好，某方面学习好的，也可单项介绍。这类报道，对学习邯钢经验，肯定有启迪作用。

对学习邯钢经验中好的做法或存在的问题如何解决。可从宏观的角度采写工作通讯。可以写些言论，高屋建瓴，有深度，有指导性。此类工作通讯或言论，不一定站在全行业高度，也可以从一个企业或一个地区的角度来写，达到以点带面的作用。

学习邯钢经验好的单位可拍些新闻照片。拍摄的内容比较广泛。除了上面讲的那些，作者还可广开思路，别开生面。这类新闻照片尽量拍出特色来。单幅可用，组照好的也可用。再好的还可放一版头条或报眼位置。

四、养成快的作风

看了《人民日报》总编辑范敬宜的两则“值班手记”，颇有感触。一则是8月11日记的。大意是这样：今天一版，艾丰同志又写了一篇短评《理解“窗口”的内涵很重要》，文字不长，有一定深度。我想对各版提出一个“稿件升级”的要求，即如何把每块版的“精、气、神”提高一个档次。我们常常遇到这种情况，版面上缺少精彩的报道和文章，比较平淡。编辑如果能写篇统览全版的点睛评论，就可能把精、气、神提起来，化平淡为神奇。编辑的工夫、水平就在这里。这是范敬宜总编辑对编辑或者包括部主任在内讲的。我认为，记者也应包括里面。如果一块版有一篇到两篇比较有分量、能唱主角的文章，这块版的分量就增加了。如果整版刊登的稿件都一般化，比较平淡，那么这个版宣传效果肯定不好。所以，从采写到编辑，都要考虑到读者需要，要把坚持正确的舆论导向与适合读者的口味有机地结合起来，是通讯员、记者和编辑们为之奋斗不息的重要工作。目前，有些通讯员、记者很少考虑到读者的需要，而往往将稿件能否见报或者能否上头版重要位置作为主要目标。后种想法也不是错的，但是我们能够希望将两者恰当地结合起来，能报道出比较有分量的作品。

范敬宜总编辑的第二篇值班手记是 8 月 24 日写的，大意是：8 月 21 日的评论员文章《把握企业改革的正确方向》，是艾丰同志用两个小时赶写出来的，受到了中央领导的重视和表扬；今天一版头条的评论员文章《历史地全面地看待国有企业》，也是艾丰同志在昨晚用两个小时赶写出来的，比前一篇更有深度。这两件事很值得我们深思。接着，范敬宜写了三点。第一，快是新闻的生命，快速反应，是新闻工作者必备的素质。拖拖拉拉，慢慢吞吞，五日一山，十日一水，是新闻工作的大忌。某种意义上说，时间就是质量。时效一失，质量再高也大大贬值。第二，新闻工作者的潜能和积极性，在某种情况下，要靠点“压”、“逼”、“榨”。人都有一定的惰性，需要一定的压力。我常说，积极性是压出来的。人往往对自己的潜能估计不足，在任务压、逼的过程中，这种潜能才会释放出来。这对本人自己信心的建立也大有好处。有人经过这一过程后，能力可能上一个新台阶。第三，快，要靠平时的积累，靠自身素养。这两篇评论虽是急就文章，但仍然有思想，有内容，不是应付工作。这很不容易。作者厚积才能薄发。如果脑袋空空，没有积累，恐怕只能说些空话。石头是榨不出油来的。

《人民日报》范敬宜总编辑这两篇值班手记的主要内容就是这些，对我们新闻工作者很有教益。希望大家认真思考一番，从中得到启迪。

报纸作为传播新闻的一种媒介，我赞同越快越好。这种快是立足于真实无误，是必须完全符合客观事实，不能为了快而忽略事实或有悖事实。我们的报纸决不允许对事实未搞准确就抢发新闻。这是我们办好《中国冶金报》的宗旨之一，也是冶金报创刊40年来形成的光荣传统，希望大家继续发扬光大。

我要讲的另一个问题，就是在事实准确的前提下，如何更快一点发稿，尽快见报。这个问题，我们多次强调，已经有很大进步。但是，目前仍有一些通讯员、记者的一些稿件还发得不快。编辑部对一些应该尽快见报的稿件，还处理得不及时。有些稿件，特别是新闻价值很高的稿件，在时间上还常常用近日、日前、前不久、不久前之类的字眼代替准确的日期，失去时效，大大贬低了新闻价值，令人十分惋惜。

希望大家牢记快是新闻的生命。在采写中一定立足于快，切忌拖拖拉拉，慢慢吞吞。在时间上尽量讲得准确，回避使用近日、日前这类打时间马虎眼而又含混不清的字眼。同时，要采取有效手段将稿件最快传到编辑部。电传最好，要想办法利用。这是目前向编辑部快发稿的最有效的措施。

我很同意范敬宜总编关于对记者、编辑进行"压、逼、榨"的做法。人的积极性往往是"压、逼、榨"出来的。我在自己的新闻工作中确有体会。怎样才能使大家身上的潜能释放出来，积极进行采写和编辑工作？无非有两种"压、逼、榨"的办法。一是自己主动"压、逼、榨"。不靠外力帮助，释放自己的潜能。采取这种办法，就必须全身心地投入，始终保持采写的积极性。为搞好新闻报道，不断提高新闻业务能力，我们要锲而不舍。坚持这样做下去，既有成果，又提高了业务水平。在我们编辑、记者、通讯员队伍中，自我加压而进步显著，成才成器者，不胜枚举。二是靠外部"压、逼、榨"。无非有两种情况，属于受命采编，即记者所在单位领导，希望最近尽快报道什么；编辑部要求尽快采写什么。两方面布置的任务都急得很，都得完成。这岂不是"压、逼、榨"！然而，绝大多数的同志都按时完成了，皆大欢喜。如果不是外界加压，记者们可能一如既往，安之若素。如果潜能发挥不出来，何谈成果！

1992 年 4 月《中国冶金报》全国记者工作会议现场

五、再谈扩大报道面

1995 年年初，在长沙召开的全国冶金记者会上，关于宣传报道工作，我讲了 10 个问题，其中有一个问题是进一步拓宽报道面。今天，为什么要旧题重讲，翻老账，再谈扩大报道面呢？

一言以蔽之，主要原因是一年来，《中国冶金报》的宣传报道面拓得还不够宽。今年还要在去年的基础上进一步扩大。旧事重提，无非是使大家加深印象，更加引起重视罢了。

《中国冶金报》是冶金工业部主办的机关报，面向全国冶金行业。因此，《中国冶金报》的报道内容，就要围绕冶金工业进行全方位、多侧面的宣传报道。有色金属行业分离以后，钢铁工业更是冶金行业的主角。如果不计黄金工业，冶金工业也可以说是钢铁工业。所以，《中国冶金报》的宣传报道，理所当然地要以钢铁报道为重点。这已成为大家的共识。即使不再强调多多报道钢铁了，报道钢铁的稿件也源源不断。

我们要在报道钢铁生产的同时，也要兼顾冶金地质勘探、矿山生产、基本建设、铁合金、碳素、机修。此外，对纳入省（市、自治区）冶金厅（局、公司）管理的地方有色金属工业也应进行宣传报道。

现在，各钢铁企业及其辅助行业的企业，为了安置富裕人员或者为主业生产一些辅助产品，基本都创办了集体企业。这些集体企业不仅为大企业排忧解难，给下岗职工找到出路，相当一些集体企业还取得了可喜的经济效益。所以，对这些集体企业也要加强报道，不仅发消息，一直办得比较好的，还要采写通讯或进行经验介绍。

要重视和抓好对乡镇冶金企业的宣传报道。改革开放以来，特别是实行社会主义市场经济后，全国乡镇企业发展很快。近几年来，乡镇冶金企业经过宏观调控，优胜劣汰，生产技术水平、装备水平、产品质量等，都有显著提高。很多乡镇企业在市场竞争中不断发展壮大，走上了良性发展轨道。有些乡镇冶金企业的产品不仅畅销国内市场，还漂洋过海，受到外商的好评。所以，对乡镇冶金企业的宣传报道，要进一步重视起来。大家多跑跑这类企业，特别是乡镇企业比较发达的地区，如长江三角洲、珠江三角洲等地，更要多看看，进行调查研究。对这类企业的报道要实事求是。成绩要报道，存在的问题要分析，带有共性的问题还可采写工作通讯。对乡镇冶金企业的宣传，同样要着眼于新闻价值和宣传价值。

扩大《中国冶金报》报道面，当然包括拓宽全行业精神文明建设的宣传。《中国冶金报》虽然是一张冶金行业报，主要是宣传冶金工业的方针政策，但对全行业精神文明建设的宣传不能忽略，更要加强。关于宣传冶金系统精神文明建设的内容，已通知和讲过多次，今年宣传报道的提纲也写得明确，就不再多谈了。这里，我再强调一点，要重视对先进人物的采写，特别是工作生产第一线的人物更要注意宣传。此外，优秀工程技术人员、管理干部，甚至领导干部等都可以采写。写作中不仅要突出他们的模范事迹，还要反映他们可贵的道德品质和高尚的情操。那些感人的细节更要写得精彩，催人泪下。对先进人物的宣传可以有力地促进两个文明的建设。希望今年取得更大成绩。

宣传培养“四有”职工进行社会主义、爱国主义和集体主义教育，宣传树立正确的世界观、人生观、价值观等，是今后精神文明建设宣传的主要内容之一。要加强宣传力度，抓紧抓好。

对特大型企业主要领导的宣传要征得有关部门的同意。报道先进人物的长篇通讯，作者采写前一定要和编辑部取得联系，同意后再操作。大型报道或系列报道，也要事先取得编辑部的同意。

六、多出新闻精品

新闻精品往往代表一种新闻媒体的质量和水平。就一张报纸而言，新闻精品多了，这张报纸的质量，也相对提高了。所以，几年来，我们一直强调要多出新闻精品，希望记者、通讯员多采写新闻精品，编辑部也要在新闻精品上下工夫。具备新闻精品基础的新闻素材，如同璞玉浑金，质地绝好，只是需要精心加工，认真制作，才能生产出最精美的玉器和成色最好的黄金来。新闻精品的产生，不仅采访者要善于发现和捕捉一闪即逝的机遇，千万不要错过。真正货色不要埋没，而且在写作上要下苦工夫，尽量写得精彩一些。编者更要善于琢磨。“玉不琢，不成器”嘛。报纸能否多出新闻精品，既反映出编采人员的业务素质，又表现出编采人员工作的积极程度。

1996 年，以至今后若干年，我们一定要在《中国冶金报》多刊登新闻精品上下苦工夫，花大气力，努力做出成绩来，而且一年比一年更好。我坚信，只要大家共同为之努力奋斗，就像《鲜花不知送给谁》这类新闻精品，必定层出不穷。

新闻精品也是新闻作品。只是档次高，层次深，为新闻作品中的佳作。因此，新闻精品不仅要具备一般的新闻要素，还应强调以下几点：

一是新闻精品舆论导向必须正确。这是能否成为新闻精品的关键因素；二是新闻精品报道的内容，必须是党中央、国务院关注，读者关心的热点问题，在社会上能引起较大的反响，产生积极向上的效果；三是新闻精品对读者必须产生大的吸引力和感染力。这就要求作者在采访、写作中下苦工夫。我们要努力捕捉到好的新闻素材，还应深入采访。写作要有独到之处，力戒一般化；四是新闻精品必须注意时效性。要及时采写，采取最迅速的手段，将稿件传到编辑部，争取最快见报。再好的新闻精品，如果忽略了时效性，新闻价值也必将贬值，大大降低等级。在消息报道中，切忌用近日、日前、不久前之类不确切的时间用语；五是新闻精品，一般篇幅都应短小。消息文字必须洗练、简洁，控制在几百字。通讯不仅要主题好，还要注意选材，尽力写得精彩一些，应有感人的细节描写。同时，要注意篇幅，控制字数，力戒拖沓、空泛；六是冶金行业方面题材的新闻精品，要跳出冶金行业，努力做到社会化。行业报刊载的新闻精品能否打入社会，即在全国评选优秀新闻作品中能否入选或取得较好的名次，与这个问题有直接关系。冶金工业是工业部门的一个行业，比较专业。《中国冶金报》对行业内部的宣传报道与其他报纸的宣传报道相比较，也显得专业一些。行业内的读者看得懂，甚至习以为常，而本行业外的读者则看不懂或者不太懂。所以，采写冶金行业方面的新闻精品，与报道社会其他方面的新闻精品也有个“接轨”问题。我们的作者和编辑一定要认识到这个问题，力求在采写和编辑过程中，予以恰如其分地解决；七是增加新闻精品意识。具有新闻精品素质的新闻题材，不仅通讯员、记者在采写中要认真对待，精心加工，编辑部更要精雕细刻。在保证时效的前提下，努力将作品加工得完美无缺。但是，完全做到这样也难，如果达到瑕不掩瑜的程度也不容易了。

七、努力办好专栏

1996 年，《中国冶金报》各版设置的专栏比较多。编辑部通过办好专栏旨在进一步提高报纸质量，进一步办出《中国冶金报》的特点，进一步增强可读性，进一步增强新闻精品。据我粗略的统计，二、三版专栏比较多，这是版面报道的内容决定的。

我为什么讲了办专栏的目的要达到 4 个“进一步”呢？无非是企图通过各种专栏，提高报纸质量，把《中国冶金报》办得更好一些。

1980 年《冶金报》复刊。十几年来，陆续在各版办了一些专栏。其中，绝大部分专栏都收到了比较好的效果。现场短新闻大赛中，获得一等奖的《鲜花不知送给谁》，就刊登在《中国冶金报》的“现场短新闻”专栏里。历年，在中国产业报协会的年度好新闻评选中，《冶金报》被评上的一些好新闻，也出自一些专栏中。

大家不要小看了专栏的作用，其作用不仅仅起到 4 个“进一步”。如果办好了，可能还产生有若干个“进一步”的作用。所以，大家在采写中，脑子里要经常想到《中国冶金报》的专栏，多为这些专栏提供好稿件。

有些专栏的稿件，需要下苦工夫，花大气力才能采写到。那种以为顺手牵羊、轻而易举就可以给专栏写稿的想法、做法，都不会取得好的收成。须知，为专栏提供稿件，更需要开动脑筋，冥思苦想，多跑路，多找人。这是由于专栏的内容框住了，就像填词作古体诗一样，必须按规矩遣词造句，不能随心所欲。所以，需要煞费苦心琢磨。希望大家为办好《中国冶金报》专栏多花些气力。

这里，我要特别讲讲如何办好一版现场短新闻和人物新闻专栏。提倡采写现场短新闻，是中央宣传部强调了几年的事情。为了提倡和鼓励通讯员、记者采写现场短新闻，许多报纸不仅开辟了专栏，还举办了多次比赛。《中国冶金报》也连续进行了五六次现场短新闻大赛，都取得了比较好的效果。这类比赛，今后还将坚持下去。优秀的现场短新闻，主题好，新闻价值高，社会效果好，现场感强。这就要求作者善于在生活或采访中捕捉住新闻价值高的事实，而这种事实往往稍纵即逝。如果作者不留心观察，不仅捕捉不住，往往还不知不觉。能否捕捉住这类事实，也表现了作者的内在功底和观察的敏锐程度。所以，新闻工作者必须做到时时、事事、处处头脑清醒，做有心人，绝不允许马马虎虎，无所用心。抓到事实后，深入采访是个大问题。只有深入采访，才能掌握更多的新闻素材，也才能在写作中有取之不尽，用之不竭的素材。可以尽量避免一而再，再而三地进行采访，以致贻误时效，减少甚至丧失了新闻价值。

现场短新闻的写作切不可忽视。不要以为有了好的主题，掌握了足够的新闻素材而低估了写作分量。写作是表达的手段，是现场短新闻优劣的一道重要程序。作者一定要有文采，尽量用简洁明快的文字进行恰如其分的表达。不仅新闻要素能经得起推敲，使用的文字也经得住字斟句酌，力求达到完美无缺或者瑕不掩瑜。

采写人物新闻也同样要下苦工夫；也同样要通过深入采访，占有大量的新闻素材；也同样要抓住时效，不拖拖拉拉；也同样要有文采并做到文字洗练。

采写现场短新闻和人物新闻，关键是作者要用功，要下决心采写好。千里之行，始于足下，功到自然成。

上任不久的《光明日报》总编辑王晨在谈到办好专栏时，这样讲过：专栏是报道，文章是载体。要想多出好报道、好文章，就要多创名牌栏目。我以为，这话是有道理的。

第十八章　报纸宣传搞得好 两个文明全报道

1991年7月23日，是《中国冶金报》创刊35周年。戚元靖部长和冶金部老领导都为《中国冶金报》题词，热烈祝贺《中国冶金报》创刊35周年，希望我们把《中国冶金报》办得更好，为冶金战线两个文明建设作出更大贡献。

展望未来，我们深感责任的重大。我在7月23日发表的社论中写道："为了实现部领导把《中国冶金报》办成高质量行业报的要求，我们要继承和发扬好传统、好作风，认真办好《中国冶金报》。"我还写道："要认真宣传冶金工业部贯彻、执行党中央、国务院发展冶金工业方针政策的部署。年度全国冶金工作会议的精神，就是我们当年宣传的中心内容。部里每个时期的工作中心，就是我们同时期的宣传重点。《中国冶金报》发表的消息、署名文章或代表编辑部写的一切言论，都必须遵守这些原则。我们一定要坚守这块舆论阵地，决不给资产阶级自由化一席之地。"希望编采人员全神贯注，认认真真，团结一致，竭尽全力，不折不扣地按照这些要求办，把今年下半年的宣传报道搞得更好，使冶金战线两个文明建设的宣传更上一层楼。

这里，我把上半年宣传报道的得与失，扼要地谈几点自己的看法。同时，把下半年的报道要求也讲一讲，供同志们在宣传报道中参照。

一、上半年报道回顾

1991 年初，根据戚元靖部长在全国冶金工作会议上的报告精神，我写了一篇《1991 年冶金报宣传报道设想》。报社其他领导阅后，印发给各地记者和广大通讯员。

1991 年，《中国冶金报》的宣传主要是根据这个设想组织的。从版面分工来讲，一、三版的报道，是以质量、品种、效益为中心，宣传了冶金工业生产建设；二、四版是以团结、稳定、鼓劲为基调，宣传了冶金战线精神文明建设。当然，属于精神文明建设的要闻稿件，还是在一版发表。最近，几个编辑部相继把上半年的宣传报道做了小结，初步总结了得与失。总的来看，各版都基本上完成了报道任务。

（一）突出报道了冶金系统开展“质量、品种、效益年”的活动

一版对抓好产品质量的报道，始于去年下半年。开展“质量、品种、效益年”活动后，他们又有计划地组织和发表了 50 余篇稿件。有些稿件产生了较好的社会效果，如《抓质量要从“立正”“稍息”开始》、《质量是企业永恒的主题》、《创造好的质量环境》、《关键是提高领导者的质量意识》、《硅钢片质量走弯路的启示》、《务实为本，正道为荣》、《洛耐厂实行全员质量否决权见成效》、《锻钢工人访用户》、《质量三部曲》、《呼唤效益》等。已经发表的这些作品有消息、通讯、专访、述评等。三版在宣传“质量、品种、效益年”活动中，陆续开展了两个征文活动。第一个是与河南冶金建材厅联合举办的“科技、质量、效益”征文。到 7 月上旬，已收到 100 多篇来稿，发表了近 30 篇。来稿内容涉及生产、科研、地质、基建、辅

助原料等。已经发表的比较好的稿件，有《为了祖国的重托》、《挖掘看不见的“金山”》等。第二个征文是与冶金企协、冶金质协联合举办的“学武钢笔谈”。这个征文的目的，是在“质量、品种、效益年”活动中，如何进一步推广武钢质量效益型经验。应征稿件大部分是经理、厂长写的，已经发表了20多篇。

（二）加强了矿山报道

上半年，有计划地组织了几组矿山的稿件，有意识地集中刊出，形成了一定的声势。单是一版，就先后发了50多篇。比较好的稿件有《我国露天矿爆破技术达到世界水平》、《“八五”投资重点是发展矿山和调整结构》、《加速矿山技改，增强发展后劲》（一组3篇）、《增加矿山投入，用好用足政策》、《南芬露天矿积极开展经济效益剖析活动》、《大型露天铁矿边坡工程研究取得进展》、《扭转失衡》、《捡回“芝麻”，抱住“西瓜”——通钢大栗子铁矿加强成本管理见闻》，等等。部里有关司局和企业对这些稿件反映比较好。

（三）增加了基本建设和技术改造的报道

报道宝钢二期工程投产时，还制订了比较周密的报道计划。在宝钢记者站的积极配合下，取得了较好的宣传效果。

（四）加强了对深化改革和搞活国有大中型企业的报道

以增强企业活力，特别是以国营大中型企业活力为中心，进一步完善和发展企业承包经营责任制，是今年企业改革的重点。1991年，加强了这方面的报道。三版还为此举办了“搞活大中型企业”专栏。这个专栏从4月底开辟以来，到7月上旬，已发表了14篇各类体裁的报道。俞家骅通过采访上海铁合金厂，归纳了该厂存在着“有了政策不用”、“有的政策执行中发生‘中梗’”，“还有一些应该制定的政策至今没有”，提出了搞活大中型企业解决好外部环境的重要性。李模采访了四川几家大中型企业的经理、厂长，了解到他们要求认真落实《企业法》，保证企业真正有经营管理自主权。文章发表后，反映较好。此外，还介绍了新余钢铁总厂规模经营的做法。上海异型钢管厂以全员劳动合同制为中心的劳动、工资、保险制度配套改革的经验，齐钢的销售产品做法等。目前，三版正举办“搞活国营大中型矿山”征文活动。这项活动由中国矿业协会牵头，《中国地质矿产报》、《中国冶金报》等9个单位联合举办。时间是从7月到年底。这次征文的目的，就是围绕振兴我国矿业，深入分析大中型矿山存在的问题，提出如何搞活大中型矿山。冶金工业部矿山司已为此发文，要求各大中型矿山领导认真组织好这次征文活动。到7月上半月，三版已刊登了4篇征文。

（五）加强了精神文明建设的报道

1991年，《中国冶金报》的版面安排有较大变动。除了一版刊登有关精神文明建设的重要新闻之外，二版是报道精神文明建设的专版，四版除了刊登广告，也是以精神文明建设报道为主。

宣传先进集体和优秀个人，是报道精神文明建设的重要组成部分。今年以来，我们有计划、有组织地进行了报道。对宝钢副总工程师曾乐的报道比较突出。一版不仅以长篇通讯介绍了曾乐的事迹，还发表了五论学习曾乐的本报评论员文章。二版开辟了“我所了解的曾乐”，刊登了二三十篇回忆曾乐的文章。一版发表了长篇通讯《当代炉长的风采》，介绍上钢五厂青年炉长邵学明的模范事迹，同时配发了《学习邵学明精神，发挥主人翁作用》的本报评论员文章。“七一”前，一版连续发表了两篇介绍先进个人的文章。一篇是《把生命献给党》，介绍北京钢铁研究总院高级工程师顾克义同疾病进行顽强斗争，为党为人民无私奉献的感人事迹。另一篇是《采金船上领航人》，介绍了武警黄金一支队队长朱晓东以自己的模范行动带领群众的先进事迹。此外，还发表了《孟泰故乡人》、《同唱一台戏》等比较好的作品。同时，二版也连续发表了不少介绍先进集体和个人的好作品。这里不再一一列举了。

二版在精神文明建设报道中，结合冶金战线，主要抓了三大问题。一是提高职工积极性问题。这是企业搞好生产经营的一个极为重要的因素。为此，二版举办了调动职工积极性的“马钢杯”征文。3个月，来稿上百篇。已经见了报的好稿有《爱的伟力》、《烟铁现象》、《谭功炎和他的激励教育法》、《干部想的职工干》、《把龙头摆起来》等。二是二版抓了“搞活大中型企业党委怎么做”的系列报道，介绍了本钢、太钢、湖南冶金总公司等十多家企业党委的做法，宣传效果比较好。三是为了迎接建党70周年，二版开辟了“为党旗增辉”的“本钢杯”征文，报道了一大批优秀党员的先进事迹。今年以来，二版还编发了一批有关伦理道德和高尚情操的稿件，在读者中引起了较好反响，如《情义无价》，讲的是鞍钢一对青年夫妇8年义务照顾6位孤寡老人的事迹；《点燃生命的火花》是写包钢一位退休老工人及其老伴收养了3个残疾弃婴的动人故事；《拳拳报国心》描述了一位司机献身祖国黄金事业的事迹，等等。

（六）承担青年版和文艺版的第四编辑部围绕增加可读性做了一些工作，效果显著

为了听取作者和读者的意见，5月，他们在南京召开了“繁星”青年版研讨会。现在，一些读者认为反映青年版的稿件质量高了，爱看的东西多了。他们还以征文的形式，提高报道质量，增加可读性。3月，四版与上海异型钢管厂联合举办了“凹凸杯”征文活动，反映良好，已来稿近500篇。一些老冶金、老专家，也拿起笔来写冶金战线创业史，以激励青年一代为发展冶金工业而努力工作。今年上半年，四版的文艺版增加了报告文学篇幅。读者对一些文艺作品的反映比较好。如反映宝钢“五四车祸”抢救纪实的报告文学，在冶金工业部机关大楼内引起良好反映，许多同志争相寻找这期报纸看。

（七）加强了言论工作

今年以来，各版面都重视了言论。以一版为例，上半年共发表社

论、评论、本报评论员文章、短评等47篇。其中，许多言论的内容是围绕部里中心工作和一个时期的宣传重点。为配合“质量、品种、效益年”活动，一版除了发表一篇社论外，还连续发表了本报评论员的“四论”抓好产品质量的文章。冶金部决定在全系统开展学习曾乐后，一版也连续以本报评论员的名义先后发表了“五论”学习曾乐的文章。

（八）注重了时效性、美化了版面

1991年，《中国冶金报》开始用激光照排，为报纸加快时效性、美化版面提供了极为有利的条件。我要强调一点，就是对报社激光照排室半年多的工作，我们很满意。他们不仅为报社节约了经费、增加了收入，更主要的是报纸印刷前的所有工作都方便了。在我们激光照排室排版的《中国技术监督报》的同志们，也对照排质量和服务质量表示满意。

上半年，报社就是利用了这一有利条件，使报道加快了时效性。比如，宝钢二期工程投产的报道，和一些日报比较，时间差不多。再如，冶金工作会议开幕、国务院领导讲话、会议闭幕等消息，都是第二天见报的。再如，天安门广场新国旗杆安装的消息《飘扬吧，五星红旗》，就是第二天见报的。

采用自己的激光照排排版，再加上编辑们的努力，今年以来，《中国冶金报》的版面比过去活了，也好看了。多种字体，各种花边，供随意选用的底网和框线，为编辑们美化版面提供了极为方便的条件。

（九）为庆祝建党70周年和《中国冶金报》创刊35周年，组织了“太行采访小分队”

报社在长治钢铁公司的资助下，采访和考查太行山革命老区冶金工业发展状况、老区的变化情况和向读者介绍老区为革命的贡献。小分队于4月25日出发，第一站是河北涞源钢铁厂。之后，从太行山北部向南部前进，南到晋城。于6月上旬，在长钢结束。历时一个半月，行程1100多公里，其中有三分之一的路程是骑自行车。小分队克服了许多预想不到的困难，写出了40多篇报道，发表在一版新辟的《太行采访录》专栏里。这次活动，不仅对小分队的成员是个锻炼，而且也为编采人员带了个好头。

关于上半年报道得与失的问题，编辑部还未坐下来总结，我粗略谈谈个人看法。一是围绕“质量、品种、效益年”活动，未能组织一些有较大影响的深层次报道。比如，在开展“质量、品种、效益年”活动中，企业遇到哪些带有共性的问题？怎么解决？再如，在这个活动中，怎样解决“三角债”问题等。二是怎样把经济新闻写得生动活泼？打破原来的旧框框？尚须进一步探索。三是先进集体和个人宣传得还不够。四是精神文明建设怎样宣传？作为国务院负责冶金工业生产建设部门主办的行业报，怎样进行精神文明建设的宣传，还需要进一步摸索。五是今年以来，报纸刊登的消息、通讯等，比过去短了。我们应该承认这个事实。但是，也应该承认，有些消息短得不能充分体现事实的新闻价值及宣传价值。六是从近几年，包括今年以来的宣传报道来看，说明编辑和记者们对每年初冶金工业工作会议精神，特别是部长的工作报告，学习不够，领会精神不透，因而有些问题宣传的深度不够。这是今后编辑和记者都要特别注意的。

二、下半年报道要求

下半年报道的总要求，还是按照年初《1991年冶金报宣传报道设想》进行。就是在建设有中国特色社会主义基本路线指引下，围绕十三届七中全会精神的贯彻落实，认真执行中央确定的一系列宣传方针，以团结、稳定、鼓劲为基调，以正面宣传为主，深入进行爱国主义、集体主义、社会主义教育，坚持反对资产阶级自由化，反对“和平演变”，积极促进治理整顿、深化改革和扩大开放，大力活跃理论研究和繁荣各项文化事业，以增强团结、凝聚人心、振奋精神，为政治稳定、繁荣发展创造良好的思想政治条件和社会舆论环境。《中国冶金报》的具体宣传报道内容，还要围绕戚元靖部长在全国冶金工作会议上报告的基本精神。在整个宣传报道中，要认真贯彻以质量、品种、效益为中心，推进钢铁工业持续、稳定、协调发展。在对物质文明建设报道的同时，一定要加强精神文明建设的宣传。

（一）关于冶金工业生产建设方面的报道要求

要继续抓紧抓好宣传报道抗洪救灾，保证冶金企业生产正常进行。这是目前最主要的报道任务。记者、通讯员要深入抗洪救灾第一线采访。除此之外，要认真抓好以下几个方面的报道。

（1）继续抓好“质量、品种、效益年”活动的宣传报道。开展这一活动的目的，就是大力提高我国企业的经济素质和经济效益，使企业逐步走上投入少、产出多、质量好、消耗低、效益高的发展道路。

今年以来，我们对“质量、品种、效益年”的宣传抓得紧，也取得了较好的宣传效果。下半年，要继续抓好“质量、品种、效益年”的宣传。

1）加强对抓好产品实物质量的报道。我曾于今年3月23日，在一版以本报评论员的名义发表了《全面提高产品实物质量》，即三论抓好冶金产品质量工作。该文论述了如何抓好实物质量问题。同志们在报道这个问题时，可参阅。抓好产品实物质量，是当前企业在“质量、品种、效益年”活动中的一项极为重要的工作，要积极、迅速、扎扎实实地把这项工作抓紧抓好。企业抓好产品实物质量，可以采取多方面的措施进行解决，如采取技术和管理方面的挖潜性措施，采取科研和经营方面的开发性措施，采取技术改造和一定规模建设的投入性措施等。各企业都应结合实际，采取具体措施，认认真真地把产品实物质量抓上去。在报道企业提高产品实物质量方面，要切实注意这些问题。提高产品实物质量，转变观念要宣传，因为不宣传转变观念，就难以树立提高产品实物质量的意识。但是，仅仅宣传提高产品实物质量的观念还不够，还必须加强宣传提高产品实物质量的行动，以及由此带来的优秀实物质量。产品质量工作要抓实，提高产品实物质量更要抓落实。这样，才能把广大职工群众发动起来，为提高产品实物质量尽心竭力。请同志们在采写这类稿件时，注意这个问题。

关于今年的冶金产品质量工作，冶金工业部要求以满足用户需要为目标，切实提高产品的实物质量和服务质量。具体要求是：有质量升级目标，有企业内控标准，有工艺技术规程，有相应装备条件，有管理保证体系，有监督检查把关，最后是让用户满意。在报道产品质量方面的内容时，一定要把握住产品的实物质量和对用户的服务质量。报道企业提高“双标”率时，要突出企业如何把产品质量工作重点转到提高产品实物质量上来。用户对产品质量的评议情况，可以继续反映。在进行以正面报道为主的前提下，对受到用户批评的企业，也要适当反映。这类报道最好以思考性新闻为形式来写，宣传效果会好一些。因为消息简单，问题不能讲深讲透，往往收不到预想的宣传效果。企业坚持访问用户，对用户意见较大的产品质量问题，通过发动群众，从技术和管理方面解决了问题。收效比较好的企业，可以报道。企业领导访问用户时的感人情景，有的还可以采写现场短新闻。记者、通讯员也应该走访冶金产品的用户。这样，既可以了解用户对产品质量的评价，又可以听取用户对服务质量的意见。

2）继续宣传强化质量意识。我曾在《中国冶金报》1991 年 3 月 19 日一版，以本报评论员的署名，发表了《继续强化质量意识》，即一论抓好产品质量工作。该文对如何强化质量意识讲得比较细。大家在采写强化质量意识方面的稿件时，可参阅一下。我们在报道这个问题时，要注意把产品质量同企业的经营思想、企业生产经营的方向、企业的前进道路，与国家利益、社会效益，以及民族素质等结合起来。在冶金系统，乃至全国开展学习武钢质量效益型经验以后，对这个问题的认识有些提高。但是，就冶金全行业而言，还必须继续加强对提高质量意识的宣传。不仅企业领导要提高质量意识，广大职工群众也要提高质量意识，要增强群体质量意识的使命感、责任感。在宣传增强质量意识方面，尽量避免一般地讲产品质量的重要性。要着重讲为了提高产品质量，而进行的技术改造、技术进步、管理进步，以及提高企业素质等总体性的战略问题。当前，许多企业面临着市场、资金、效益、“三角债”等一些棘手的问题。我们宣传提高产品质量时，要注意和这些问题联系起来。换言之，要把提高产品质量作为克服这些困难的主要因素。部领导在质量工作会议上曾经讲过，如果把质量作为一个具体指标来抓，获得的效益是有限的，有时可能没有效益，甚至产生负效益；如果把质量作为一个体现整体素质的综合指标来抓，产生的效益就大得多；如果把质量作为一个战略问题来抓，效益将是无法估量的，甚至是无限的，而且可以带动企业的其他工作。我们在宣传报道企业抓产品质量时，同样要十分重视这个问题。

3）宣传报道坚持科学和严格的管理。在宣传推行全面质量管理时，要注意讲科学性、系统性和有效性。要注意宣传企业加强科学管理，特别是在管理方面的严格要求。这方面的宣传，可以通过具体事例，进行剖析，以达到严格管理、职工遵守规章制度，从而保证提高产品质量之目的。

4）宣传提高产品质量，应把技术进步摆在十分重要的位置上。企业提高产品质量，求得不断发展，特别是要想度过目前遇到的一些困难，必须依靠管理进步和技术进步。企业必须做到两手抓，既抓管理进步，又抓技术进步，不能顾此失彼，或一手软一手硬。当前，一些企业的产品实物质量之所以提高不大，主要是由于技术装备水平和工艺水平提高不快所致。在采访时，要注意那些解决得比较好的企业。要通过具体剖析，不仅使人们认识到技术装备水平和工艺水平对提高产品实物质量是多么的重要，而且也给在困境中的企业如何提高这两个水平以启迪。

（2）继续报道学习武钢的质量效益经验。学习武钢坚持社会主义方向，走质量效益型道路的经验，是1990年冶金工业部召开的全国冶金工作会议上提出来的。在1991年的冶金工作会议上，戚元靖部长在工作报告中，要求全国冶金系统继续学习和推广武钢的经验，并强调加强分类指导。在特钢系统，将推广上钢五厂学习武钢的经验。今年初，国务院办公厅又批转了国家技术监督局和中国质量管理协会的报告，在全国推广学习武钢的经验。可见，冶金系统学习武钢的经验还要继续报道，大家要时刻注意这方面的情况，及时向报社发稿。

那么，武钢的基本经验是什么呢？国务院办公厅批转的国家技术监督局和中国质量管理协会学习武钢经验的报告中，概括为四条：一是把抓产品质量和服务质量提高到坚持社会主义方向的高度来认识；二是建立以质量为中心的经营管理战略和以质量为核心的生产经营管理体系；三是围绕质量不断强化技术开发和技术进步，把质量管理工作落实到实物质量的提高上；四是创建质量优先的企业精神，大力提高职工素质。这四条把武钢的经验概括得比较全面、准确，而且也指出了武钢经验的实质。我们在报道冶金企业学习武钢经验时，要以这四条为准绳，力争写出新的角度、更高的水平。介绍企业学习武钢的经验不一定面面俱到。如果几个方面都学习得挺好，当然可以全面介绍。倘若在一两个问题上收获不小，也可以报道。企业学习武钢经验，最好结合本单位的实际情况，制定一些具体学习措施。这样做比较容易见效。请大家注意掌握这方面的情况。

（3）加强“科学技术是第一生产力”的宣传。“科学技术是第一生产力”。过去宣传得不够，今后要加强宣传。首先，我们要认识到，这是马克思主义的一个基本观点。邓小平同志不仅重申过科学技术是生产力的马克思主义观点，而且又提出过科学技术是第一生产力的论断。要推进我国的社会主义现代化建设和改革开放，必须高度重视和充分依靠科学技术。为此，《中国冶金报》今后应对“科学技术是第一生产力”的观点进行大力宣传，使广大职工认识到，科学技术是实现我国社会主义现代化的重要因素，是持续、稳定、协调发展冶金工业的重要手段。

关于“科学技术是第一生产力”的报道内容，初步考虑有以下几个方面：

1）可请专家或有关领导同志，结合工作或生产实际，撰写这方面内容的文章。事先要和编辑部或记者部打个招呼；

2）依靠科学技术，在“质量、品种、效益年”中，取得了突出成果。显著的可介绍经验；

3）消化、吸收先进技术效果好的，特别是有创新的；

4）介绍科技体制的改革经验；

5）宣传科技、教育、生产之间联合攻关取得较好效果的；

6）注意报道尊重知识、尊重人才、关心科技队伍成长，提高科技队伍素质，为科技人员创造良好的工作和生活条件；

7）全力支持科研工作的好后勤；

8）大力宣传热爱社会主义祖国，在科技战线上埋头苦干，勇攀高峰，做出了突出贡献的科技工作者。有了好的典型，请事先和报社联系。

以上报道内容仅供参照。大家还可以在实际采写中，发现一些新问题、新内容，可以酌情写稿。

（4）宣传根据市场变化，企业对产品进行适应性和开发性的调整。国务院要求冶金工业要着重增产短线钢材品种。对企业调查市场，努力开发、增产用户需要的产品；对企业瞄准国际市场，适应出口需要，搞好品种、结构调整的；对钢材、生铁等合同执行率好的企业；对根据能源、铁路、交通、化工、轻工、机电等部门需要，积极研制、开发新品种、新材料……都可以进行报道。上述方面差的企业，如合同执行率很低等，进行充分调查后，再向编辑部反映。

（5）继续报道为增加经济效益而抓好科技进步和加强企业管理。请大家在采访中要注意两个问题，一是企业依靠科技进步和加强管理提高产品质量，扩大品种，增加经济效益；二是要注意企业节能降耗、降低成本，抓好建成项目的达产。为此，要继续报道连铸机的达产率和超产率，进一步报道企业的节能降耗，进一步报道企业开展“双增双节”的群众运动，进一步报道加强企业管理，继续反映攀钢、重钢、唐钢、宣钢4座高炉的生产情况。

（6）做好基本建设和企业技术改造方面的报道。1991年，冶金工业部主要抓好七个重点基本建设项目，即宝钢二期工程、攀钢二期工程、马钢高炉配套、舞钢二期扩建、大冶三辊轧管机、太钢尖山铁矿、成都无缝钢管厂扩建工程等。同时，部里还要抓好武钢、包钢、本钢等11个大中型续建、扩建项目。此外，还有25个限额以上的技术改造项目。上述单位，有记者的要注意报道；没有记者的，请省和大区记者站在适当时候派记者去采访。

（7）加强对搞活大中型企业和深化改革的报道。前不久，国务院已颁发了《关于进一步加强国有大中型企业活力的通知》。通知中提出的十一条，对搞活国营大中型企业是非常重要的，请大家认真学习、领会，以便搞好这方面的宣传报道。今年，企业改革的重点，除了增强大中型企业的活力外，还要进一步完善和发展企业承包经营责任制；进一步深化企业内部领导体制和经营体制的改革，坚持和完善厂长负责制；围绕结构调整，进一步发展多种形式的横向经济联合；发展企业集团，促进产业结构的合理化；深化和完善企业内部改革，等等，请注意这些方面的报道。

此外，对矿山、地质勘探、安全生产等方面的报道，仍要加强。

（二）关于冶金战线精神文明建设的报道

精神文明建设报道，还是以团结、稳定、鼓劲为基调。报道的中心，还是戚部长在全国冶金工作会议上提出的要求，即继续加强党的建设和思想政治工作，进一步培养“四有”职工队伍。报道的具体要求是：以正面宣传为主，着力歌颂社会主义，歌颂中国共产党，歌颂人民群众，对职工进行爱国主义、集体主义和社会主义教育，反对资产阶级自由化，反对“和平演变”；对职工进行马列主义、毛泽东思想教育，进行坚持四项基本原则和改革开放教育；继续大力宣传全心全意依靠工人阶级和培养职工主人翁意识的观点；对互相尊重，互相支持，齐心协力办好企业的领导班子要宣传；报道职工队伍建设时，要重点报道如何对青年职工进行教育的；报道企业发扬党的优良传统，努力做好思想政治工作；加强廉政建设和职业道德教育的报道；继续报道党的建设；工会和共青团的工作要继续宣传等。

在宣传社会主义精神文明建设的时候，我们要突出宣传先进集体和先进个人的模范事迹。这应该成为行业报的一个特点。像《中国冶金报》这样的行业报，怎样宣传社会主义精神文明建设，还需要不断探索。因为，冶金工业部属于国务院分管冶金工业生产建设的政府机关，部里没有设立直接领导企业思想政治工作的有关工作部门，而这些工作主要是由地方党委来抓。同时，各地的工作安排又不尽相同。这样，势必给我们的宣传报道带来很大的难度。反映在报纸的版面上，自然不如宣传冶金工业生产建设那样中心突出，与企业的实际工作合拍。榜样的力量是无穷的。有利于社会主义精神文明建设的宣传。今后，我们将把先进集体、先进个人，作为宣传社会主义精神文明建设的一个主要方面来抓。今年年初，我曾经要求一版，半个月，或者每旬左右，发表一篇比较有分量的先进集体或先进个人的好通讯。现在检查起来，虽然基本做到了。但是，大部分作品不能令人满意，读者反映平平。主要原因是作品缺乏拨动读者心弦的感染力，既不能催人泪下，又缺乏激励读者奋发向上的感情。对此，作者们应该沉思，努力提高作品水平。

今年，将突出宣传生产第一线的工人和在平凡的工作岗位上，默默奉献，做出显著成绩的人们。宣传雷锋精神应经常化，提倡把学习雷锋精神与学习马克思主义、建立革命的人生观与树立良好职业道德结合起来。要注意报道真心实意为群众谋利益、办实事、廉洁奉公的好干部。有突出成就的工程技术人员和其他工作人员，也要宣传。总之，全国冶金行业有三四百万职工，连同家属上千万人，我们应该积极而热情地讴歌那些先进集体和个人，以鼓舞全行业的人们，为社会主义现代化建设贡献力量。我们要充分发挥报纸的特殊作用，积极宣传那些可歌可泣的先进集体和个人，激励人们奋发努力。这也是我们无产阶级新闻战士的神圣职责。

第十九章　听报纸摘要广播 进一步写好言论

我担任《中国冶金报》总编辑10多年中，每天早上准时收听中央人民广播电台播送的“新闻和报纸摘要”节目。有时，重要内容还随手用小本记下来。我为什么要这样做？主要原因有二：一是中央台的听众面广人多。全国冶金系统的广大职工，绝大部分都是听众。如摘报了《中国冶金报》的消息，他们肯定能够听到。比看报纸还及时，而且有些职工还不一定能看到报纸。二是我可以直接听到全国的重大新闻，有利于办好《中国冶金报》。上班后的头件大事，就是认真阅读当天的报纸。对中央台摘报的消息和言论，仔细琢磨，找出其被摘报的原因，以积累经验，进一步办好《中国冶金报》。

现在回想起来，我这样做，对安排一版的新闻，确实有促进作用。同时，也有利于新闻稿件的版面安排。有些稿件原计划安排在二版，但我看了大样后，感到新闻价值比较高，就调到一版头条或报眼位置。由于稿件位置的转移，其新闻价值也必然随着提升。这种稿件处理办法，对《中国冶金报》的宣传报道与部里执行中央发展冶金工业的方针政策，是不矛盾的，是一致的。我办报的指导思想是，年度召开的全国冶金工作会议精神，是当年《中国冶金报》宣传报道的中心。冶金部每个时期的中心工作，是《中国冶金报》那个时期的报道重点。总之，《中国冶金报》宣传报道与冶金工业部的工作步调是一致的。这种情况，不会因为个别稿件的取舍或移动，而受到影响。

下面，就我当时的记载，具体谈谈中央人民广播电台“新闻和报纸摘要”节目，对《中国冶金报》的报道。

1987 年 10 月 31 日，《中国冶金报》刊登了贵州水城钢铁厂的消息和我为其撰写的评论。水城钢铁厂的消息提出了实行厂长负责制后，厂长出了问题怎么办？水钢的做法是，把原厂长的问题和一大批坚持党性原则的先进典型事迹展出，进行对比。使广大职工认识到原厂长之所以犯错误，并不是厂长负责制造成的，而是由于厂长本人素质不好所致。这样，既总结了经验教训，又教育了广大职工。从而进一步坚定了继续推广厂长负责制的决心。

我在评论中写道：实行厂长负责制，是我国经济体制改革和工业管理现代化的需要。必须加快步伐，全面推广，进一步完善厂长负责制。不管遇到什么情况，出现什么问题，都不能动摇。不能犹豫观望，更不能取消厂长负责制。听了中央台的广播，更加深了我对上述问题的认识。

1989 年 12 月 5 日早上，中央人民广播电台在“新闻和报纸摘要”节目中，摘播了《中国冶金报》刊登的消息“全心全意依靠工人阶级办企业”的新闻及我写的评论。新闻讲的是上钢五厂生产、经营都搞得好。当时，在冶金系统属于佼佼者。其中一个主要原因，是厂领导全心全意依靠工人阶级办企业。明确提出，我们办的是社会主义企业，工人阶级是企业的主人，充分发挥工人阶级的主人翁作用，是厂领导班子十分重视的问题。上钢五厂厂长深有体会地说：

"正确的决策出自集体智慧，企业的活力来自工人群众。"

我在评论中指出，我们办的是社会主义企业，工人是企业的主人。怎样充分发挥工人的主人翁作用，是企业领导者必须十分重视的问题。我在评论中强调，企业领导必须善于走群众路线。经常到群众中去倾听意见，以便减少或避免工作中的失误。企业遇到一些重大问题，厂长（经理）应该虚心听取职工的建议。有些无法解决的问题，一经发动群众，便有了转机，出现了令人欣慰的可喜现象。

1990 年 3 月 17 日，《中国冶金报》刊登了"办好社会主义企业，必须密切干群关系"和我写的评论，被中央人民广播电台同日早"新闻和报纸摘要"播出。

我在评论中写道：干部密切联系群众是我党的优良传统。在建设社会主义现代化强国的进程中，干部密切联系群众这一光荣传统，还应该继续发扬光大。这是我们能否按计划实现经济战略发展目标的重要因素。企业领导充分发挥群众的聪明才智，才能有效地克服生产经营中遇到的一些困难，进一步办好社会主义企业。一个企业不管有多么先进的技术装备，不管采用多么现代化的管理办法，最后还得依靠广大职工进行直接的生产和管理。凡是生产经营搞得好，经济效益高的企业，干部和群众关系就比较好，职工的主人翁作用也发挥得好。不脱离群众，平等待人，关心职工疾苦，是干部密切联系群众的重要因素。

1990 年 3 月 24 日，中央人民广播电台早晨在"新闻和报纸摘要"中，报道了《中国冶金报》刊登的通讯"钢铁工人的榜样"及我写的评论。通讯赞扬了炼钢工人李玉海是雷锋式的好工人，是模范共产党员。但癌症夺去了他 43 岁的生命。为了多产钢，他干了 25 年炼钢工作。他病倒后，还念念不忘炼钢工作，给职工们留下了一个公而忘私的优秀工人形象。

我在评论中写道：李玉海在短短的一生中，为我们回答了这样一个问题：作为工人党员，应该怎样发挥先锋模范作用。李玉海的先锋模范作用，表现在他严于律己，处处做职工群众的表率。他用自己的言行启迪着工友们奋发进取的信念，净化着人们的思想，使大家树立争先向上，积极搞好生产的决心。

我们提出学习李玉海学习雷锋的精神。希望冶金战线广大职工以李玉海为榜样，为持续、稳定、协调发展我国钢铁工业做出自己的贡献。

1990 年 6 月 30 日，《中国冶金报》刊登了长篇人物通讯，介绍了我国著名焊接专家、宝钢副总工程师曾乐的模范事迹。同时，配发了我写的评论“神州大地是知识分子施展才华的广阔天地”。当日早晨，中央人民广播电台早间新闻摘播了。

我在评论中写道：只要全国人民在中国共产党的领导下，励精图治，艰苦奋斗，不懈努力，我们的祖国就一定能够步入世界发达国家的行列。靠自己艰苦努力创造的幸福生活，才是真正幸福的。别国的富裕生活应该成为激励自己努力，使祖国日益富强的决心，而不是嫌弃祖国，离开生养自己的地方。曾乐在这方面表现出了崇高的精神境界，值得学习。

曾乐长期坚持在基层，在生产第一线，在实践中学习。所以，他成了赫赫有名的焊接专家。

1990 年 7 月 17 日，中央人民广播电台在“新闻与报纸摘要”中，介绍了马万水工程队发扬艰苦奋斗精神的长篇通讯和我为此写的评论。

我对马万水工程队是比较熟悉的。冶金工业部号召全系统向马万水工程队学习的长篇通讯，是我大学毕业第三年时采写的。此后，一直与这个英雄集体保持联系。这次宣传马万水工程队继续发扬艰苦奋斗精神的消息，我又为此撰写了评论。我写道：这面红旗已经在冶金战线飘扬了 40 个年头。它尽管经历了风风雨雨，但始终没有褪色。马万水工程队这个英雄集体，值得学习的地方很多。当前，我们主要学习他们发扬艰苦奋斗，勇于战胜困难，努力完成任务的好思想、好作风。这个英雄集体在工作任务面前，抢挑重担、敢于啃硬骨头，不怕困难，有一种不达目的誓不罢休的英雄气概！这个队传统教育抓得好，好思想、好作风代代相传。我们应该从战略高度，认真抓好艰苦奋斗的传统教育。我们全行业要把艰苦奋斗这个传家宝，像马万水工程队那样，一代传给一代，不断发扬光大。

1990 年 8 月 25 日，《中国冶金报》报道了内蒙古白云鄂博矿区医院妇产科大夫李敬秋累死在岗位上的长篇通讯。同时，配发了我写的本报评论员文章“深情怀念带来的思考”。被中央人民广播电台早晨摘播。

李敬秋大夫之所以受到群众的衷心爱戴和尊敬，我写了 3 个思考。这里只讲讲思考之三。

引证如下：李大夫死后，群众对她的评价非常之高。但是，这个大夫生前连一个先进之类的称号都未得到过。这确实是个值得思考的问题。要么，李敬秋大夫所在的单位没有评过先进；要么，李敬秋大夫的事迹比起这个医院评出的先进来，还不够先进。但是，从通讯反映的情况来看，李敬秋大夫的事迹确实是先进的。对此，医院领导应该深思一番。李敬秋大夫留下的高尚医德和无私奉献的精神，医院应该把这些宝贵的精神财富利用起来。加强两个文明建设，努力把医院办成广大职工、家属和草原牧民欢迎的好医院。

1995 年 8 月 3 日，《中国冶金报》发了两篇消息，一篇是“锦铁压缩非生产性开支”，另一篇是“舞钢封了 57 辆小汽车”。同时，还刊登了我写的本报评论员文章“压缩非生产性开支潜力大”，我在文中指出：两篇新闻简短，但内容重要，值得企事业单位领导认真阅读和思考。能否结合本单位实际情况，采取一些有效措施，下决心大力压缩非生产性开支，包括封存或拍卖一些小汽车，特别是高级小轿车，以便进一步搞好盘活资金。

我在本报评论员文章中继续写道：当前，勤俭办企业的一个重要方面，就是大力压缩非生产性开支。这对资金非常紧张的许多企业而言，更具有重要意义。许多企业的做法已经证明，缓解资金紧张，提高经济效益的主要潜力，在于努力减少消耗，大幅度降低成本。许多企业的做法还证明，在降低成本时，必须采取一些切实可行的具体措施，扎扎实实地抓下去，绝不可走过场。大力压缩非生产性开支，是企业降低成本的一个重要方面。许多企业开始做这篇文章了，有的已经获得明显效果。企业压缩非生产性开支项目多，潜力大。领导必须重视，身体力行。具体部门要从企业大局出发，严格要求，处处精打细算，决心把非生产性开支降下来。

第二十章　本报言论要写好　先易后难短到长

我担任《中国冶金报》总编辑后，针对本报言论不足的情况，下决心改变现状。记得，部领导曾调我去冶金工业出版社当社长兼总编辑时，我经过认真考虑，最后决定留在报社。原因有二：一是为了协助新总编办好报纸。因为我热爱《中国冶金报》，希望把报纸办得更好；二是有一个尚未实现的愿望，就是时机成熟时，全力以赴，把言论搞上去，进一步改变报纸面貌。就我个人而言，也要提高言论的写作水平。我在报社工作几十年来，采写稿件的水平过关了。采写的几篇重要通讯，受到好评。但是，在言论写作方面，深感不足。不是不想写，是感到时机未到。

几年来，自己写的言论逐渐增加。我按照版面安排，先写短评、编后。接着，又写评论和本报评论员文章。我深深体会到，熟能生巧，更能提高写作水平，也可以抢时间，完成言论写作任务。

我担任总编辑的时间从 1985 年第一季度到 1996 年第四季度退休。10 多年期间，写社论 12 篇、评论 74 篇、本报评论员文章 54 篇、短评 16 篇，共写言论 175 篇。现在回过头来看，这些言论的质量和数量都是可以的。首先在政策方面，经得起考验，未受到读者的批评和异议。部领导和机关司局也未提出意见。

写言论必须限时完成任务。稿件在版面安排后，接着就要写言论。时间有限，大部分言论在两个小时左右一定要写完。否则，就要影响报纸出版。我写的这些言论，都收入《艾桂林新闻作品选》中。实践证明，这些言论，从质量到文字都经得起时间的检验。退休后，我时常翻阅这些言论，总的感觉，还满意。但有个别文章的部分章节还有欠缺。

我写的言论和本报评论员文章，绝大部分都是临时确定主题写作的。只有少许言论的主题确定时间稍长一两天。有些社论往往也是临时定夺的，这样的社论只能短时间完成。必须抓紧时间，高度集中精力，还不能出现问题。当然，这也是对作者的锻炼和考验。

下面，针对一些评论和本报评论员文章，谈谈看法，仅供参考。

一、发扬艰苦奋斗精神方面

1995 年第一季度，我又去甘肃酒泉镜铁山矿采访，连续写了两篇通讯“重访镜铁山”（上下），发表在《中国冶金报》上。同时，我配发了本报评论员文章“继续发扬艰苦奋斗精神”。之前，我曾几次到镜铁山矿采访。特别是采访马万水工程队时，住的时间长，对这个矿山的印象最深刻。我在言论中写道：几十年来，镜铁山矿一直坚持艰苦奋斗精神，把自然条件如此恶劣的矿山建设成今天这个样子。艰苦奋斗精神也抚育了一代又一代的矿山人，是他们热爱矿山，为发展酒钢，为发展我国钢铁工业贡献自己的力量。

我在言论中还写道：艰苦奋斗是宝贵的精神财富，是我们国家的传家宝。要一代一代地传下去。即使我们国家比较强大了，人民生活比较富裕了，也还应该继续发扬这种精神。

《中国冶金报》在发表长篇通讯，介绍马万水工程队英雄事迹时，我又配发了评论“发扬艰苦奋斗精神”。我写道：在新时期，艰苦奋斗精神的内涵应该主要体现在：追求新知识方面，要坚韧不拔，不畏困难，尽最大努力冲过风浪、险滩，到达胜利的彼岸。在言论的最后，我写道，发扬艰苦奋斗精神，也是建立社会主义市场经济体制所必需的。

《中国冶金报》1990 年 2 月 8 日，报道上海异型钢管厂艰苦创业，创造出新中国第一根热轧无缝钢管后，无缝钢管的产品品种已由当初的几十个发展到今天的五千余个。其中一大批属于尖端材料，打入国际市场。为此，我配发了言论“艰苦创业精神永不丢”。

我在言论中写道：这个原叫上海永鑫无缝钢管厂的艰苦创业精神，在全国冶金系统引起了良好反响。这个厂的艰苦创业精神，不断发扬光大，难能可贵。邓小平同志说，“艰苦奋斗是我们的传统。艰苦朴素的教育，今后要抓紧，我们国家越发展，越要抓艰苦创业。艰苦创业精神，也有助于克服腐败现象。”

我在评论中还写道：在艰难困苦的革命战争年代，需要发扬艰苦创业精神。建设社会主义现代化强国的和平时期，也不应该丢掉这种精神。发扬艰苦创业精神必须有战略眼光。形势严峻，经济条件困难时，提倡艰苦创业精神。即使生产经营连续多年取得较好的经济效益，也不应该把钱用光吃尽。企业领导还是要发扬艰苦创业精神，把资金用到刀刃上，为发展企业的后劲多投入，对职工、企业和国家都有好处。

我最后写道：提倡艰苦创业精神，对于我们战胜困难渡难关是有利的。

二、发扬无私奉献精神方面

1989 年 3 月 2 日，《中国冶金报》发表了王连来为抢救工友而献出自己宝贵生命的通讯。我写了本报评论员文章“发扬无私奉献精神”，一起发表。

这篇通讯令我感动，心情久久不能平静。王连来生前不是英雄模范，没做过惊天动地的事情。但他却为我们留下了极其宝贵的精神财富！今天，在进行社会主义精神文明建设的时候，还必须进一步提倡无私奉献的精神。我们要努力在全社会形成发扬正气，打击歪风邪气；舍己救人光荣，见死不救可耻；当祖国需要时，要敢于牺牲个人利益，甚至宝贵的生命。

王连来，不挑工种，心甘情愿地在艰苦的岗位上劳动；调整工资时，不找领导，也不去争；分房时，不挑剔，较差的房子也满意；生活那么困难，也不要求公家补助……但是，王连来的劳动积极性高，情绪饱满，认真负责，助人为乐。王连来当过兵，受过锻炼。他到武钢后，虽然受到多病的妻子和生活拮据的困扰，但不低头，严格要求自己。这些都值得我们认真学习。

1987 年，《中国冶金报》发表了通讯，介绍了逝世已近一年的普通工人谢光普。我为通讯配发了评论“值得学习的傻子精神”。

我在评论中写道：谢光普是一位普通工人，参加工作十几年来，干了很多“傻事”。他带头下井当掘进工，干最艰苦的劳动；从井下到科室工作 8 年后，不顾“矽肺前期”，重到井下；结婚后分居 13 年，没休过探亲假，不要求领导照顾，反而将调转指标一次次让给更困难的同志；在井下劳动最危险的时刻，他甘愿把生命留给工友，自己壮烈地倒在井下。

他这个“傻人”永远活在职工的心里。职工们认为，这种“傻”是一种高尚的可贵品质，反映了一个共产党员的共产主义精神。这是中共山东省委追认他为中共正式党员的依据。“傻气”和“聪明”是两种人生观的反映。谢光普的“傻子”精神十分可贵，是对广大职工正面教育的宝贵精神财富。愿广大职工学习谢光普的可贵品德，热爱自己的工作岗位，出色完成本职工作。

1986 年 4 月 22 日，《中国冶金报》介绍了冶金工业部收发工作的“状元”杨东生的事迹。我为此写了评论“提倡热爱自己的工作岗位”。

杨东生的可贵之处，是热爱自己的工作岗位，扎扎实实，埋头苦干，发挥了共产党员的模范带头作用，取得可喜成绩。有些人看不起平凡的岗位，平凡的工作。这是不对的。在各岗位工作的同志，都是为社会主义建设事业服务的，都是不可缺少的，没有贵贱之分。愿意为四化建设出力之人，都应该像杨东生那样，踏踏实实地干好本职工作，创出优异成绩。

为了实现四化，我们提倡每个职工，特别是年轻人，应该有远大的抱负和理想，不能把理想和平凡的工作对立起来，不能认为平凡的工作就是理想的破灭。我们提倡的理想应该是有根据的、合理的，是从现实出发，与四化，宏伟目标一致的，是以激励人们为之献出毕生精力的。千里之行，始于足下。愿我们每个人，都热爱自己的岗位，干好本职工作，从平凡工作做起，献出毕生精力，前途必然光明。

1986 年 6 月 10 日，《中国冶金报》发表了攀钢四〇一厂青年职工抗洪灭火的可歌可泣英雄事迹。同时，我为通讯配发了短评：向四〇一厂青年学习。

我在短评中写道：为了抢救人民群众的生命财产，四〇一厂青年职工拼着生命与洪水搏斗。为了保护森林和泸山风景区，他们面对着熊熊烈火，毫不畏惧，英勇拼搏，以血肉之躯扑灭了山火。四〇一厂青年职工不愧为“抗洪抢险先进青年群体”。值得冶金战线广大职工学习。

我在短评中还写道：我们冶金系统的广大职工中，青年人约占一半以上。他们是企业中最有生机、最活跃的力量。很多人已成了生产骨干。我们企业领导要做他们的知心朋友，从政治上、思想上、工作上、学习上、生活上关心和帮助他们。对少数青年中的消极现象，既不要听之任之，也不必大为恼火或惊慌失措。这部分青年经过教育是能够进步的。

三、抓好冶金产品质量方面

1991年第一季度，召开的全国冶金质量工作会议上，戚元靖部长多次强调，对冶金行业的干部和广大职工，必须进一步强化质量意识，提高产品质量。为此，我连续写了四篇本报评论员文章，提出抓好冶金产品质量工作。本报也连续刊登四期，进行连续报道。下面，将四篇评论员文章逐一进行介绍。

一论抓好冶金产品质量工作的标题是"继续强化质量意识"

要求各企业和有关部门领导在增强质量意识的同时，还要对广大职工进行强化质量意识的教育。大家一定要真正认识到，产品质量不仅是个经济问题，还具有重要的政治意义。大家一定要努力学习，真正认识到"质量第一"是社会主义企业前进的方向和应该走的道路，是一项长期的战略方针。我们要求进一步强化质量意识，就是缘于此。因此，决不能把坚持"质量第一"，当做权宜之计。希望企业全体人员都要树立强烈的质量意识，把质量第一的思想坚持到底，认认真真抓好质量工作。

解决提高产品质量问题，最重要的一条还是进一步强化干部和工人的质量意识。要使大家真正认识到"质量是企业的生命"、"质量是效益的基础"、"质量是效益的前提"。企业只有提高质量的产品，才能创造更多的财富，才能带来更好的经济效益。提高产品质量是坚持对外开放，发展外向型经济的要求。提高产品质量也是企业摆脱困境的必要措施。

二论抓好冶金产品质量工作的标题是"主要领导抓好产品质量"

办好社会主义企业的一个重要因素，是企业的党政主要领导必须团结一致，同心协力。只有主要领导都重视产品质量工作，真正把这项工作列入重要议事日程，共同努力，认真抓好，抓住不放，肯定能抓出成效来。有些企业为了提高产品质量，提出党政工团对提高产品质量齐抓共管，进行综合治理，确实收到了较好效果。

党委书记不仅要支持经理、厂长抓好质量工作，自己也要积极推动质量工作。企业各级党组织，应该结合实际，配合行政领导做好质量工作。应当教育党员提高质量意识，严把质量关。党员不仅带头做好自身承担的质量工作，还要积极帮助职工群众持之以恒地做好质量工作。党员做好质量工作的情况，应该列入党组织生活的内容之一。

三论抓好冶金产品质量工作的标题是“全面提高产品实物质量”

冶金工业部党组决定，在冶金生产管理上，要以提高执行国际标准和国外先进标准的比率为重点，转到以提高产品实物质量为重点上来。所谓产品实物质量，主要是从3个方面衡量：一、是否真正满足用户需要；二、是否完全满足标准和使用过程中对质量要求的有关技术指标参数；三、是否有严格的科学管理体系，保证产品的可靠性和稳定性。

我们在提高产品实物质量过程中，还是要从实际出发，分层次推进。第一个层次，就是要充分发挥已经建成的和“八五”期间将要建成的，拥有先进工艺和先进装备的作业线，以及与之相比的现代化管理作用。其产品质量要达到国际先进实物质量水平。第二个层次，就是以已经建成和将在“八五”期间建成完善的作业线为基础，以切实执行国际一般水平和国际先进水平标准为目标。进一步加强全面质量管理，稳定而有效地提高产品实物质量。第三个层次，就是以不可能全面进行改造现有工艺装备为基础，适当改进关键设备。提高人员素质，加强企业管理，使产品质量全面达到标准要求。

产品实物质量能否提高，有许多因素。先进工艺和设备对提高产品实物质量至关重要。同时，也要看到在现有的装备条件下，提高产品实物质量，也是大有可为的。这就要求，企业领导眼睛向内，克服等、靠、要的依赖思想。努力提高职工素质，充分发挥他们的积极因素，把产品实物质量提高一步。

四论抓好冶金产品质量工作的标题是“认真学习武钢经验，提高企业整体素质”

去年，召开全国冶金工作会议时，戚元靖部长在工作报告中，提出了学习武钢“走质量效益型发展道路”。不久，冶金全行业掀起了学习武钢经验热潮。今年年初，国务院办公厅又批转了在全国开展学习武钢走质量效益型发展道路的报告。学习武钢经验，对企业由速度效益型向质量效益型转变将起到推动作用。

武钢走质量效益型发展道路有四条经验：一是把抓产品质量和服务质量，提高到坚持社会主义方向的高度来认识；二是建立了以质量为中心的经营管理战略和以质量为核心的生产经营管理体系；三是围绕质量不断进行技术开发和技术进步，把质量管理工作落实在实物质量的提高上；四是创建“质量优先”的企业精神，大力提高职工素质。学习武钢经验，就是要抓住这些精神实质，扎扎实实地学好。学习武钢经验，一定要注重实效。学习武钢经验，要结合本企业的具体情况，有重点，有侧重。企业要从实际出发，抓住学习重点，制定学习计划，才能收到有的放矢的效果。

四、学习工会干部田守道高尚品德

田守道是天津铁厂工会主席，先后荣获天津市优秀工会工作者、市劳动模范、全国冶金系统优秀政治工作者。天津铁厂工会被评为天津市和全国“模范职工之家”。为做好工会工作，田守道病倒在岗位上。他逝世后，中华全国总工会追授他为“全国优秀工会干部”称号，号召全国工会干部向他学习。

《中国冶金报》对田守道进行宣传报道的时候，我连续写了两篇本报评论员文章，号召全冶金系统工会干部和广大职工学习田守道同志。

一是发挥职工主力军作用。我国实行改革开放，进行以经济建设为中心后，工会工作就是动员广大职工发挥主力军作用，为实现社会主义现代化强国努力奋斗。田守道担任天津铁厂工会主席 10 年来，在厂党委领导下，团结全厂职工发扬艰苦奋斗精神，顽强拼搏，不仅使铁厂扭亏为盈，改变落后面貌，还取得了突出成绩。田守道把工会工作做得有声有色，生动活泼，成为冶金系统工会学习的榜样。为了使企业在市场竞争中立于不败之地，工会发动职工搞好“双增双节”，开展有成效的劳动竞赛。努力开展合理化建议，进行技术革新、技术协作和发明创造等行之有效的一些活动。工会积极做好上述工作，成绩突出。

二是永葆工人阶级本色。全国总工会高度评价了田守道的勤政廉洁，无私奉献的高尚情操，始终保持工人阶级本色和人民公仆的可贵品德。和田守道相处几十年的天津铁厂党委书记、厂长赵之泉说，守道自身正、党性强、清正廉洁，以人民公仆的形象赢得了职工的信任。

田守道永葆工人阶级本色的革命精神，是人们向他学习的一个重要方面。要努力增强职工的主人翁责任感，充分发挥他们的主力军作用。要积极教育职工树立远大理想，培养良好的职业道德、忠诚的敬业精神和美好的社会公德。要弘扬工人阶级的艰苦创业、无私奉献精神，为改变企业和我国的面貌，应该发扬节约精神，处处精打细算，防止大手大脚和铺张浪费现象。

三是做人民公仆。田守道坚持全心全意为人民服务的宗旨。他心系职工群众，心甘情愿地做人民公仆。为人民鞠躬尽瘁，死而后已。由于他时刻把职工群众放在心上，大家盼望的事情，都尽力做到令人满意。他担当工会主席十多年来，为职工群众做了多少好事啊！他为职工做的一件件好事，宛如一座座丰碑，将永远留在人们心里。

做人民公仆也体现在努力为职工办事，真心实意地帮助他们解决一些具体困难。要真正把职工的困难放在心上，千方百计帮助他们解决。只有努力为职工办实事，企业才有吸引力、凝聚力。有些企业职工存在的生活问题，长期得不到解决。企业领导在抓好企业技术进步的同时，更应该重视人的因素。要认真解决职工遇到的实际困难，企业的经济效益才能不断提高。

第二十一章　社论是言论主帅 保质量坚决写好

社论是报纸的最重要言论。报纸在日常宣传报道中，社论的价值是最重要的。和报纸的其他言论相比，社论是主帅，不仅占报纸第一版的重要位置，其宣传内容更是举足轻重。读者对其十分重视，对有的社论还反复阅读，深入思考，提高了认识，增长了见识，对客观事物也有了新的看法。

我在言论的写作中，开始时对社论望而生畏，不敢触及。先是从短言论入手，如写短评、编后、编者按等等。后来又逐渐写评论、本报评论员文章。当了总编辑后，似乎与写社论的距离拉近了。特别是在考虑宣传报道的过程中，为了满足宣传报道需要，总感到写其他言论配合不顺，提不上宣传档次，必须写社论才行。这样，社论就亲自找上门来，逼着自己非写不可！

我写社论是形势逼的。转而又想，这种逼人写社论的形势来得好。我已经写了那么多评论和本报评论员文章，有了一些成绩，可以促使自己下决心写社论了。静下心来，认真想想：你不是想言论写作过关吗？时机来了，为什么还犹豫不决？时不我待，必须抓住时机，勇猛闯关。就像年轻时候，采写马万水工程队长篇通讯那样过关！决心下定后，劲头就足了，闯劲就大了。结果，经过一两天的埋头苦干，第一篇社论就写出来了。

下面，先讲讲为全国冶金工业会议写的社论。

第一篇社论。1990 年 1 月 25 日，刊登在《中国冶金报》一版的上半部，题目是“认真贯彻冶金工业会议精神，持续稳定协调发展钢铁工业”。两行粗黑体字标题，显得气魄凝重。我认真阅读了资料，这是我写的第一篇冶金报社论。

我在社论中写道：去年，全国钢产量突破了 6000 万吨大关，使我国稳固地进入了世界第 4 个产钢大国行列。这次会议，既是对以往工作的总结，又是研究钢铁工业在治理整顿期间提出的新课题和对策。会议气氛热烈，代表精神振奋。大家面对冶金工业生产建设中出现的暂时困难，没有气馁，而是迎难而上，千方百计渡难关，为完成今年和治理整顿期间的各项任务加倍努力。

增加品种，提高质量，是这次冶金工作会议的主要议题之一。我国钢铁工业的发展，必须增加品种，提高质量，生产高档次钢材，减少钢材进口。同时，要积极提高产品质量，要围绕品种和质量，进行技术改造。

解决矿山滞后问题，也是这次冶金工作会议的主要议题之一。今后，要把矿山工作抓好。矿山也要继续发扬自力更生、艰苦奋斗的优良传统，千方百计挖潜，充分发挥作用。

国务院领导在会上要求，继续抓好冶金职工队伍建设，进一步发扬孟泰精神，艰苦奋斗，勇于进取。在攻占品种、质量这一高地时，胜利一定属于中国钢铁职工。

第二篇报道冶金工业会议社论。1991 年 2 月 14 日，也刊登在《中国冶金报》一版的上半部，标题是“宣传贯彻冶金工作会议精神集中精力抓好质量品种效益”。标题也排两行，黑色粗体，显得气派，入目抢眼。

我在社论中写道：这次会议开得很成功。代表们统一了思想，明确了奋斗目标。会前，李鹏总理给戚元靖部长写信，祝贺冶金工业取得的成就，殷切期望冶金工业为国民经济发展，为治理整顿，深化改革做出更大贡献。国务委员邹家华在闭幕会上做了重要讲话。

会议提出，要以质量、品种、效益为中心，促进冶金工业持续、稳定、协调发展。大力提高冶金企业的经济素质和经济效益，使企业逐步走上投入少、产出多、质量好、消耗低、效益高的发展道路。会议要求，冶金企业努力拼搏，以提高产品质量求生存，以增加产品品种求发展。希望企业领导和广大职工树立雄心壮志，不仅要在国内创名牌，开拓市场，还要到国际市场上去竞争，把产品打出去并站住脚。

会议提出，各企业要形成一个坚强、团结、有力的领导班子，对搞好“质量、品种、效益年”，实现八五计划和十年规划至关重要。大家要同心协力，全力拼搏，努力搞好钢铁工业。提高队伍素质是搞好企业的重要因素。提高队伍素质，包括职工技术、业务培训和思想政治素质的提高。要重视发挥职工主人翁精神，自觉服从各项规章制度，努力把企业搞好。

1994 年 1 月 5 日，《中国冶金报》在报道全国冶金工作会议消息的同时，也刊登了我写的社论“认真贯彻落实国务院领导指示　推动钢铁工业持续快速健康发展”。这次会议不是在北京召开的，而是在上海宝钢召开的。社论标题排两行，黑色粗体，气魄浑厚，十分抢眼。

我在社论中写道：会议认真传达了李鹏总理、邹家华副总理对冶金工业的重要指示。要求认真贯彻党的十四届三中全会精神、全国经济工作会议精神，着重抓好钢材的品种质量，满足国民经济发展的需要。这是今年冶金工业会议的重点，又是今后相当长一个时期的奋斗目标。

为不断满足国民经济发展对钢材的需求，国务院领导要求冶金工业把重点放在对现有企业的挖潜、改造、扩建上来，充分利用企业的现有土地、公用设施、技术人才进行技术改造。大力优化结构，积极增产国家重点发展的铁路、交通、能源和城市基础设施所需要的钢材。

重视和加快冶金工业技术进步，是国务院领导特别强调的。要求我国冶金工业积极跟踪世界新的冶金工业技术，抓好对现有企业的技术改造和引进技术的消化、吸收和创新。在发展中优化结构，加快企业技术进步。老企业要积极创造条件，逐步淘汰陈旧、落后的技术装备。扩建企业要适应国民经济对品种、质量的要求，立足高起点，采用先进技术和工艺。老企业要加速和大力推进以连铸为中心的技术改造。连铸比较低的大型企业要下定决心，主动采取措施，尽快把连铸搞上去。

国务院领导还要求冶金企业提高经济效益。做好市场预测，使产品的品种质量不断满足用户要求；苦练内功，精打细算，千方百计降低原材料消耗。企业领导要转变观念，把提高劳动生产率摆到日程上来。宝钢、武钢的实践证明，可以把相当数量的职工从钢铁工业分离出去，进行多种经营，是非常必要和行之有效的。

刘淇部长在工作报告中提出，要加快改革步伐，加快转变企业经营机制，大力优化结构，改善经营管理，坚持两手抓，推动冶金工业持续、快速、健康发展。

年初召开的全国冶金工业会议，我为《中国冶金报》撰写的社论就是上述三篇。

下面，再按时间顺序介绍我为《中国冶金报》撰写的其他社论。

1990年4月24日，《中国冶金报》在第一版发表了我写的社论“宣传李双良学习李双良”。这是冶金工业部和中国机械冶金工会联合发出的《关于进一步开展向李双良同志学习的决定》时刊登的。

我写道：李双良是在改革开放年代涌现出来的工人阶级优秀代表。在太钢各级领导和同伴们的支持下，以愚公移山精神，把太钢污染严重的旧渣山改造成了综合利用的新渣场。解决了太钢污染严重的难题，为钢铁工业的渣山治理开辟了一条“以渣治渣、综合开发”的新途径。李双良表现了一心为公、艰苦创业的工人阶级主人翁精神，成为我国工人阶级建设社会主义中国的又一个光辉榜样。

我又写道：我们宣传李双良，学习李双良，就是要宣传和学习李双良一心为公和艰苦创业的精神，宣传和学习李双良治理渣山的经验，进一步推动冶金战线的两个文明建设。

一心为公，就是无私奉献的精神。这是李双良的突出表现。我们提倡一心为公，就是号召广大职工像李双良那样，把党的事业，人民的利益放在首位。在自己工作的岗位上进行创造性的劳动。

艰苦创业精神是我们党和我国人民的优良传统。李双良继承和发扬了这一光荣传统。在治理渣山过程中，李双良没有先进的机械设备，也没有向上级要资金，主要依靠自力更生、艰苦创业和顽强拼搏，搬掉了渣山，变废为宝。李双良这种艰苦创业精神值得我们好好学习。

李双良治理渣山经验，值得一些钢铁企业借鉴。其经验适合一些企业的实际情况，可以大力推广。各企业要认真贯彻学习李双良的决定精神，广泛开展合理化建议和发明创造活动，使学习活动深入持久地开展下去。

在庆祝中国共产党成立69周年前夕，1990年6月30日，出版的《中国冶金报》发表了我写的社论“发扬党的优良传统　搞好两个文明建设”。

我在社论中写道：我们永远不会忘记，中国人民在中国共产党领导下，经过几十年的浴血奋战，终于推翻了三座大山，建立了中华人民共和国的伟大业绩。自党的十一届三中全会以来，我们遵照党制定的正确路线、方针和政策，坚持改革开放，在社会主义现代化建设中，取得了举世瞩目的伟大成就。想想过去，看看现在，展望未来，怎能不令人感慨万分！几十年来，中国人民从切身的体会中，已经得出正确的答案来：中国要实现新时期的总目标、总任务，要真正富强起来，必须在中国共产党领导下，坚定不移地沿着社会主义康庄大道勇往直前！

各级领导干部必须遵照党的性质和党的指导思想，全心全意为人民服务。冶金战线的各级领导干部要认真贯彻执行党的基本路线，努力搞好冶金工业生产建设，以适应国民经济各部门的发展需要。凡是企业决定的重大事项，都应该在调查研究的基础上，充分发扬民主，广泛认真地听取职工意见。切不可独断专行，草率从事。

冶金战线各级领导干部要坚持深入基层、深入群众，扎扎实实工作，把党的路线、方针、政策落到实处。冶金企业各级党组织和广大党员要充分发挥战斗堡垒作用和先锋模范作用。企业党组织主要通过自身建设和群众工作，发挥保证监督作用。既要教育党员贯彻执行党的路线方针政策，又要吃苦在前，享受在后，自觉服从国家和人民的利益。

加强廉政建设，发扬艰苦奋斗精神，是保证党的事业立于不败之地的伟大战略措施。我们冶金战线各级领导干部必须严于律己，遵纪守法，保持清正廉洁。坚决反对腐败行为。要大力加强廉政建设和职业道德教育。

冶金企事业各级党委，要重视在党内进行马克思主义、毛泽东思想的再教育。领导干部要有针对性地抓紧学习。要坚持理论联系实际的原则，增强党性锻炼，改造世界观。要号召职工主要立足于本职岗位学习雷锋精神，培养有理想、有道德、有文化、有纪律的新人。各级领导干部都应该积极做好思想政治工作，充分发挥我们的政治优势。同时，要尽可能地解决职工群众存在的实际问题。

1991 年初，全国冶金工作会议结束不久，冶金工业部又在鞍钢召开了冶金质量工作会议。《中国冶金报》一版发表消息的同时，又发表了我写的社论“以满足用户需要为目标提高产品质量和服务质量”。

我在社论中写道：这次会议很重要，根据党的十三届七中全会精神和国务院关于质量、品种和效益年的通知要求，各单位要认真贯彻会议精神，制定切实可行的措施，把会议的要求落实到基层。

我在社论中还写道：大会要求继续推广和深入学习武钢经验。努力提高职工质量意识。企业领导要转变经营指导思想，即确立以质量为中心的经营战略和指导思想；要把质量意识和经营指导思想落实到技术进步、深化全面质量管理和提高职工素质、企业素质上来；要运用系统工程原理，建立以质量为核心的现代化管理体系。在企业升级和企业承包中，要突出质量导向和强化质量考核。

要依靠技术进步，推动质量升级和产品创优。各企业要把制定和分步实施质量升级和产品创优计划，做为今年的工作重点之一。

各有关部门和省、市、区冶金厅（局）要继续运用行业管理和宏观调控手段，促进企业提高产品的实物质量和服务质量。对企业进行产品质量监督的同时，要多为企业服务，帮助解决实际问题。要继续运用行业管理和宏观调控手段，使企业提高产品实物质量和服务质量。对企业进行产品质量监督的同时，要多为企业服务，帮助解决实际问题。

积极开拓钢铁产品的国际市场，扩大出口，努力参与国际竞争。

产品质量是在国际市场上站得住，立得稳的关键。重点企业和地方骨干企业要重视质量的信息工作。

1991年4月30日，“五一”国际劳动节105周年纪念日前夕，《中国冶金报》第一版发表了我写的社论“要把全心全意依靠工人阶级落到实处”。首先向全国冶金工业战线广大职工致以节日的问候！祝贺大家在治理整顿和深化改革中，在生产和建设中所取得的巨大成就。

我在社论中写道：工人阶级为实现我国十年规划、“八五”计划和在质量、品种效益年，都肩负着伟大的历史使命。冶金战线广大职工是发展我国钢铁工业的主力军。我们必须把全心全意依靠工人阶级的思想落到实处。

我又写道：要深入广泛地宣传全心全意依靠工人阶级的观点。办好企业，必须依靠全体职工团结一致，共同努力，企业才能兴旺发达。国务院决定开展“质量、品种、效益年”活动。企业开展这项活动，能否收到实效，关键在于是否真正把职工发动起来。企业必须把职工的积极性充分调动起来，把这项工作变成他们的自觉行动。职工们不仅要忠于职守，认真干好分内工作。还应为全厂生产经营尽心尽力，献计献策。这样，才能使“质量、品种、效益年”活动，开展得轰轰烈烈，扎扎实实。

企业领导在组织有关部门研究解决问题时，不要只局限于少数部门、少数人。应该把企业各部门和全体职工都发动起来，让大家都关心这件事。由于职工们对企业生产经营情况最熟悉，感受最深。企业存在的问题，他们不仅能确切地指出来，还能提出具体解决办法。职工们的积极性真正调动起来了，企业存在的问题，特别是生产经营中的一些难题，大部分可以迎刃而解。企业经济上有困难，应该依靠广大职工协助解决。努力发挥职工的主人翁作用，是企业兴旺发达的基础。

我在社论中，最后写道：要想全心全意依靠工人阶级并落到实处，还要不断提高职工素质，包括思想政治素质和技术业务素质。让他们把工人阶级的优秀品德继承和发扬光大，已成为企业党政工团的一项紧迫任务。我们要对青年职工加强爱国主义、集体主义教育和独立自主、自力更生、艰苦奋斗及勤俭建国的教育，进一步推进社会主义精神文明建设。

1991 年 7 月 23 日，是《中国冶金报》创刊 35 周年。为此，一版发表了我写的不到千字的社论“为冶金战线两个文明建设做更大贡献”。

冶金报社成立于 1956 年 7 月 1 日，同年 7 月 23 日创刊。《冶金报》是冶金工业部的机关报。在部党组的领导下，为冶金工业两个文明建设做出了贡献。在社论中，我向部领导、机关各司局，向中央新闻领导机关和兄弟报社致以崇高的谢意！向冶金企事业单位和广大读者表示衷心感谢！

我在社论中写道：一要继续坚持正确的舆论导向。认真宣传贯彻冶金部执行党中央、国务院发展冶金工业方针政策的部署；二要加强采编队伍的建设。首先要加强思想建设，全心全意为人民服务。其次要不断提高业务素质，努力采写出更高水平的稿件；三要不断进行新闻改革。要使《中国冶金报》在指导性和可读性，适应冶金战线生产、建设和广大职工的需要。

我在社论中，突出讲到：《中国冶金报》要认真宣传冶金部贯彻执行党中央、国务院发展冶金工业的政策和部署。年度全国冶金工业会议的精神，就是我们当年宣传报道的中心内容。冶金部每个时期的中心工作，就是我们同时期宣传报道的重点。

这期报纸出刊不久，我便听到戚元靖部长的表扬，说这篇社论写得好，值得认真阅读。

戚部长的表扬，使我对社论又认真审视起来。反复考虑，社论好在什么地方？最后，我找到了关键所在。“年度全国冶金工业会议精神，是我们当年宣传报道的中心内容。冶金工业部每个时期的中心工作，就是我们每个时期宣传报道的重点。”这个指导思想，我当总编辑后逐渐强化起来，成了宣传之纲。只是在这个社论中写了出来。有一次，我到部里开司局长会，见到戚部长时，谈到此事。他立即满意地说：“对，就是这两句话。这是《中国冶金报》的正确舆论导向。”

1991 年 10 月 1 日，为庆祝中华人民共和国成立 42 周年，我写了“加强冶金工业精神文明建设”的社论，发表在《中国冶金报》一版。社论首先向冶金系统广大职工和家属致以节日的问候。又向节日期间在矿山、冶炼、轧钢、供销等岗位上，仍然进行争分夺秒的劳动者致以衷心的慰问。

我在社论中写道：新中国成立 42 年来，我国钢铁工业取得了举世瞩目的巨大成绩，为社会主义建设做出了突出贡献。我国的钢产量正由解放初期的年产二三十万吨，发展到 6000 多万吨，成为世界上第四产钢大国。这样的发展速度，翻开世界冶金史，找不到第二个国家。同时，我国的钢材结构和品种质量，也发生了显著变化。改革开放以来，我国冶金工业科学技术进步很快，为适应国民经济各部门，对钢材品种和质量标准的要求做出了贡献。

展望未来，我们冶金工业肩负着神圣的历史使命。全体职工必须加倍努力，在质量、品种、效益年活动中，取得突出成就，为冶金战线两个文明建设做出更大贡献。

冶金工业生产建设，不仅是经济问题，更涉及我们社会主义祖国能否巩固和发展的政治问题。为此，我们一定要下决心把冶金工业办好。要继续发扬党的光荣传统，坚持自力更生、艰苦创业和奋发图强的革命精神，千方百计调整产品结构，努力增产用户需要产品。在提高产品质量方面，我们应该有所作为，不要得过且过或墨守成规。要树立雄心壮志，赶超国际先进标准。我们必须重视科学技术的发展，不断创新和发展新技术。

我们还必须抓好社会主义精神文明建设，做到两个文明一起抓，都要抓好。要认真抓好对职工进行爱国主义、集体主义教育。更要抓好社会主义和共产主义理想教育。这些教育对培养“四有”职工是大有裨益的。要总结经验，抓紧抓好。

1992 年 6 月 30 日，我写了社论“进一步学习首钢经验”，发表在《中国冶金报》一版。几年来，本报曾反复介绍首钢经验，对加快企业的改革步伐，抓好生产经营等，都起到了促进作用。邓小平肯定首钢经验后，对全国推广首钢经验，更起到了推动作用。

在改革开放的形势下，如何学习和推广首钢经验呢？

首钢的第一条经验就是，企业能够自己做主，职工能够自己当家。承包改变了首钢过去作为行政机关附属物的地位，赋予了首钢一定的生产经营自主权。这是首钢兴旺发达的重要原因。转变企业经营机制，不只是转变企业内部经营机制，最重要的是政府机关职能要相应转变。要创造条件，使企业自主经营，自负盈亏，自我约束，自我发展。

首钢的第二条经验是，加强企业内部经营管理，从严治厂。通过指标体系承包和技术专业承包，把企业对国家承包的经营责任和企业的经营目标，分别按直接生产系统和技术专业系统，从上到下，层层分解，逐级落实到每个单位、每个人。同时，提出时间、数量、质量协作关系上的明确要求。这样，就把企业的各项工作都纳入一个责任网络。从而，形成了首钢内部独具特色的岗位分工承包制。

首钢的第三条经验是，积极发展多种经营，不断扩大经营领域，越搞越好。首钢有 20 多万人，实际上用不了这么多人。特别是生产设备越来越自动化，多余的劳动力也越来越多。这些人必须为他们找出路，不能推到社会上去。这样，就促使首钢发展第三产业。首钢的多种经营抓得比较好，不但能生产钢铁，还能制造设备，而且是高科技设备，可以出口商品和技术。这个前途是非常远大的。

首钢的经验不仅有上述三条值得推广学习，还有一些经验也是很好的，如思想政治工作、精神文明建设、重视科技进步、开发新产品、大力推进技术改革等等。

我在社论中，最后写道：全国冶金企业要结合实际请况，认认真真、扎扎实实地学好首钢经验，必定能加快冶金工业发展，为建设有中国特色的社会主义做出更大贡献。

1992 年 2 月 22 日，中国共产党第十四次代表大会胜利闭幕时，我写了一篇社论“把十四大精神落到实处”，发表在《中国冶金报》一版。

我在社论中写道：这次大会，在我国历史上留下了光辉的篇章。冶金战线各级党组织要认真组织广大职工学习大会精神，结合实际情况，坚决贯彻执行，把十四大精神落到实处。

坚决用邓小平建设有中国特色社会主义理论武装冶金职工。解放思想，实事求是，是建设有中国特色社会主义理论的精髓。各级领导干部要在实践中，把党的方针、路线、政策，同本单位的具体情况结合起来，勇于探索，大胆试验，及时总结经验，创造性地把企业办好。

抓住有利时机，加快发展钢铁工业。在提高质量、优化结构，增进效益的基础上，要使钢铁工业再上新台阶。一批骨干企业在科学技术和管理水平方面，要接近或达到国际先进水平。钢铁工业必须大胆吸收和借鉴世界各国，包括资本主义发达国家的一切反映现代化、社会化生产和商品经济主要规律的先进经营方式和管理方法。钢铁工业要加快上现代化水平的新台阶，上综合经济效益水平的新台阶。

加快转换经营机制，把冶金企业推向市场。我国经济体制改革的目标是建立社会主义市场经济体制。冶金企业都将进入市场，转换经营机制。把企业推向市场，是建立社会主义市场经济的重要环节之一。要落实企业自主权，使企业真正成为自主经营，自负盈亏，自我发展，自我约束的法人实体和市场竞争的主体，并承担国有资产保值增值的责任。实行经营承包制的企业要进一步完善。股份制要积极试点。鼓励有条件的企业联合、兼并，合理地组建企业集团。

进一步扩大对外开放，更多更好地利用国外资金、资源、技术和管理经验。利用外资的领域要拓宽。为外商投资经营提供更方便的条件。积极开拓国际市场，促进对外贸易多元化，发展外向型经济。有条件的冶金企业应积极扩大对外投资和跨国经营。

加速科技进步。充分发挥知识分子作用。推进钢铁工业再上新台阶，首先要振兴科技。要加速科技成果的商品化和向现实生产的转化。各单位要努力创造更加有利于知识分子施展聪明才智的良好环境。要积极改善知识分子工作、学习和生活条件。对有突出贡献的知识分子给予重奖。

要加强党的建设。把各级领导班子建设成为坚持马克思主义、坚持走有中国特色社会主义道路的坚强集体。密切党同群众的联系。坚决克服消极腐败现象。加强基层党组织的建设，充分发挥党员先锋模范作用。

坚持两手抓，两手都要硬，把社会主义精神文明建设提高到新水平。对职工进一步加强党的基本路线教育，爱国主义，集体主义和社会主义思想教育。增强民族自尊、自信和自强精神。抵制资本主义和封建主义腐朽思想的侵蚀，树立正确的思想、信念和价值观。要重视职业道德建设。坚决纠正不正之风。

我们相信，把十四大精神落到实处，钢铁工业在扩大改革开放中，再上新台阶的可喜局面必将出现。

1993 年 11 月 13 日，《中国冶金报》一版发表了我写的社论“振奋精神克服暂时困难，推进冶金工业健康发展”。

我在社论中指出：当前冶金工业出现了暂时困难，主要表现在三个方面：一是对钢铁产品的需求量下降，出现了产品积压；二是冶金企业流动资金紧张；三是钢材进口失控，冲击了国内市场。

在困难面前，我们要看到困难是暂时的，是可以克服的，因为大环境正在改善，金融形势明显好转。要把困难作为优化产品结构，加强企业管理，加强宏观调控的好时机。

当前，冶金行业全体职工必须振奋精神，苦练内功，要扎扎实实做好以下工作：

（1）用邓小平建设有中国特色社会主义理论武装广大职工头脑，增强克服困难的信心和勇气，加快转换经营机制，尽快变被动为主动，保持冶金工业的良好势头。

（2）发扬我党光荣传统，广泛深入发动群众，依靠群众，同心协力克服困难。深入开展反腐倡廉，领导带头发扬艰苦奋斗精神，进一步开展“双增双节”，勤俭办好企业。

（3）冶金企业都要根据市场需求，大力优化产品结构，努力压库促销。

（4）加强企业管理，苦练内功。重视成本管理。挖掘内部潜力，提高设备作业率，提高劳动生产率。强化质量管理。抓好市场，用质量好的产品占领市场。加强设备管理。加强企业自身管理，落实各项制度，按规章制度办事。

企业领导要把资金管理提到重要议事日程上来，一定要把握住资金的投向。对建设和技改项目进行排队。

此外，部里已经和国家有关部门协调，加强宏观调控，为冶金行业的健康发展创造良好的外部环境。

只要全国冶金系统广大职工振奋精神，发扬全行业的优良传统，就能够克服当前遇到的暂时困难，推进冶金工业持续、快速、健康发展。

第二十二章 粗看韩国钢铁业 开阔眼界增见识

1991 年 9 月下旬，我带领冶金记协部分成员，去韩国考察钢铁工业。返京后，我写了 4 篇通讯，在《中国冶金报》上发表。转载如下。

一、初访浦钢

韩国浦项制铁所（钢铁公司）坐落在朝鲜半岛东南部海边的浦项市，东临日本海，与日本的本州遥遥相望。

9 月 29 日，我们从韩国的特别市——汉城乘飞机去浦项市，参观浦项制铁所（钢铁公司）。飞机从汉城机场起飞后，东南行，斜飞半岛。来韩国前，知道这个半岛多山多丘陵。从机窗下望，委实绿色的山岭连绵起伏。极目远眺，莽莽苍苍。在山川河谷中，那淡绿浅黄的方方块块，大概是水稻田吧。据陪同者介绍，韩国的地理条件并不好，物产也不丰富。但是，韩国的经济发展却很快，特别是 1988 年汉城奥运会之后。现在，人均收入达到六七千美元。

飞机飞行 40 多分钟，左前方出现了大海。在蔚蓝大海和碧绿山岭的衔接地带有一座城市。浦项到了。城市的右前方、濒临海岸兀立着4座高炉和规划有致的大片厂房。陪同者告诉我："这就是浦项制铁所（钢铁公司）。"我仔细望去，厂区上空见不到黄烟、黑烟，似乎没有生产，犹如一个巨大钢铁厂的模型。延伸进大海的厂区，据说是填海修建的。港口修在厂内，进出口运输非常方便。内港水深16米，可停泊5万吨巨轮。真是慧眼选厂址，得天独厚。

浦钢建于1970年。董事长朴泰俊是创始人。1947年，他毕业于日本早稻田大学机械工程系，为建设发展浦钢，为壮大韩国钢铁工业，做出了突出贡献。他在世界钢铁行业也很有名望，曾于1975年荣获英国金属学会授予的贝氏麦奖。

浦钢的管理者们文化、技术水平比较高，队伍精干，管理技巧熟练，实践经验也比较丰富。他们熟悉本部门的生产经营情况，了解国内外同行业的发展状况。经营管理业务由经理部负责。

9月30日上午，浦项制铁所副所长（相当钢铁公司副经理）朴正愚会见了我们。这位副所长约50岁，中等身材，温文尔雅。他出生在我国吉林省，三岁就随父母离开我国，还可以说一些比较生硬的汉语。朴先生把浦钢的情况向我们做了梗概介绍。

浦项制铁所从1970年兴建到1984年底的第四期工程竣工，年产钢能力达850万吨。1985年建设光阳厂，到1990年年底完成第三期，产钢能力达810万吨。浦项和光阳两个制铁所统称浦项综合制铁株式会社。总部设在浦项。去年，浦项和光阳共产钢1826万吨。光阳厂四期工程完成后，浦钢可年产钢2100万吨。韩国这个最大的钢铁联合企业，职工只有22500多人，而钢产量却占全国的70%以上。听了朴先生介绍，我们深深感到浦钢建设周期短，发展速度快，吨钢投资低。

在谈到浦钢所需的原料问题时，朴先生说90%以上靠进口。他们已在澳大利亚、巴西等国家合资办矿，都按计划供矿。他们生产的钢铁产品70%国内销售，30%外销。

我们参观厂区时，看见厂大门上有一幅令人深思的标语“资源是有限，创业是无限”为汉字繁体。在厂区里还看见了这样的标语：“干净的环境，创造出优质产品”……也都是汉字繁体。都是为了激励职工热爱工厂，勇于创造，文明生产，优质高产。参观正在生产的热连轧车间时，只看到少数工人。车间和厂区都比较干净，和我国的宝钢一样。

我们还了解到，浦钢很重视员工的福利待遇。这个企业80%的员工有家眷。为了解决员工住房问题，由工厂建房向员工出售。工厂可向员工进行无息贷款。员工有两个孩子念书的还可享受助学金。有小轿车的员工占60%。我们参观员工宿舍时，发现每幢楼之间都有停车场，停放着一排排韩国自产小轿车。员工买轿车，分期付款，10年付清，从工资中支付。陪同人员告诉我们，韩国20世纪70年代骑自行车上班，80年代骑摩托车上班，90年代坐汽车上班。我们还看到员工宿舍区设有比较完备的文娱、体育等设施。

浦项和我国某些城市一样，是由于钢铁工业的发展而发展起来的。建厂前的1967年，浦项只有六七万人，是个小县城。如今，浦项人口已增加到33万人，变成了颇为繁华的中等城市。这里高楼幢幢，倚山傍海，海产品尤其丰富。再加上气候适宜，也带动了旅游业的发展。

（原载于1992年11月5日《中国冶金报》）

二、科研的位置

我们到达浦钢的第二天，对方就安排参观浦钢产业科学技术研究所。

汽车离开浦钢，穿过繁华的市区，很快就驶入了树林茂密的山路。这里的山势比较平缓，都被浓密的松树林覆盖着。有些是自然林，有些是人工林，给人以安谧、幽静之感。汽车沿着车辆和行人稀少的柏油路左转右拐，却不感到颠簸。公路清洁，很少看见废物。时而发现有人在打扫路面或拾纸屑。据说，这些公路是连接员工宿舍和浦钢一些单位的脉络。汽车在一个较为平坦的山坳里嘎然而止。陪同者告诉我，这是浦项市的孝子洞山，浦钢产业科学技术研究所的所在地。

我们下车后才发现，已经置身于一片错落有致的乳白色的楼群中了，那如茵的草地，精美的雕塑，环抱的青山……一个好端端的科研境地！

接待我们的是该所行政部长洪淳元先生。他将我们带到放映厅，简单地介绍了研究所之后，就请我们观看录像。大约看了 20 多分钟，我们对全所的发展和目前的装备与科研情况，已经有了大体了解。

之后，我们又参观了冲压室，这是以冷轧板做原料，进行深冲汽车备件的试验。深冲的试验品，开裂的和完好的各堆放一起。经过检测后，反馈给工厂，再进一步采取冶炼和轧制措施。在冲压室里，我们还看到一台冲压完的汽车外壳，似为样品。这个试验室的设备有相当一部分是自己研制的，少数是进口的。

我们在采访洪淳元先生时了解到，浦项综合制铁株式会社（浦钢）很重视科研，科研力量比较雄厚。他们这个拥有三百五六十位专职研究人员的研究所，浦钢每年向其提供 8000 万美元的经费。他们的研究课题，80% 是浦钢下达的指令计划，20% 是科研人员自选的。钢铁和其他原材料工业的高技术和产品，是这个研究所的研究、开发重点。

由于时间仓促，来不及对这个所及浦钢科研发展等进行深入采访。回国后，看到了由冶金部情报标准研究总所王凤林执笔、王水审稿的资料，介绍了浦钢产业科学技术研究所。这个研究所 1990 年完成了 200 个项目。其中，钢铁方面的有 167 项，如下一代生产工艺（熔态还原技术等）、带钢连铸一直送轧制、优质产品及高功能产品生产技术等；高技术领域 13 项，如超导材料的生产技术、工业用机器人等；新材料领域13项，如高性能材料、高新科学领域用的新材料；经营管理方面的项目7个。这个所计划今后逐步扩大研究开发领域，开展基础科学和边缘科学的研究。近期，他们还加快熔态还原技术、半凝固加工工艺、高性能钢板表面处理、人工智能的研究开发。

浦钢开始是以普碳钢为主。20世纪80年代以后，浦钢针对高级钢需求量的增加，加强了对高附加值产品的开发。为了加速扩大高级钢的生产比例，建成完整的不锈钢生产体系，浦钢1989年2月建成不锈钢热轧车间，1990年6月又建成了不锈钢冷轧车间。目前，浦钢可提供506个品种的钢材。为了推进技术革新、增加高附加值产品活动，1989年下半年，韩国成立了“钢铁工业提高附加值促进委员会”。浦钢董事长朴泰俊任委员长。同时，发动了“二十一世纪钢铁运动”。

（原载于1992年11月7日《中国冶金报》）

三、彩色钢板品种多

9月28日上午，我们参观了韩国仁川市的东部制钢株式会社。

韩国东部制钢株式会社是个多种经营的企业集团，除了有220万吨的钢材加工能力之外，还有汽车业、电子业、建筑业等。这个企业加工的钢材质量好，品种也比较多，年产能力有45万吨镀锌板、18万吨马口铁、20万吨彩色钢板、15万吨大中型钢管、20万吨小口径钢管、3万吨焊接异型钢管等。产品70%在韩国国内销售，30%的产品销售到国际市场。

我们参观的仁川制钢所位于仁川直辖市西区佳佐洞，是韩国东部制钢株式会社的下属企业。接待我们的是东部制钢株式会社仁川制钢所所长、常务理事安基俊先生。他告诉我们，这个厂除了生产其他钢材外，还生产彩色钢板，年产20万吨。

我们问：“这个所有多少员工？”

他说：“共有600名员工，分三班工作。”

我们到生产现场参观时，很少见到工人。设备自动化程度比较高。令我们印象尤其深刻的是，厂房外面很清洁，看不到废弃物，粉尘也少。进入车间，地面呈紫红色，似涂了油漆，似铺了地面砖……色彩协调，而又十分干净，穿过车间，我还未发现有油污处。员工们穿着的工作服都比较整齐，一律足蹬半高腰劳保皮鞋。

参观产品陈列室时，大家禁不住在放着彩色钢板的柜前驻足，凝视起来。如果不是讲解员介绍里面摆放着的都是彩色涂层钢板，真不会相信彩色钢板竟有这么多的颜色！这些涂层钢板的颜色丰富多彩，有红、黄、白、绿、黑等一般的颜色，也有寻常少见的其他颜色。钢板异彩纷呈，花样翻新。有的整块是一种颜色的，也有多种颜色的；有的像搪瓷板，有的像木纹板，有的像塑料板……

“你们能轧制多少颜色涂层板?”我问讲解员。

“80种颜色。”

“都能保证质量?”我又问。

“质量没问题。”他颔首微笑道。

当我问及销售情况时，他们说，随着科学技术的进步，对彩色钢板的需求量越来越大。只要保证产品质量，用户是欢迎的，因为使用这种钢板既可省略工序，又可节约资金。生产什么颜色的彩色钢板，根据用户的需求确定，颜色任用户选用。

据我了解，轧制彩色钢板用的彩色涂料直接影响彩色钢板的质量。我仔细观察这些彩色钢板时，发现色彩协调，入目柔和，自然流畅，浑然一体。于是，我不禁向讲解员问道：

“彩色涂料是进口的还是国产的?”

“全部是我国生产的。”

韩国东部制钢株式会社，在中韩建交的前几年，就和我国宝山钢铁总厂有贸易往来，进出口的贸易额愈来愈大。仁川制钢所需要的热轧卷板，有相当数量是从我国宝钢进口的。当我们参观镀锡板车间时，向员工问到宝钢的产品质量如何时，他们高兴地告诉我们，质量很好，信得过。这些镀锡板是用来制作食品罐头盒的，需求量比较大，大部分是国内销售。

（原载于1992年11月10日《中国冶金报》）

四、废钢源源不断

仁川制铁株式会社坐落在仁川直辖市东区松岘洞。

9月28日上午，我们参观了仁川制铁株式会社。韩国钢铁界的同行们对于我们的参观访问很重视，接待热情，安排周到。他们还在办公楼上悬挂起用繁体汉字写的横幅标语：欢迎中国钢铁人士访问团光临。我们来到韩国后，虽然发现相当数量的商店、单位、楼群及商品等，都标着繁体汉字，但是看到欢迎我们的汉字大横幅，心里仍然感到欣慰。

仁川制铁株式会社副社长权秀雄，常务董事朴照阳、金洙克先生接待了我们，并介绍了企业的生产经营情况。

这个企业是1953年建厂。经过几十年的扩建、改造，年产钢能力已达到280万吨。从炼钢到轧材，基本配套。该厂生产的大型钢材在韩国是有名的。

仁川制铁株式会社的炼钢原料基本是废钢。韩国的废钢资源远远不能满足炼钢的需要。但是，当我们到现场参观时，却发现偌大的废钢场堆满了小山似的废钢。废钢场四周围着一道黝黑的金属编织网，高高的，不低于二三层楼房。大型载重汽车，从废钢场的出口，进进出出，但是汽车尾部却见不到滚滚的尘土。原来，废钢场内外的水泥路都比较干净。尽管场内装卸废钢的起重设备忙个不停，而场外却看不到飘扬的尘埃。再看看附近的钢结构厂房，依旧泛着耀人眼目的银灰色。

对如此干净的废钢厂，我不禁产生好奇感。于是，向陪同参观的人员问起原因。原来，废钢场外围那道高高的金属网，是阻挡飞尘的屏障。场内装卸废钢产生的灰尘，绝大部分给挡住了，不致污染附近的空气和厂房。

1992 年 10 月 2 日于韩国汉城（今首尔）

在一个坐落在小山上的宾馆吃过午餐，权秀雄副社长等陪同我们走到对面铁栏杆旁。这时，我们才发现眼前的山下是一个繁忙的港口，延伸到很远很远。这就是有名的仁川港了。陪同者介绍说，这里距中国大陆比较近，乘船到中国山东的威海港只有六七个小时。

在我们右前方的码头旁，起重机正在从一艘大货轮上卸废钢。码头上已经是堆堆废钢了。汽车载运着废钢，在码头和厂区间往返奔驰。而在卸废钢的巨轮左侧，还停泊着一艘载满废钢的巨轮。大概是等待卸船吧。

这么多的废钢，源源不断，是从哪里运来的？我情不自禁地向权秀雄先生提出了这个问题。他的说明，使我恍然大悟。原来，这些废钢来自废钢资源丰富的美国、加拿大等国家。他们在这些国家或设废钢收购站，或与这些国家签订长期供货合同。当然，废钢的价格要略高一些啰。这部分费用需要他们在生产经营中消化。

从仁川市乘汽车回汉城市约一个多小时，全是高速公路。韩国的汽车多，上下行流水似的。我坐在车上，看到那一座座工厂和连片的楼群，思绪起伏。我记得到韩国后，在从汉城机场去北岳山庄宾馆时，陪同者介绍完韩国现状之后，意味深长地说了一句话："十几年前，韩国还不是这个样子，只是温饱型。"我们了解一下韩国的经济，特别是钢铁工业的发展速度，不是没有裨益的。

（原载于1992年11月12日《中国冶金报》）

第二十三章　带新影组去澳洲报道合资恰那矿

1992 年 12 月份，受部领导委托，我带领中央新闻纪录电影制片厂几位同志去澳大利亚考察中澳合资的恰那铁矿。我采写了 5 篇通讯，刊登在《中国冶金报》。转载于此。

一、跨出国门开矿山

1992 年 12 月份，我和中央新闻纪录电影制片厂的几位同志，一起去澳大利亚采访中澳合营的恰那铁矿。这次采访是经贸部向中央新闻纪录电影制片厂提的建议，说冶金工业部在澳大利亚合营的恰那铁矿是我国目前最大的国外合资企业，办得很好。你们应该去拍部纪录片，在国内好好宣传宣传。于是，新闻厂找到冶金工业部。部领导都同意了。这样，在中国冶金进出口公司的大力支持下，特别是在中国冶金澳大利亚有限公司的具体安排下，1992 年 12 月上旬，我们顺利成行。

恰那铁矿在澳大利亚西北部皮尔巴拉地区的恰那山，西行近 400 千米才到印度洋。我们去的第一站是西澳的最大城市珀斯——中国冶金澳大利亚有限公司的所在地。12 月 9 日，我们从北京去珀斯时，在香港转机，下午1时多起飞。飞机在新加坡停了近2个小时，到达珀斯是翌日凌晨2时了。澳洲已进入夏季，树木青枝绿叶，繁花似锦，草地如茵。同行者开玩笑道："咱们又过了一个夏天。"的确，这是个不平凡的夏天。恰那矿山的最高温度已达四五十摄氏度！

作者在澳大利亚珀斯海边

在珀斯，我们采访了中国冶金澳大利亚有限公司董事长陈庆槐、总经理王攻城，听取了这个企业的合营情况和筹建过程。

恰那合营铁矿是中国冶金进出口公司和澳大利亚哈默斯利铁矿有限公司合营的大型铁矿企业。股份的比例，中方占40%，澳方占60%。设计年产量分两期，第一期为300万~500万吨矿石，1992年产550多万吨矿石；第二期扩建到1000万吨矿石，到1998年矿石产量将达到1000万吨。从远景估计，20年可生产矿石2亿吨。所产矿石品位都在62%以上。

中澳合营恰那铁矿总投资为4.2亿元。由于这个矿山能够充分利用哈默斯利铁矿有限公司的一些现有基础设施：从矿山到港口的385千米铁路运输设施、港口与维修设施、矿石处理系统、城镇、电力等辅助基本建设和服务等，因此建设投资比较少。恰那铁矿建设初期投资只有2.8亿澳元，主要用于矿山的剥离（采剥比为1∶1.4）、挖运、矿石的一次和二次破碎、20千米长的皮带运输机等。

这个合营铁矿经过三年谈判、两年建设。1990年1月1日正式投产。当年生产铁矿石300多万吨。

中澳合营恰那铁矿，是中澳双方政府大力支持的结果。1978年以来，中国和澳大利亚两国政府领导人互访、两国冶金工业技术代表团交流等，为中澳在钢铁工业方面的经济技术合作奠定了基础。15年来，澳大利亚哈默斯利恰那铁矿有限公司一直是中国铁矿石的主要供应商，与中国钢铁工业关系密切。因此，合营采矿是双方密切关系发展的结果。我们在珀斯和帕拉布杜采访时，澳方一听说要宣传恰那铁矿时，都不禁高兴地说："恰那——恰那！"我不解地看看我方陪同人员。他们说，恰那和英文的"中国"谐音，象征中澳友好。

1983年9月，中澳双方提出了合营开发恰那铁矿床的设想。从1984年8月开始，中国冶金进出口公司和澳方哈默斯利公司，以开发恰那铁矿的建议为基础，进行可行性研究和商务谈判。从技术和经济上论证了这个合营项目是可行的，并解决了全部商务问题，经过了近3年的时间。1987年上半年，中澳合营恰那铁矿获得了双方的上级和两国政府有关部门的批准。这样，于同年11月16日，中澳双方在西澳首府珀斯正式签署了8个协议。其中，包括恰那铁矿的合营协议。中澳双方政府领导人出席了签字仪式。

1988年初，中国冶金进出口公司派4人飞抵珀斯，组建中国冶金进出口公司澳大利亚有限公司和中国冶金进出口公司恰那有限公司，作为中国的代表与澳方为此设立的子公司组成契约式合营企业。接着，双方任命一个项目经理公司。在双方组成的政策委员会的指导下，项目经理公司负责项目的设计、建设和生产经营。合营双方还与西澳洲政府签订一个取得恰那地区租借权的协议。双方与哈默斯利公司签订了服务协议，允许有偿使用哈默斯利公司现有的设施与设备，双方与中国冶金进出口公司签订了长期销售协议，规定未来20年内将全部2亿吨铁矿石销往中国。

当时，还有一个最迫切的任务就是筹资。资金不落实，建设就不能铺开。为此，中澳双方做了大量艰苦细致的工作，基本筹集到必需的资金，及时有效地进行投入，保证了项目的按时建成投产。

从中澳双方政府领导互访、中国冶金进出口公司和澳方哈默斯利铁矿有限公司多次谈判和到现场考察，以及中澳双方正式签字仪式，还有恰那铁矿的建设过程、生产、运输、管理、矿石装船等等，澳方都拍摄了录像片。有些还是在飞机上拍的，内容丰富，画面俱到，水平较高。有些画面是很珍贵的。我们在珀斯的哈默斯利公司办公大楼看了一个上午。大家从中感到澳方对资料的收集、积累和保存，是十分重视的。尽管我们尚未到达恰那铁矿，但是对那里的情况已经有了基本了解。

（原载于1993年2月23日《中国冶金报》）

二、丰富的铁矿资源

12月16日，我们乘澳大利亚国内航班飞机，从珀斯飞往恰那矿山的所在地区帕拉布杜。

飞机经过珀斯上空时，我从舷窗俯瞰市容。这个澳大利亚西部的最大城市，高楼并非林立，只是在市中心耸立着几幢。被绿树掩映着的珀斯犹如绿色的海洋，几乎和一望无垠的印度洋浑然一体。我们在珀斯参观时，无论是市里还是郊区，别墅式的小洋房居多，几乎家家都有带绿树和草坪的庭院。

飞机北上，飞得不高。眼前是淡黄色的莽莽荒原，无边无际。没有高山，也看不到城镇。一个半小时左右，飞机降落在帕拉布杜机场。此时，尽管是上午9时多，已经感觉到迎面扑来的阵阵热浪。放眼四望，丘陵起伏，一片干旱景象。正如我看到一份资料上写的："恰那铁矿原来是一片荒寂得令人望而生畏的荒漠，连袋鼠都很少出没。除每年海面袭来的飓风，给这里带来少量的阴雨外，一年四季几乎都是干旱和酷热。盛夏的气温达四十八九度。"

陪同我们来矿山采访的，有中国冶金进出口公司澳大利亚有限公司的陈南德和澳方的杰弗里·格雷先生。陈南德是部里的老熟人，一直搞外事工作，能讲一口流利的英语。格雷先生爽朗热情，动辄开开玩笑。在珀斯时，他也一直开车陪着我们。一路上，他们比较详细地介绍了西澳洲的铁矿资源情况。

西澳洲铁矿资源的丰富程度在世界各国罕见。可供露天开采、含铁量超过 30% 的矿石，估计有 64000 亿吨以上。其中，品位高于 55%、含磷量低于 0.1%，值得开采的，约有 370 亿吨。

我们驱车在帕拉布杜矿区和恰那矿区之间的 20 多千米地带，以及从帕拉布杜矿区沿铁路线附近的公路，去印度洋海岸丹皮尔港口近 390 千米的沿途，看到了许多裸露在地表的铁矿。有些矿床如厚厚的城墙，似座座的堡垒，像堆堆的蘑菇……令人十分钦羡。有人开玩笑说："大自然真不公平，为什么澳大利亚有这么多富铁矿！"

哈默斯利铁矿公司，是澳大利亚最大的铁矿出产公司。在西澳洲皮尔巴拉地区蕴藏的 370 多亿吨高品位铁矿资源中，有 100 多亿吨属于哈默斯利铁矿公司。目前，这个公司经营两个矿山，一个是汤姆普赖斯山矿，矿床的走向长度 7 千米，矿石品位为 63.9%，储量 4.7 亿吨。1962 年发现，1966 年进入商业性生产。另一个是帕拉布杜矿，矿石品位为 63.7%，储量 3.6 亿吨，1973 年进行商业性开采。这两个矿区的矿石都是以赤铁矿为主。两矿相距 80 千米，都有铁路通往印度洋岸边的丹皮尔港口。除了已经开采的这两个矿区之外，附近还有潜在的开采区。目前，正在对这些矿体群进行评估工作。由于这些矿体距汤姆普赖斯山开采区比较近，运输方便，开采颇有经济价值。

汤姆普赖斯山矿区、帕拉布杜矿区。再加上附近的潜在开采区，储量已发现有10多亿吨，计划开采到21世纪。

哈默斯利铁矿公司对已掌握的资源数量并不满足，在现有矿山附近及其所属矿区继续进行深入的勘探。他们基本采用现代化的地球物理技术进行探测。对所有相当规模的露头矿化带，都进行了评估。他们提出了新的概念，帮助勘探隐藏于地下的铁矿资源。所以，哈默斯利铁矿公司对发现新的、可开采的矿石前景非常乐观。

中国冶金进出口公司与哈默斯利铁矿公司合营的恰那铁矿，位于帕拉布杜初碎车间以东，大约16千米至28千米间的矿体群。主要有5个扁豆状的矿体，据已勘探得到的数字，尚有2亿多吨的矿石储量可供开采，品位为62.4%。如果以年产量1000万吨计算，还可以开采20年左右。

西澳洲皮尔巴拉地区蕴藏的铁矿资源，虽然主要矿体品位很高，但恰那铁矿生产的矿石与帕拉布杜矿区、汤姆普赖斯山矿区所产的矿石，在品位和含磷等方面还是有所区别的。为了满足合同的要求，保证恰那铁矿供给我国矿石的成分和块矿的粒度，矿石要经过二次破碎、两次混矿。我们在恰那铁矿看到生产的矿石经过一级和二级破碎后，被运到帕拉布杜矿区的破碎筛选厂。在那里加工成30mm以下的块矿和粉矿后，与帕拉布杜矿区产的同样大小的块矿和粉矿混合。混合后，矿石被运到丹皮尔港。往丹皮尔港运矿石的列车，一个矿车装100吨。一次，我数了一列车，210节，拉21000吨，7个内燃机车头拉，两千米长。据说，这是世界上最长最重的列车。每天开9列车。我们在丹皮尔采访时，特地参观了港口附近的混料场。机械化程度之高、堆场之大、混矿之均匀是从未见过的。从帕拉布杜运来的矿石，在丹皮尔矿布堆场，又和从汤姆普赖斯山矿区运来的矿石混合。然后，再将混合后的矿石通过皮带运输机装船。我们到港口码头时，看到正在装矿石的一艘“丹霞山”号巨型货轮，是我国广州港务局的，正为上钢一厂运矿。

（原载于1993年2月25日《中国冶金报》）

三、80人与550多万吨

我们去恰那铁矿采访之前，在珀斯向中国冶金进出口公司澳大利亚有限公司经理王攻城采访了恰那铁矿的管理模式。原来，中方不在那里直接管理生产经营。恰那铁矿的生产经营是由中澳双方共同建立的恰那管理服务公司负责。这个公司的工作必须接受中澳合营双方组成的政策委员会的指导。

到恰那铁矿的所在地帕拉布杜后，我就恰那铁矿的合营情况、劳动生产率、设备作业率、备件供应、安全生产等问题采访了帕拉布杜采矿部总经理（兼管恰那铁矿）阿伦·杰克逊。他中等身材，40多岁，给人的印象是精干，业务谙练，颇有权威。

杰克逊先生告诉我，他对恰那铁矿的合作过程很满意。中澳双方配合得很好。矿山的各项指标已达计划要求。大家在合作中都学到了很多东西。当然，这个矿山的生产经营等也还需要不断完善。

当我问及恰那铁矿劳动生产率的状况时，杰克逊略微思忖一下，说："今年计划生产矿石550万吨，有可能超过。但是，全矿只有80多员工。"我不禁为之一惊。在我国，这是不可想象的，年产四五百万吨矿石的矿山哪个不是几千人、甚至上万人！

据杰克逊介绍，恰那铁矿采用的设备，是最先进的、世界一流的大型设备。配备了斗容14立方米液压铲2台、11.5立方米前装机2台、240短吨电动轮大卡车6台、一台巨型牙轮钻，以及相配套的炸药车、推土机、平路机、润滑车等。这些大型矿山专用设备不仅适应在偏远地区进行大型矿山的开采作业，而且也较好地结合了恰那铁矿的特点。在13米高的采矿台阶上，我们看到巨型牙轮钻只用十几分钟，就钻个十四五米的深孔。当然，这里的岩石不十分坚固。

我们在恰那铁矿的几天活动中，看到该矿的主要设施，都是以皮带运输机相连接。各段皮带都装有金属探测器和金属磁力清除器。皮带运输系统最重要的组成部分，是从恰那铁矿到帕拉布杜间的 20 千米长的皮带运输机。皮带上面有铁罩，在阳光下呈银白色，随着山势蜿蜒起伏。登高俯视，蔚为壮观。皮带机 10 千米处，设一个几层楼高的中间转运站。其目的是使带有 9 千米半径水平弯曲的第一段与直线型的第二段很好联接，以适应复杂地形的连续运输。皮带运输矿石 3.5 米/秒，快速可达到 4 米/秒。据介绍，这是世界上罕见的。

恰那铁矿的控制中心，据说也是世界上一流的。这个矿山全部运输系统均在矿山作业中心室里进行控制。逻辑控制器系统执行自动顺序起动、过程控制和设备的监测。系统间的通讯联络通过光导纤维电缆和数据调节器完成。计算机系统则可形象地提供图像显示、厂区模拟图、数据输入、状态控制、数据储存和打印报表等。安置在初破碎、料堆、二次破碎、中间运输站和变电所的摄像机形成的闭路电视系统，可向控制中心提供信息。

恰那铁矿设备作业率是非常高的，平均达 90% 以上。我在采访中归纳了两个主要原因。一个是备件供应及时。哪个国家的设备，由哪个国家供应备件。购买设备时，同时签订备件供应合同。这样，既保证了备件质量，又保证了备件货源。有些急需的备件还是空运来的。我问总经理杰克逊，你们制造备件不？他说，根本没考虑这个问题。另一个原因，就是按计划检修设备。比如，规定有的设备运行 250 小时检修一次、矿车两年维修一次等。时间一到，必须检修，绝不含糊。

恰那铁矿采用合同制的办法录用员工。他们的员工一般都是多面手、高技术水平的，能够熟练操纵这些现代化的大型设备。比如司机，不仅能开大型运矿汽车，还能开巨型牙轮钻、推土机等。开始录用的员工，有些达不到矿上的要求水平。他们通过教育、培训等方式使这些人逐步提高素质，达到要求。我们在现场参观、采访时发现，员工们都在默默地自觉劳动，看不到扎堆聊天、游手好闲的人。我和来自鞍钢、本钢、武钢的实习人员谈到其原因时，他们认为用人少是个重要原因。因为，每个人都有一定的劳动定额非完成不可。这里的员工追求的目标是提薪，多拿钱，干什么活拿什么钱。如果劳动不好，有随时被减员的可能。另外，还有一个主要原因，员工的素质高、职业道德好。他们一般能自觉劳动，自觉遵守矿里制定的规章制度。恰那铁矿的中央控制室，可以监视每台设备的作业情况。是否在运行，在什么地方……这种现代化的管理办法，对员工的劳动态度，当然起监督作用。

我们在采访过程中，深深感到，恰那铁矿的矿石质量是值得信赖的。为了保证矿石的品位和成分，他们除了把三个矿区产的矿石，即恰那铁矿区、帕拉布杜矿区和汤姆普赖斯山矿区的矿石，经过二次混匀，再运给用户外，还对恰那铁矿生产的矿石品位不断进行分析：1000 吨矿石，取 6 个样化验。从而，保证了恰那铁矿的质量。

（原载于 1993 年 2 月 27 日《中国冶金报》）

四、红旗·告示·安全岛

恰那铁矿非常重视安全生产，给我们留下了深刻印象。

（一）

我们乘飞机到达矿山的那天上午，刚刚安顿好住宿，陪同到矿山采访的杰费里·格雷先生就将我们带到帕拉布杜的商店。他和售货员小姐说了几句英语后，澳洲女士便从货架和库房里拿来几双皮鞋，让我们试穿。原来是在给我们买劳保工作鞋。这种鞋虽然笨重一些，但非常结实。厚厚的牛皮，长腰的翻毛，矮腰的光亮。鞋头包着钢板，不怕磕碰。胶底很厚，有几道沟，爬山不打滑，踩到碎石上不怕扎，员工们都穿着这类劳动保护鞋。我们在矿山采访的日子里，也一直穿这种鞋。

（二）

地处澳洲西北部腹地的恰那铁矿，太阳曝晒，刺人眼目。员工们都戴着墨镜。在现场工作的人员头戴安全帽，不在现场的人员戴遮阳帽。怪不得，在我们来恰那的头天下午，公司送来了墨镜、遮阳帽等。在珀斯时，我们还以为公司送我们的纪念品哩。

（三）

中央新闻纪录电影制片厂的同志带着一些摄影器材。为了便于采访，我们到达帕拉布杜后，公司特地备了一辆大型客车专用。第一次，我们从驻地去矿区那天，我发现司机拿一根二三米长、小手指粗细的圆钢，一端还扎着一面小红旗，插在挡风玻璃一侧。我问陪同的陈南德，那是干什么用的？他说是安全行车的标志。凡是到矿区去的车辆，不管是大小轿车，还是吉普车、工具车，必须有这种标志。否则，矿区门卫不予放行。这是由于240吨的运矿卡车，像二层楼似的，人只有半个多车轮高。车跑起来，速度很快。驾驶员很难看到过往车辆，尤其是小型工具车。其他行驶的车辆，高插着红旗，很容易被司机发现，可以有效地防止交通事故。员工们在矿区上下班，几乎都乘小型工具车。那红旗随着疾驶的汽车，如颗颗流星，似跳动的火焰，标志十分明显。

（四）

新影厂的摄影师们，为了选择好镜头，需要找好的角度和有利地形。因此，我们乘的大客车几乎跑遍了帕拉布杜和恰那两个矿区。矿区的路都修得好，平平的，规规整整。路上很少见到石块或坑坑洼洼的现象。车跑起来，不怎么颠簸。这里的岩石都是红色的，比较松软。路边是一层厚厚的松土。别看上面有些碎石，但脚一踏上，就会陷进去。连我们穿的高腰翻毛皮鞋也会灌进土。矿区的路都很宽，来往错车方便。用大矿车改制的洒水车不停地往返洒水。尽管如此，疾驶的汽车后面还拖着滚滚的红土。这里的粉尘之大，在我国的露天矿山是少见的。

我们乘坐的大客车在矿区往返时，我发现每逢上下坡或遇到弯道，几乎在道路中间，有一个呈梭形的岩石堆。中间宽约二三米，长五六米不等，高约一米多。来往汽车从其两侧驶过。有一次，我下车特地用脚踩踩，全是石块。这大概是有用的，但究竟有什么用途呢？我不禁问陈南德。他说，矿区的山路坡度都比较大。这些像小岛似的石堆可以起两个作用。一个是提醒司机在弯道行驶或往山下运送矿石的重载卡车减速。二是下山的重载卡车，万一刹车失灵，或发生意料不到的事故时，可以冲向石岛，终止前进。免得撞到石崖或滚下峭壁，甚至发生车毁人亡的恶性事故。

（五）

在帕拉布杜和恰那铁矿区采访期间，我们在多处几次看到墙壁上或者专门设立的牌子上，一个闪闪的红灯，十分醒目。原来那是矿区爆破矿石的告示牌。上面写着当天的爆破地区和时间。目的是提醒员工们提前将作业设备开离危险地带，人员一同撤出，其他人员禁止入内。新影厂摄影师在拍摄装药车往炮孔装炸药时，我们发现一个采矿台阶几十个孔，每个孔十四五米深。只有一辆装药车，一个司机，边开车，边装炸药，从从容容。

为了拍摄爆破矿石场面，汽车将我们送到采区南侧的一个高高的山头上。偌大的矿区就在眼前，一览无余，一片寂静。汽车、电铲、牙轮钻……都不见了。11 时 40 分，按时爆破。先是看到矿石冲起，形成射线般的烟柱，接着听到闷雷般的回响声。红色的烟柱在升腾，扩散……

（六）

澳方陪同我们采访的，除一起从珀斯乘飞机来的杰弗里·格雷先生外，到帕拉布杜后，又增加了一位在矿区工作的普鲁小姐。这位碧眼金发女士长得小巧结实，不仅对帕拉布杜和恰那铁矿非常熟悉，能把我们带到拍摄电影的最佳位置，而且还是一位很好的摄影师。我们驱车沿着铁路附近的公路，行程近400千米到达丹皮尔港的当天下午，普鲁小姐把我们带到一个装璜得十分典雅而又比较豪华的放映厅，观看了她拍摄的幻灯片。有些镜头连接得很巧妙，如动画片，似电影，艺术地再现了矿区的生产生活。

在矿区近一星期的采访中，杰弗里·格雷和普鲁小姐一直做我们的向导。在相处的日子里，他俩留给我们深刻印象的，除了主动热情配合，不怕麻烦之外，还时时刻刻关心我们的安全。在采矿台阶拍照时，他们总是提醒我们不要靠近台阶边缘和钻孔。登上矿石转运机和看破碎矿石时，也一再提醒我们注意安全……我们戴安全帽很不习惯。在矿区下车采访时常常忘了戴安全帽。杰弗里·格雷和普鲁小姐总是提醒我们。有时笑着拍拍自己的头，有时敲敲安全帽。我们便立即戴上，难为情地向他俩笑了笑。

作者与澳大利亚青少年在一起

后来，在和我国来恰那铁矿实习的人员交谈时，了解到矿里有这样的规定，凡是来矿区参观或者办其他事情的人员，如发生事故，矿里的陪同人员要受到惩罚。

（原载于1993年3月2日《中国冶金报》）

五、话恰那任重道远

中澳合营的恰那铁矿投产以来，由于双方共同努力，生产比较正常，企业管理也有秩序。中国冶金进出口澳大利亚有限公司已全部包销生产的矿石。再加上近几年来，世界出口的铁矿石价格比较高，所以恰那铁矿的经济效益也比预料的好。

目前，中澳双方正在组建筹资机构，准备再筹措一些扩建基金，使该矿山生产能力最终达到年产1000万吨铁矿石。

恰那铁矿取得的成果令人注目，为我国跨出国门开办矿山、利用国内外两种资源发展钢铁工业开了个好先例。

为了在异国办好合营矿山，中国冶金进出口公司在部领导大力支持下，做了很多艰苦细致工作。真可谓好事多磨。

恰那铁矿工程开工之前的准备工作相当充分。这些工作包括规划、设计、设备选型、新技术的采用、多种方案的比较等。这样，在基本建设期间，都按预定的安排和进度展开，工程设计没有太大的改动。负责设计的公司为了把初步设计与施工图合二为一，虽然多花费了一些时间，但施工期间却很少出现误差。显然，这种做法与国内是不同的。为了保证稳妥，工程项目贷款期间，来进行大规模施工。此外，为了保证施工中没有后顾之忧，开始施工时，就已解决了保险、地权、环境保护、劳资关系、后勤供应、交通、通讯等一系列问题。

对项目采用招标方式。项目建设由合同公司完成。由设计公司对外招标、评议、定货及与供货厂商的联系。项目专家不仅负责这些工作，而且能从技术发展的角度了解产品的更新换代、价格变动、质量状况。从而，可以做到正确的选用产品并保证质量和按时交货。这些都以契约的形式定下来。

工程基建期间的试验与调试时间安排较长。虽然安排了长达4个多月的时间，又多花费了人力和资金，但对解决投产前的全部故障，消除隐患，是很起作用的。这期间，管理人员可以逐步介入，使建设人员、设计人员、管理人员对设施、设备的移交，能进行充分的讨论和研究。另外，还能使管理人员尽快熟悉和适应全新的生产环境。

认真解决好劳资关系。了解合同公司的劳资联系，处理好劳资纠纷，是在国外搞好合营企业的一个非常重要的问题。

发挥合营企业的主宰作用。建设期间，设计公司对合营企业负责。矿山的任何重大问题，都必须经过双方确定的政策委员会批准。设计和施工的全过程都体现了商业法则。合营企业的代表在现场监督。每张设计图纸都有合营企业经理公司审批，甚至连设计公司技术人员携带的资料与文件，都要经理公司同意。合营企业代表在调试期间可以更换不胜任的工程师，乃至调试经理。工程全部验收则要合营企业认可。

记者在采访陈庆槐、王攻城时，问到合营的恰那铁矿还有什么困难时，俩人异口同声说道："有——希望冶金报多加宣传，帮助解决"首先，按中澳双方协议规定，中国冶金进出口公司要包销恰那铁矿生产的全部矿石。但是，由于中国冶金进出口公司仅经营计划内的部分，计划外则多头经营。尤其是一些钢铁企业纷纷自找货源，有的也想跨出国门合营办矿山。甚至中国冶金进出口公司有的下属公司，为企业进口矿石，也不一定要恰那铁矿石。澳方对此甚表关心，担心我方无法履约。这个问题确实值得认真对待，应尽快拿出一些切实可行的办法。统筹解决日益突出的海、陆交通和港口拥挤，也是个突出问题。恰那铁矿矿石外运，每年就有150个船次以上。他们认为，解决的办法是坚持中国冶金进出口公司统一经营铁矿石的进口。另外，我国实行社会主义市场经济后，也希望国内缺铁矿石的钢铁企业，尽量多用一些恰那铁矿的矿石。这样，才能保证恰那铁矿石销售协议的执行，维护我国信誉。同时，也保证了合资贷款的偿还。

其次，恰那铁矿从1990年投产，到现在已近3年。随着时间的推移和情况的变化，设备老化、采区条件改变、矿石价格下落、美元和澳元汇率走向，以及澳洲的经济形势等因素，恰那铁矿的发展肯定还会遇到一些问题，必须做好准备。

第三，恰那铁矿是我们在海外投资、跨国经营企业的尝试。因此，办好这个合资矿山，必须有两国政府和有关部门的一贯支持。要合理利用当地的政策，以恰那铁矿为依托，进一步开拓和发展，无疑，还将遇到许多困难，等待克服。

跨出国门，在异国他乡共办合营铁矿，并非易事。陈庆槐、王攻城回首往事，不胜感慨。他俩一方面感谢为这个合营项目开拓前进做出了大量艰巨工作、已经离退休的老同志，一方面感到搞这样大型的合营企业不是轻而易举的事情。在国外搞合资企业或购买国外的企业，不经过深入调查研究、实地认真考察、多听取有关方面的意见、反复分析对比，轻而易举甚至草率地拍板定案，往往是要吃大亏的。因为我们刚刚跨出国门，不仅对国际市场、各国各企业之间的经济往来不熟悉，而且对一些国家的经济缺乏深层次了解，没有在国外搞企业的经验，特别是对千变万化的国际经济形势更缺乏应变能力。

（原载于 1993 年 3 月 4 日《中国冶金报》）

第二十四章　带领记者组访巴报道山达克投产

1995 年 11 月份，受中冶集团委托，我组织了全国部分重点新闻单位记者组并带队，去巴基斯坦山达克铜金矿工程采访。我采写了 8 篇通讯和 4 篇散文，刊登在《中国冶金报》。转载如下。

编者按：冶金工业部中冶集团公司和中国有色金属工业总公司联合承建的巴基斯坦山达克联合企业，是以交钥匙方式承包。承包内容包括工艺技术、设备、施工安装、试生产及为巴方培训生产骨干等，把我国的国际承包方式推进到了一个新水平。该工程的采矿、选矿相继投产后，去年 11 月 22 日冶炼厂又生产出第一炉合格铜。所有项目均一次投产成功。今年 1 月 8 日，山达克铜金工程全部验收。从即日起，本报对这项工程进行连续报道。

访巴通讯

中巴友谊谱新篇

巴基斯坦山达克铜金联合企业，于 1995 年 11 月 22 日当地时间上午 10 时，生产出第一炉合格粗铜。它不仅表明由中国冶金建设集团公司统包，与中国有色金属总公司联合承建的山达克工程取得了决定性胜利，也为中巴友谊谱写了新篇章。

巴基斯坦对山达克铜金工程非常重视。1990 年 9 月 23 日，中巴双方有关公司在北京签订了承包合同。当时，正在中国访问的巴基斯坦总统伊沙克·汗和我国国家主席杨尚昆出席了签字仪式。1994 年 4 月，巴基斯坦总统莱加利亲自到山达克施工现场视察。巴基斯坦总理贝·布托非常关心山达克工程，多次过问工程进展情况。1995 年 10 月，乔石委员长访问巴基斯坦时，贝·布托总理感谢中国承建了这个工程项目，并对工程进展情况表示满意。

通过国际招标的巴基斯坦山达克铜金工程大型项目，包括采矿、选矿、冶炼等生产系统和供水、供电、道路、住宅等基础设施的有色冶金联合企业。在地理条件和自然环境十分恶劣的情况下，建设者们仅用一年准备，包括设计在内的 3 年建设，共计 4 年左右，便提前将这个复杂的大型工程建成了。就其与我国同类冶金企业相比，建设速度之快，工程质量之好，是罕见的。

记者从巴基斯坦山达克采访完毕，回到北京后得知，去年 12 月 31 日，山达克工程冶炼厂验收合格，已交付巴方生产。今年 1 月 8 日，中国冶金建设集团公司统包的山达克铜金工程验收合格。至此，这个大型工程项目，全部胜利完成。

山达克铜金工程是以“交钥匙”的方式承包。中冶集团副总经理、山达克工程项目总经理陈圻在回答记者采访时说，山达克工程承包的内容，包括工艺技术、设计、设备、施工安装、试生产，以及为巴方培训生产骨干。这是我国在国际上第一次采用这种承包方式。它把我国的国际承包方式提高到一个新水平，带动了我国大量的机电设备和材料出口。经过半年试生产的考核，证明山达克铜金工程的设计、设备、施工均达到了相应的国际标准。我们完成了承包合同。巴方对此感到满意。

一、飞奔山达克

在中冶集团公司的组织和支持下，经过我国外交部有关部门的批准，中央一些新闻单位组成的记者组到山达克采访铜金工程建设情况和投产出铜。行前，中冶集团公司董事长、总经理王汝林接见了记者组。他提醒大家做好艰苦奋斗的准备，希望实事求是地进行报道。

山达克位于巴基斯坦西北边陲，隶属巴基斯坦俾路支省，西接伊朗，北临阿富汗。从巴基斯坦南部最大的海港城市卡拉奇至离山达克约 39 千米的塔夫坦镇，有 1560 千米铁路线。这条铁路一直延伸到伊朗境内。如果按公路计算，从卡拉奇到俾路支省首府奎塔有 680 千米，奎塔至山达克还有 670 千米。这样，从卡拉奇到山达克有 1350 千米。

去年 11 月 16 日，前去山达克采访的记者组从北京乘飞机经过 7 个多小时，抵达卡拉奇。然后，又从卡拉奇乘飞机，一个多小时，抵达奎塔。从奎塔又乘小飞机，一个多小时抵达尔本丁。这个小镇在巴基斯坦连接伊朗的铁路线上可以找到。我们走出飞机时，干燥的热风迎面扑来，太阳光照极强。除了机场附近有些矮小的树木之外，放眼望去，地势平坦的戈壁荒滩无草无树。远处的山脉光秃秃，岩石裸露着，好不荒凉！曾经来过的人介绍，山达克的条件比这里还艰苦呢。

从达尔本丁到山达克还有 300 多千米的路程，只能乘汽车去了。机场外面停着几辆越野汽车“巡洋舰”等，还有一些挎着冲锋枪的巴基斯坦武装人员。我们乘汽车出发时，发现最前面的汽车上架着机关枪，有一位武装人员的上身从车棚上探出来并握着机枪。车队后面还有一辆汽车坐着武装人员。记者们颇为困惑。中冶公司的人介绍，前两年阿富汗游击队绑架中国工程技术人员，巴基斯坦政府非常重视。问题解决后，为了保证中国技术人员安全，巴方就决定派武装人员护送中国工程技术人员进出。哪怕只有一辆小车，巴方武装人员也必须护送。这些武装人员非常认真，汽车行进中，瞻前顾后。有几次车距拉开了，他们就停下来，等靠近了再走。在山达克工作的中国人员有了安全感。此后，再未发生绑架事件。为了保证施工现场安全，巴方在工地四周设立了两道保卫圈。我们看到武装人员非常忠于职守。现场从未出现意外。沿途正在修路，路况时好时坏。行到土路时，每辆车后都拖着一条黄尘滚滚的长尾巴。

一路上净是荒漠的戈壁滩和由岩石堆成的绵亘不断的山岭，极少见到骆驼草，更没有树木。在国内，我曾去过甘肃、青海和新疆。当乘汽车在戈壁、沙漠上奔驰时，从未感到如此之干燥、荒凉和远离人间。触景生情。我对来这里工作的祖国同胞，心里油然产生一种非常敬佩的情愫。

下午两点多钟，我们离开达尔本丁。直到夜幕降临，车窗外什么也看不见的时候，还未到达目的地。这里与北京的时差相差 3 个多小时。途中经过几处哨卡，是巴基斯坦的边防站。他们一看是建设山达克的中国车队，都非常友好，有的笑笑，有的招招手。

正当一些人在颠簸中昏昏入睡的时候，突然有人指着窗外大声说："瞧，一片灯光！"嗬，好大一片璀璨的灯光！大家活跃起来了。原来那是巴伊边境小镇塔夫坦。我们已经离伊朗很近了。

很快，又一片更明亮的灯光展现在眼前了。山达克铜金联合企业到了。汽车沿着厂区右侧公路行驶。厂区灯光明亮，宛如白昼一般。远远望去，是那么静谧，又是那么整洁，给人一种竣工后投产前的印象。

"这就是山达克铜金工程冶炼厂！"中冶的同志指着左侧那个高大厂房说，"明天，这里就产铜了。"我们不禁为之高兴起来。

曾经在山达克工作过的人告诉我，你们从达尔本丁来山达克，只坐了一半路程的汽车。如果从奎塔乘汽车来山达克，路上要颠簸十几个小时哩。刚下汽车时，身子骨像散了架子一样，腿都不好使了，站不住，走不稳。这是山达克工程建设者，最初遇到的困难。

（原载于1996年1月30日《中国冶金报》）

二、巴基斯坦结束了不产铜的历史

我们记者组和工程项目部的工作人员住在一起，距厂区不到2千米。在远离大城市的戈壁滩深处，万万未想到居然能住上这样比较舒适的房子。我和大冶有色金属公司张副总工程师住在一个屋子，里面还有洗手间。翌日清晨，当我走出带有走廊的房间，在屋外才发现附近有好几栋用混凝土造的平房。每栋平房里各房间向阳面的窗子，都一律斜排着，呈锯齿状，好不别致！据云，是为了适应当地的气候。

这么荒凉的地方，居然还造了这么多永久性的房屋，我不禁询问住在隔壁的陈圻同志。他说，这是20世纪70年代，巴基斯坦在山达克地区进行地质勘探时建设的。我们来建设山达克铜金工程时，巴方为了照顾我们，让这些远离祖国，来到戈壁荒滩的人住得稍微好一点。于是，就将这些房子腾出来了。这也体现了中巴友谊。

我们出国前，就得知山达克铜金联合企业冶炼厂已经竣工并于11月7日点火。计划在22日上午生产第一炉铜。我们赶到山达克的当晚，得知出铜的时间未变。

22日上午，当地时间8时左右，记者们乘车来到冶炼厂。我们一下车就发现，新建的厂房里，已经挤满了人。大家都在全神注视着正在冶炼的转炉。炉子喷出的火焰不大，烟气不多，生产很正常。操作人员有条不紊，一切都显得那么井然有序。我倒发现参观的人们却十分紧张而专注。特别是那些不知从什么地方赶来的巴基斯坦朋友，更是急不可待。只见他们包着头巾，黝黑的脸上，两只又黑又亮的大眼睛紧紧地盯着缓缓转动的炉子，流露出一种非常新奇的神情。

终于，暗红的液态铜从倾斜的炉口流出来了，掌声在铜的流淌中热烈地响起来。铜流愈大，掌声愈急，多么令人感动的场面！人们甚至情不自禁地欢呼雀跃起来。我注意到，有些人眼里噙满泪水。他们中有中国人，也有巴基斯坦人。我还注意到，那些中国人——山达克的建设者们更是高兴，激动的心情溢于言表。他们不就是期待着这一天吗！他们的汗水、泪水，甚至是血水，终于换来了滚滚的铜流！

这时，行车将装着液态铜的铁罐吊到模铸机上面进行浇铸。当人们看到缓缓移动的模铸机里装着的液态铜，由暗红逐渐变成灰黑色，又逐渐凝成了一个个铜块时，又掀起了一次次欢呼浪潮。这时，我听到站在附近的几位巴基斯坦朋友喊道："巴克——秦——多斯蒂——金达吧!"（巴中友好万岁!）

不知什么时候，厂房里的模铸机两侧都站满了人。有些人还站在楼梯上观看。现场充满了非常热烈的气氛。照相机的闪光连续明灭。这时，我发现前来参观的巴基斯坦人又增加了。有些像农民，又似牧民。他们的脸上充满了惊奇和喜悦。好些人见了我们这些中国"老外"，喜笑颜开，主动笑着打招呼。有两位巴基斯坦朋友用生硬的中国话说："奇迹，山达克!"

在戈壁荒滩上生产铜确属奇迹！这使我想起，中国冶金建设公司中标山达克工程项目后，能否建成，能否生产出铜，曾经参与这个工程的几个外国人对此表示怀疑。中国的新闻媒介将山达克产铜的新闻报道后，那些持怀疑态度的人们该将问号换成句号了。

我挤进人群，发现在缓缓移动的模铸机中间，陈圻和我国一些工程负责人正在与几位巴基斯坦朋友照相。其中一位身体颀长、着黑色西服，约 50 岁左右的朋友，是山达克金属公司项目主任及经营总监依沙德·瑞那。他是美籍巴人，据说是巴方聘任来管理山达克金属公司生产经营的。

铜，给巴基斯坦人民带来了欢乐。他们为巴基斯坦能生产铜而感到骄傲。

我在采访中冶集团公司副总经理陈圻时了解到，1962 年就发现

1995年11月25日记者组及公司领导在巴基斯坦山达克

了山达克铜金矿。10年后，巴基斯坦又经过了两年比较详细的地质勘探。他们发现山达克矿区有3个矿体。于是，又进一步对南矿体作了深入的钻探。据联合国世界银行估计，全矿区铜、金矿总储量为4亿吨左右，其中南北两矿储量有1.4亿吨，属于斑岩硫化矿。铜的平均品位是0.426%，伴生金的品位平均0.48克/吨。此外，矿石还有一定含量的银、硫、铁等。矿体贮存条件适于露天开采，易采、易选。美国山城研究所对山达克的矿石，作了半工业性选矿试验。

开发和利用山达克矿区资源是巴基斯坦政府和人民的多年愿望。巴基斯坦政府将山达克铜金工程列为国家重点项目，已经筹划十几年了。期间，美、英、法、波兰、前南斯拉夫、罗马尼亚、芬兰、瑞士等国家的公司，曾纷纷参加这个工程项目的国际性招标。有些国家还为山达克工程编制了可行性研究报告，又进行筹资建设活动。但是，由于种种原因，山达克联合矿业工程一直拖延到中国冶金建设公司接手前。

1987年，中国冶金建设公司（中冶集团成立前）参与山达克工程项目议标，同时着手做调查工作。当年底，中冶公司正式向巴基斯坦石油、自然资源部资源开发公司递交了项目建议后。1988 年 1 月 21 日，巴基斯坦政府决定将山达克工程授予中国冶金建设公司总承包。工程总投资 3 亿美元。建设工期为 47 个月。整个工程采用我国成熟的生产工艺和设备。冶炼厂建成投产后，设计年产粗铜 2 万吨。这样，巴基斯坦由不产 1 吨铜，每年进口 1.6 万吨铜，到不进口而出口铜。设计年产黄金 1.6 吨，可增加 2000 万美元的外汇收入。此外，还有一定数量的硫、钼、磁铁精矿等。中国将以出口信贷方式，向巴基斯坦提供 8400 万美元的成套设备和工程结构加工件等。山达克工程竣工投产后，巴基斯坦用生产的粗铜偿还。巴基斯坦还自筹 5000 万美元和 10 万卢比建设供水、供电和铁路等外围工程。

山达克矿区隶属于巴基斯坦俾路支省，是不生草木的戈壁荒滩。俾路支省经济比较落后，但是金属矿产资源丰富，有待开发。无疑，山达克铜金工程的建设和投产，将是巴基斯坦发展有色金属工业的开端，同时也促进了巴基斯坦俾路支省的经济发展。

我们在采访山达克金属公司项目主任及经营总监依沙德 · 瑞那时，问到山达克工程对巴基斯坦西北地区，尤其是对俾路支省的经济发展有何影响时，他微笑着说，建设山达克工程使这个地区活跃起来了，给荒无人烟的戈壁滩带来了可喜的勃勃生机。他主要讲了以下几个方面。

这个地区人口很少，非常荒凉。山达克工程的建设，引来了很多人，有些还是工程技术人员。在这个公司直接就业的近千人，间接就业的也有千人左右。人口增加了，必然可以进一步促使这一地区的经济发展。我相信，将来这里肯定会繁荣起来的。

建设山达克工程，带动了这个地区基础设施的建设。比如，修了公路，交通发达了；找到了水，生产、生活用水有了保障；建设了发电厂，使这个地区有了电，为发展经济创造了有利条件。

依沙德 · 瑞那曾在西方一些国家的冶金企业供过职，是位经验丰富的冶金专家。从言谈话语和表情来看，他对巴基斯坦充满了深情，对俾路支省特别是山达克地区的经济发展满怀信心。他说，这个地区发展矿业很有优势。经过初步普查，已经发现有20个区域蕴藏着铜。拟请美国、加拿大的公司进一步勘探，有可能发现铜的储量更大。所以，这个地区类似山达克铜金工程项目，很可能还要继续搞一个或者几个。到那个时候，俾路支省的经济就可观了，甚至可以带动巴基斯坦经济的发展。

依沙德·瑞那笑了笑说，诸位记者不是已经看到了吗，这里已经有了地质、矿山、冶炼、机械、电力等方面的技术人员。他们将推动这个地区的经济发展。

（原载于1996年2月1日《中国冶金报》）

三、中巴人民情深意长

中巴友谊源远流长，有两千多年的交往历史，两国一直友好相处。这样悠久的友好关系，在国际上实属罕见。

中国承建山达克工程项目，又为中巴友谊增加了新的篇章。我们到巴基斯坦后，无论是在卡拉奇、伊斯兰堡、拉瓦尔品第和奎塔等大城市，还是在边远的村镇或牧区，接触到的巴基斯坦人民都面带笑容，非常友好。我们没有身在异国的陌生之感。有些巴基斯坦人还用“乌尔都”语主动问我们：“秦尼？（中国人？）”当他们得到肯定的答复，立即高兴地笑道：“萨拉姆·阿来贡！（你好！）”

在山达克工程建设过程中，中巴两国人民团结协作，密切配合。可以说，山达克铜金工程的顺利建成，是中巴共同努力的结果，为中巴友谊谱写了新篇。

中冶公司根据统包工程的特点，承包商不仅要以“交钥匙”方式完成合同，还由于以设备出口信贷方式向业主提供的资金，需要在合同工程完成后的若干年内偿还。因此，从中巴有关方面谈判一开始，中冶公司就十分珍重中巴两国政府和两国人民的传统友谊，把自己也视同“甲方”，为共同搞好山达克工程建设与业主密切配合。为此，中冶公司对巴方业主采取相互促进，互帮互利（简称一促二帮）的方针，主动为业主出主意，想办法，协同解决与主体工程相配套的有关难题，如工程地质补钻、复核厂区坐标网和水平基点、承建37千米高压供电线路和外围供水工程等。中冶公司甚至为了帮助业主处理工程建设中亟待解决的问题，而向巴基斯坦政府和俾路支省有关官员及部门致函，希望鼎力相助。对业主一时不理解或难以接受的问题，中冶公司能谅解，有些事情还尽量支持和耐心做工作，争取同心协力建设好山达克工程。

中冶公司的同志向记者介绍，国际承包不仅风险大，又是人家的雇员，动辄给脸色看，或者挑剔或者找麻烦。但是，我们在这里却没有受气之感。巴基斯坦非常信任我们，从不检查我们的工程质量。他们对我们愈是这样放心，我们愈是要严格要求，保证工程质量。

中冶公司的人还深有体会地告诉我们，在国外当承包商，过去请人家吃饭，以便提供方便，减少阻力。这次来承包山达克工程，巴方却主动请我们吃饭，约我们去家里做客，并一再表示，是中国帮助他们搞建设。

似乎巴基斯坦人民都是这样认为的。他们把中国承包山达克工程看作是友谊，而不全是为了来挣钱。否则，这些现象就无法让人理解了。

中国员工进现场初期，生活和工作都面临着重重困难。为了解决中国员工的住宿，业主将在现场的17栋平房，腾出一半给我方住。同时，巴方还将仅有的两辆吉普车主动开出来，经常给中国员工采购食品，提供交通方便。

山达克工程建设需要的大宗物资从中国运来，进行清关。为了清关方便，巴方业主取得政府和海关部门支持，在山达克现场设立了海关，进行了清关。结果，由于大大减化了清关手续，对保证设备材料的及时供应创造了极为有利的良好条件。这使中国员工非常感激。

记者在采访中，一位曾经在中东地区某国负责过施工的祖国同胞不无感慨地说，那里的业主向承包商大加勒索，要高级轿车，要豪华别墅者，皆有之。他们和巴基斯坦朋友相比，真是天壤之别！

中冶公司的人还告诉记者这样一件事。他们在巴基斯坦聘请了两位工程代理，协助做一些事情。这两位巴方朋友，在技术、法律、税收、合同文件等方面进行咨询，提供信息资料，疏通政府有关部门、有关企业的关系。他俩工作认真，做每一件事情都十分努力，起到了中国人难以起到的作用，为山达克工程做了大量有益的工作。每当想到这两位巴基斯坦朋友，我们的感激之情便油然而生。

作者与巴基斯坦群众在一起

在谈到中巴两国人民具体交往时，在山达克的中国员工，向我们讲述了不少感人的小故事。这里只列举几个。

有一次，中方开往山达克的24吨运氧气的卡车，在公路上翻了。司机急得团团转。巴方得知，请来了军队的吊车，又在附近找来许多老百姓，硬是把车又翻过来。中国司机感动得不知说啥是好。

中方的一辆小轿车有一天在沙漠行驶时，被卡住，搁浅了。恰巧一辆公共汽车路过。司机自动停车，十几位身强力壮的巴基斯坦朋友主动下来，把小汽车硬是抬上来。

中国有色金属二十三冶公司的一辆小汽车在路上翻了，也是巴基斯坦朋友帮助抬过来的。

帮助是互相的。巴基斯坦的一辆大轿车，有一次翻到沟里，司机也是急得没办法。中方得知后，把正在作业的大吊车派了去，把大轿车吊到路上了事。

为了抢救一位肋骨折断、触及肝脏的巴基斯坦工人，中冶公司特地租了一架小型飞机，将受伤的工人送到奎塔市一家医院抢救。巴基斯坦朋友非常感动。

今年3月9日，中国员工建设的水源地工程、输水管道竣工后通水了。附近村民见到清清的流水，高兴地宰了两头羊，表示庆祝。巴基斯坦石油资源部常务秘书（相当于副部长）对中国员工说："如果不是你们干这项工程，再过两年也供不了水。"他还要求巴基斯坦工人向中国员工学习。

在谈到山达克工程建设，涉及到中巴关系时，陈圻说，对待协议外的工程，巴方确实有难处，以中巴友谊为重，我们还是尽量干了。比如，电厂是西方一个国家建设的，工期拖了，将要影响整个山达克工程进度。巴方要求中方干。虽然经济效益很低，我们也干了。供水线工程已经拖了一年半，再不抓紧干，也要影响山达克工程竣工投产。巴方让我们干。尽管工期短，工程难度大，我们也咬牙接过来了。工期要求18个月，我们只用了一年。

（原载于1996年2月3日《中国冶金报》）

四、艰苦奋斗在异国

记者组到山达克的第三天，就到生产现场参观和采访。从露天矿采场到破碎车间、选矿车间，从冶炼厂的控制室到热气烤人的炼铜车间，从员工的生活区到尾矿坝，都看得比较仔细。当我们站在高高的蓄水池附近，纵览山达克铜金联合企业全貌时，那一座座新建的厂房在阳光照耀下泛着银色的光亮，那运送矿石的一条条高低起伏的皮带通廊，那直插蓝天的烟囱正在喷吐着滚滚白烟……放眼远眺，连绵山岭，浩瀚戈壁，涯无边际。山达克，这颗璀璨的明珠，在巴基斯坦西北荒漠的边陲，已经开始大放异彩，引世人注目了。

在这么艰苦的环境，建成这么好的一个大型联合企业，不能不使人联想到建设者们付出的艰辛。“即使有了先进技术，也不等于能干好这个工程。”我们来到山达克后，听到不少中国员工这样讲。的确，在这样恶劣的环境里，如果望而却步，吃不了苦，没有艰苦奋斗精神，即便有了先进技术和设备也发挥不了作用。建设山达克工程，自然也成了空谈。

十几年间，西方那么多国家对山达克工程跃跃欲试，结果谁也未干成。其中固然有多种原因，比如西方国家设备价格高于我国 1 倍，劳务费价格高于我国 10 倍，使工程造价大大提高。巴方接受不了。但是，山达克不利的地理和自然条件，恐怕也是个重要原因吧。中国人拿到这个项目后，不是有的国家表示怀疑，能不能干好？甚至还在拭目以待，等着看笑话嘛。但是，使他们意外的是，中国人硬是啃下了这块硬骨头，并且提前完成了承包合同。

所以，就山达克工程而言，单就能否吃苦，能否做征服恶劣自然条件的强者，也是一次实实在在的较量。中国人稳操了胜券！

中国人究竟是怎样克服困难，胜利地完成了山达克工程的呢？记者们到此后，对这个问题非常感兴趣，都在采访。尽管有些事情已经过去几年了，但是山达克工程的建设者们每当回首往事，心情还是那么激动，讲得还是那么生动，令人历历在目。

自然条件和地理环境极为恶劣的山达克地区，属于亚热带气候。

夏季炎热，干燥得让人难以忍受。每年4月至9月，有半年左右，气温往往高达39℃，最高时可达45℃。冬季也是干冷干冷的。浩瀚无边的戈壁荒原和连绵起伏的秃山光岭，人烟极其稀少，看不到动物，即使在夏季也没有蚊虫叮咬。绿色的植物更是罕见。

我们采访时，听到这样一件事。中冶中标后，一些职工来山达克时，正值夏季，从奎塔乘的是无空调的大客车。人们在汽车里热得实在受不了，有些人竟昏倒了。到达尔本丁时，发现气温高达50℃左右。只好夜间行车，躲开太阳光的照射。

山达克地区远离城市，建设工矿企业没有依托，可谓孤立无援，何况又在异国他乡。困难之大，远远超过于预料的程度。

从国内抽调来的工程建设人员原本无房可住，要依靠自己动手搭帐篷或修干打垒。巴方很关照，将70年代搞地质勘探时，建筑的永久性房屋让给了中国员工居住。这样，从国内来的人总算有了安身之处。

职工们刚到山达克时，还没有电，一到夜里，黑漆漆的。外面满天星斗，室内点着蜡烛。什么事也干不成，只好天南海北地聊天或者睡觉。第一个春节悄悄来了，有些人竟不知道；有些人更引起了思乡之情，回想昔日的阖家欢乐。指挥部想办法将大伙兴趣鼓动起来，但是条件限制，无济于事，人们依然兴趣索然。

在山达克地区吃喝更是令人头痛。职工们刚来时，没蔬菜吃，只好把带来的紫菜放到盐水里冲汤喝。来之初，没有肉吃，就和伊朗边城联系，买来活羊，自己宰。不会宰、不敢宰羊的也得硬着头皮宰。苦中也有乐。大家边吃香喷喷的羊肉，还边戏谑地称宰羊者为“屠夫”。米、面、蛋、肉和蔬菜等，当地都没有，从最近的城市奎塔运来，汽车要跑670千米。由于道路不平，有些路是汽车压出来的，运一次需要十几个小时。所以，肉、蛋都不新鲜，即使运时用冰保鲜也不起作用，因为在途中冰就化掉了。初到时，职工们喝的水都是咸的。

山达克的高温令人难耐。如果在太阳直射下，甭说劳动，就是站一会也热得难以忍受。然而，在国内从未经历过如此强烈日光照射的职工，尽管大汗淋漓，仍然坚持劳动。

工程指挥部的人员很少，但是吃喝拉撒睡什么都管。每个人分担的工作任务十分明确，绝大部分身兼数职，见不到冗闲人员。此外，还有卡拉奇和奎塔两个办事处。每个办事处的人员也只有三四人，但是任务十分繁重。这两个办事处，我们都接触过两次，发现他们接待任务很重。在山达克工程施工、试生产过程中，一共有2000多人次往返，最多一次90多人。两个办事处不仅接送人员，还要购买机票，安排食宿、车辆等。有些人提出抽空看看市容时，还要进行导游。山达克工程所需要的3万多吨物资，从采购到运输，基本都是卡拉奇办事处负责。奎塔办事处负责和国内联系及对外发文，约有几万件。同时，还承担所有的财务工作。这两个办事处的人员，都是身兼数职，什么工作都干。卡拉奇办事处主任杨平、奎塔办事处主任王道，如司机，又像办事员、采购员、导游员。而且，他俩及办事处的一些人员和当地政府、巴基斯坦朋友关系很好。我曾向陈圻称道时。他颔首微笑。

不利的自然环境和生活上的困难，只是一个方面。它与艰苦的工作相比，又显得非常次要，甚至不值得一提了。

运载工程开工急需物资的第一条船，装载着8000吨、约14000立方米的设备和材料，摆开有两个足球场那么大。巴基斯坦动用了近500辆军车，从卡拉奇运往山达克工地。军车陆续到了，但是卸车却成了最大难题。开始，只有50几个干部（中冶公司的人占一半）、十几个工人，其中巴方有4人。后来增加到100人。指挥部研究决定，不管卸车是谁的任务，货车到了就必须尽快卸车。要努力克服人手少、卸车设备不完全具备的困难。卸车是打好山达克工程的第一仗，任务一定要出色完成！大家在困难面前，都未气馁，个个精神振奋，争相参战，抢干重活。白天干不完，吃完饭休息一会儿，再挑灯夜战。最多一天卸 72 车。

卸车最难的要算 45 吨塔吊的底盘、4 立方米电铲的底盘和 5 立方米前装机的底盘。这三大设备的底盘都是 30 多吨重。如何把三个庞然大物从大卡车上搬下来放好，成了顶头痛的难题。当时，只有两台 15 吨的吊车，还没有起重工。大家殚思竭虑，终于用这两台吊车硬是把三大件安全地卸了下来。

从中国职工卸车伊始，巴方都到现场观看。三大设备的底盘从汽车卸下来的时候，他们还高兴地鼓起掌来，又祝贺又称赞。许多巴基斯坦朋友看到中国职工不畏艰苦，在困难面前敢于斗争的精神，终于把物资全部卸了下来，非常钦佩。很多人表示："我们进一步相信，中国人一定能干好山达克工程！"

（原载于 1996 年 2 月 4 日《中国冶金报》）

五、发挥专业优势　采取责任承包

山达克铜金工程是巴基斯坦投资开发的第一个金属矿山、冶炼项目。20 多年来，巴基斯坦政府已经用了几千万美元雇佣西方一些国家进行地质勘探和研究试验。

1987 年，巴基斯坦又一次对山达克工程项目进行公开招标。中冶公司得知，巴基斯坦政府非常重视山达克工程，决定派一个由几位专业行家组成的投标组，到现场考察、查阅地质报告，进行可行性研究和市场调查。然后，编制了《报价建议书》等。中冶提出的问题，符合巴方实际。比如，巴方提出"以统包为基础"的要求、"合同工厂"的生产规模和产品方案。中冶便以我国成熟的生产工艺，提出了符合巴方国情的设计方案和设备选型；中冶根据巴方对工期的要求，还加上对现场的考察和对市场的调查，提出了一个使巴方同样认为方案合理、措施可行的施工方案及施工总进度；中冶提出的报价有竞争力，巴方较易接受；中冶征得国内有关部门的同意和支持，承诺了相当合同总价35%的设备出口信贷……这些要点符合巴基斯坦实际，吸引力大，报价合理，受到巴方欢迎。于是，中巴双方，正式签订了合同，由冶金工业部中国冶金建设公司和中国有色金属总公司联合承建。

冶金工业部和中国有色金属总公司领导，认为这个项目关系到中巴双方的利益，都非常重视。大家经过多次研究，决定冶金、有色组成联合体，进行多元合作，统一指挥。都将具有专业特点、能打硬仗的建设队伍拉出来，参与山达克工程。北京有色金属设计总院具有设计过类似工程的经验、资料可借鉴，于是承担了山达克工程的设计。

中国有色金属总公司还抽调所属矿山、选矿、冶炼等专业设计、施工、生产等单位的人员参加建设。同时，还组织了一些专家协同解决在工程实施中，遇到的各种复杂的技术问题。

金川有色公司、二十二冶、十五冶分别承担采矿、选矿、冶炼主体项目的施工任务。金川有色公司、德兴铜矿、大冶有色公司分别承担对巴基斯坦的采矿、选矿、冶炼专业人员的培训，并派遣技术人员到现场指导。

冶金设备总公司、中冶公司分别承担成套设备供应、工程所需材料的采办，保证按质按量按时供应。

冶金工业部和中国有色金属总公司还决定，在山达克工程项目建设现场，成立项目经理部（统一指挥部），实行集中领导，统一指挥。

山达克铜金工程包括采矿、选矿、冶炼等，是个大型联合企业。工程建设复杂，施工难度大。再加上气候恶劣，地理条件差，没有工业设施和生活方面的依托。在这样极其艰难的环境里，又有那么多单位和职工参加，山达克工程项目经理部领导从接手项目，开始反复考虑的问题，就是如何调动各单位领导和员工的积极性，使其自始至终得到充分发挥。他们经过反复研究，认为只有采取工程承包责任制，实行责权利挂钩，才能把参加这个工程项目的单位和全体职工积极性调动起来。

中冶公司与巴基斯坦有关公司签订统包合同后，经过冶金工业部批准，中冶公司副总经理兼山达克工程项目经理陈圻向中冶公司承包并正式签订了承包合同。然后，山达克工程项目经理陈圻又与参加这个工程项目的单位领导分别签订了分包合同。这些已经签订的承包合同，都是以法律形式确定的，明确了缔约各方的责任、权利、义务。各方都必须严格履行合同规定的条文，不得随意改变。

山达克工程项目开工后，项目经理部从生产建设实际出发，又不失时机地将承包制延伸到子项工程、分部工程、作业班组。一律签订具有法律形式的承包合同。大家都明确责任、权利和义务。

这样，尽管参加山达克工程项目建设的有冶金、有色金属、机械制造等行业的十几个单位，由于实行了各行业承包、各项工程承包，从单位包到个人、从头包到底的承包责任制，使所有参加工程项目的人，都明确了责任、权利和义务。对劳动报酬也采取了与之相适应的办法，即“上不封顶，下不保底”。按照劳动质量和数量付酬，真正把工效与劳动报酬结合起来。让劳动报酬的透明度大大提高，使承包者对劳动成果和报酬心中有数。

实施山达克工程项目是个联合体，以协议或分包合同的办法，就明确了缔约各方的责任和义务。做到共担风险，共同分享效益。在承包协议和合同的约束下，参与工程项目的单位，加强了团结，努力干好分担的工作，积极性被充分调动起来了。在山达克工程建设中，大家都出色地完成了承包任务。使整个建设工期缩短了半年，受到巴基斯坦的赞扬。不仅如此，在工程建设中，各项费用显著节省，工程成本大大降低，因而取得了较好的经济效益。同时，参加工程项目的各单位都获得了可观的收益。参加建设的人员也按贡献得到奖金和分成。

在采矿、选矿和冶炼三大主体工程中，对关键的设备及工程，如68吨矿用汽车、粗碎站竖井及一号皮带廊斜井、反射炉的砌筑等，实行子项承包后，都按期或提前完成了任务。这些对山达克工程项目的全部按时完成，起到了决定性作用。

本溪重型汽车制造厂生产的68吨矿用大型自卸汽车，在山达克工程项目中，承担着矿山基建剥离运输的任务。中国冶金设备总公司山达克项目设备处与本溪重型汽车制造厂签订了以“八包”为主要内容的承包合同后，16台汽车开动率达到98%以上。9个月实际运土石方量368.35万立方米（987.18万吨），平均月运土石方40.93万立方米，超过定额63%，提前半年完成工期。尤其值得提出的是，68吨矿用汽车的轮胎和油料消耗量，仅为国内的35%左右。

选矿厂建设的“卡脖子”工程，是粗碎站竖井及一号皮带廊斜井。工程项目经理部与有色二十三冶建设公司井巷公司签订了包工包料的承包合同。二十三冶为了节省开支，对出国人数精打细算，坚持派往山达克的人，必须是“精兵强将”。干部“身兼数职”，工人“一专多能”。结果，这个单位来山达克的人数比国内定员减少了一半，而且保证了工程质量，提前3个月完成任务，又取得了较好的经济效益。

再比如，砌筑冶炼厂的反射炉，计划工期7个月完成。有色第十五冶金建设公司也采取了承包办法，即将工效、工期和工程质量直接承包给工人。结果，只用了4个月就完成了任务，工程质量优良。

记者在采访中了解到，在巴基斯坦山达克铜金工程项目的建设中，如何把大家的积极性调动起来，劲往一处使，不扯皮，不推诿，全心全意干好这个项目。为此采取了承包责任制，实行责权利挂钩的措施。经过实践证明，确实行之有效。谈及此，身兼山达克工程指挥部工委书记的陈圻又对记者说，采取承包责任制，实行责权利挂钩，只是一种手段。调动大家积极性的更重要方面，还要做好思想政治工作。为祖国争光，不给中国人丢脸，为中巴友谊谱新篇，已经成为每个山达克工程建设者的行动准则。

（原载于 1996 年 2 月 6 日《中国冶金报》）

六、将成套冶金矿山设备打入国际市场

我们在山达克铜金工程冶炼厂，看到了投产时流出的第一炉铜。发现整个冶炼过程，设备运转正常，没有遇到丝毫故障。现场的技术人员和操作工人都在正常操作，不显得忙乱。我不禁问站在身边的原北京有色金属设计院副院长、来山达克比较早的陈楚才："冶炼设备运转正常吧?"他颔首示意，说："空虚反射炉是应巴方要求设计的，对烧油和烟道进行了改进。其技术水平与富氧炉相比，虽然不那么先进，但生产稳定，适用于发展中国家。这套设备是精心制造，精心安装的。现在运行正常，是我们所预料的。"

在参观破碎车间时，我们从粗破碎的圆锥破碎机开始，经过 3 个高低起伏的皮带运输长廊，到振聋发聩的球磨机、浮选车间，设备都在正常运转，很少见到我国和巴方的操作人员。

在现场的我国专家告诉我们，山达克工程选矿车间的粗、中、细碎矿设备，是合作制造的成果，工艺和技术水平和我国相比是最先进的，部分设备已达到国际先进水平。球磨机的大筒体、大齿轮等大部分备件是国内制造的，部分备件是进口的。主要是引进了图纸，国内制造，共花去 400 多万美元。如果球磨机全部成套进口，需要 900 多万美元。据现场操作人员讲，球磨机投产后运转一直正常。一位冶金设备专家向记者们介绍，我们用在山达克工程的设备，很适合巴基斯坦国情。我们坚持的原则是，凡是在中国未用的，或者用得不好的，坚决不在山达克用。因此，这些设备比较成熟，投产后运行正常，生

产稳定。

山达克联合企业的特点是露天矿和选矿、冶炼几乎连在一起，减少了运输费用。这是我国设计人员匠心独运的杰作。

在露天矿山，我们看到了正在作业的三大设备，即250毫米牙轮钻机、10立方米电铲和68吨运矿汽车。据介绍，这批设备都按合同要求运到现场，经过组装和磨合试验，投入了运行。在矿山基建剥离中，牙轮钻机、电铲和运矿大汽车等经过了46℃高温、干旱、风沙的考验，工效超过冶金工业部定额30%，提前半年多完成了矿山基建剥离任务。经与业主共同考核，这些设备性能全部超过考核指标。据介绍，运用到山达克铜金工程的设备，这么快达产达标在我国都未做到。

山达克工程设备按时或提前到达，运行之好，达产达标之快，是这个工程干得如此漂亮并提前完成合同的一个重要因素。山达克冶炼厂出铜的那一天，我见到了承担山达克工程设备的中国冶金设备总公司经理金忠。他认为，山达克设备质量好，供应及时，而且摸索出一套好办法，国内都可借鉴。

记者组对山达克工程的冶金设备很感兴趣，特地邀请了中国冶金设备总公司山达克项目经理兼中冶集团山达克项目经理部设备处处长朱建坤，全面介绍山达克铜金工程设备，主要是采矿三大设备情况。

承包合同规定的采矿三大设备是，4台YZ-35型牙轮钻机，由衡阳冶金机械厂生产；4台10立方米电铲，由太原重型机器厂生产；32辆68吨级矿用载重汽车，由本溪重型汽车制造厂生产。这三大设备是我国“七五”研制的千万吨级大型露天矿山的重大装备成果。但是，由于种种原因，这三大设备在我国尚未集中在一个大型露天矿山全部成套使用。本溪重型汽车制造厂生产的68吨矿用载重汽车，十几年来，只有16台在几个矿山进行试用性使用。

这三大矿山设备能否用到山达克工程，也有异议者。有的主张山达克工程均用进口采矿设备，有的主张如用国产设备，但要加大风险费用，有的甚至建议将一个矿山引进的全套旧设备拿到山达克使用。工程交工，就不要了。但是，在项目投标时，作为代表单位投标之一的朱建坤，在设计部门的支持下，全部推荐了国产采矿设备。无疑，风险是很大的。1990 年 9 月，承包山达克工程总合同正式签字前，朱建坤向中冶公司领导建议：由国内承制三大设备厂家承包各自的设备操作、维修和备件供应，由冶金矿山单位承包矿山管理任务。项目领导小组和项目总经理陈圻立即批准了这个方案。金川公司分包山达克矿山管理合同签字时，委托承包人朱建坤以项目经理部和设备处名义与三大设备厂家分别落实方案。中国冶金设备总公司与三大厂家签订设备供货合同时，又签订了三大厂家参加矿山基建剥离的劳务承包合同。

衡阳冶金厂和太原重型厂分别承担 4 台牙轮钻机和 4 台 10 立方米电铲的制造、现场组装调试、剥离期间维修等 3 项承包任务。设备处负责组织剥离期间这两大设备的备件供应。本溪重型汽车制造厂承担 32 台 68 吨矿用汽车的制造、现场组装试车，操作、维修、备件供应、轮胎和油料等 7 项承包。

这种由设备制造厂家承担在现场组装设备、调试、操作、维修和备件供应等多项承包方式是个创举。不仅国内没有先例，在国际上也是罕见的。

三项全部设备组装调试时间和质量等各项指标，均超过了国内水平，得到巴方技术验收人员和我国主管部门的好评。

三大设备运行指标令人可喜。两台钻机同时作业，比国内指标好的钻机提高近 20%。4 台电铲运行指标超过了国内同机型设备最好指标。68 吨运矿石汽车可开动率、完好率、拉运量等，远远超过了国内其他主要矿山使用这种汽车的各项指标。

组织设备一条龙出口，可不是轻而易举的事情。虽然几年过去了，但朱建坤向记者谈起往事，依然感慨万端。他决心抓好这件过去从未做过的事情，开创冶金成套设备出口之先河。

国内是按照设计要求定购的。其中，有选择制造厂家、安排制造、组装、包装，发运到指定港口。装三条船统一发往巴基斯坦卡拉奇港。由于长途运输，从厂家用汽车运到港口装船。到卡拉奇再卸船装汽车，到山达克再卸车装车运到仓库……需要经过6次装卸，才到现场组装。1993年上半年，距第一艘运送设备材料船起航时间还有一个月，只到370吨，还有5400吨未到。朱建坤等人心急如焚，冒雨催货，14天跑8个厂。洛阳机械厂用平板车跑了3天，把1000多吨设备按时运到上海港。结果，到6月底，设备全部运到港口，装上船，实现了计划发运。货船到卡拉奇港口，要及时装到汽车上运往山达克。朱建坤站到船上指挥卸、装。

山达克工程从未出现因为设备问题而影响安装。这在国内也是不多见的。

设备组装前，进行“三清两查”，即清到库箱件、配套设备件是否齐全、资料是否齐全；查外观质量缺陷、内在质量隐患，国内少见。设备处还购置4台机床，准备处理一些设备问题。

朱建坤为山达克工程的设备供应，立下了汗马功劳。记者请他谈谈体会。他认为，山达克矿山的三大设备所以取得较好效果，就是通过层层承包，把单位和个人的积极性调动起来了，解决了精心操作与产量、效益、待遇挂钩；及时维修保养，提高设备完好率与产量、效益、待遇挂钩；确保备件供应，保证设备正常运转，超额完成任务。缩短工期，就可以节约承包费用。最后，他强调，还有一个最重要的问题，就是设备制造厂家，加强了出口意识和质量管理，比国内使用的同类设备提高了质量等级。

（原载于1996年2月8日《中国冶金报》）

七、二十二冶为祖国争得荣誉

在建设山达克工程的施工队伍中，有一支450余人的中国职工队伍，能吃苦，作风硬，技术精，敢打硬仗。这就是中国二十二冶国际项目分公司。

二十二冶承担山达克铜金工程任务的建筑安装工程量，占全部总量的三分之一。他们承担的工程，包括选矿厂的粗碎、中细碎、筛分场、粉矿仓、磨浮主场、回水泵站、尾矿坝等23个选厂子工程的施工、设备安装和输水管线工程。建安总量达4300多万美元。

参加山达克工程建设的二十二冶广大职工，不畏生活艰苦，克服施工条件极差等困难，用40个月按期建成选矿厂全部子项工程；用8个月建成37.1千米输水管线工程，工程优良率达到100%，工程质量完全符合国际标准，得到国际监理的认可。

二十二冶在山达克工程承担的施工任务中，采用项目法施工。项目部下设土建、钢结构、机电、管道、机运等工程队为作业层。精干的管理层只有11人。在山达克工地上，处处可见二十二冶为了工程高标准、高质量、高速度、高效益，发扬艰苦奋斗、顽强拼搏的崭新风貌。

1991年8月正逢盛夏。二十二冶山达克项目部经理谢文生带领项目部11名干部打头阵，先期进点，为大队人马到来做准备。山达克的水是咸的，含氟量高，不能直接饮用。缺少生活用水怎么办？他们就把雨后积在坑里的水，用明矾处理后再用。他们饮用这种水长达3个多月。生活中的困难，他们不怕。在施工中，遇到的困难更多更多。他们顶着烈日筛砂子，到戈壁滩拣卵石。他们光着膀子，穿着短裤，搅拌和运送混凝土。他们在炎热的夏季，硬是打了13栋板房的混凝土基础，直到全部安装完板房。为了使施工材料提前到位，他们克服缺少架工、吊车司机和照明设备的困难，在谢文生的带领下，大家出主意想办法，用应急灯照明，进行肩扛手抬，硬是卸下7200吨建筑材料。就是二十二冶这11个人，用了2个月时间，就完成了队伍进点前的一切准备工作。

二十二冶山达克项目部在施工中，坚持采用按劳动定额计酬，有效地调动了职工积极性。浇灌粗矿堆箱形结构混凝土是件重活，任务又十分紧急。一公司工程队队长张德成带领全队30名工人，昼夜奋战，每天劳动17个小时，连续苦干17天。结果，他们只用58天就浇灌完了2200立方米混凝土，提前工期22天，高速优质地完成了任务。

金结工程队42名工人承担选矿厂屋架和皮带通廊的钢结构制作任务，5至10月，山达克烈日炎炎。他们在露天施工中，觉得没有不烫人的地方。站在铁板上烫脚，拿起工具烫手。工人们出汗多，虚脱了是常有的事儿。电气焊工每天干到夜间10点至12点。很多人身上、脸上脱掉两三层皮。但是，大家的情绪高昂，都以苦为乐，决心抢工时，保质量，高温季节夺高产。记者在采访中，得到这样的记录：6个月制作了2200吨钢结构，完成1000吨钢结构安装任务。这是多么令人可喜的成绩！

机电工程队安装3台球磨机时，任务更为艰巨。每台球磨机重288吨，有两层楼高、直径5.04米。在国外安装我国制造的这种“庞然大物”是第一次。这一仗无论如何要取得胜利，为中国人争光。于是，他们组成了研究小组，多次讨论安装方案。他们决心创新，打破原来安装方案，而采用分节吊装、焊接的新方案。这样，原计划用6个月才能完成3台球磨机的安装任务，结果他们只用了95天，不仅提前工期85天，还节约开支3万多美元。

管道工程队承担通向尾矿坝11千米长的管道施工任务。他们采用高于国际标准的内控标准施工，工程质量好，被巴方列入免检项目。

二十二冶承建的山达克工程输水管线在国外扬了名。管线长

37.1 千米，需铺设直径 630 毫米的管子 3000 根，通过焊接连在一起。1993 年 11 月 1 日开始施工，输水管线经过的地方是一片干旱少雨的戈壁荒漠。没有水电，不见人烟。在安装管道的施工中，室外最高温度达到 54℃。施工地点位于巴基斯坦的最西部，与阿富汗、伊朗接壤。国际恐怖活动猖獗，要在巴方军队守卫下施工。曾来过这里为二十二冶安装吊车的德国、日本专家，将此地称为“人间地狱”、“月球”。二十二冶人面对恶劣的自然环境和艰难的施工条件，在没有技术图纸，仅有合同标书中的一本管线草图的情况下，自己设计了管线的走向、坡度、阀门位置，进位标高定位。在施工中，管线 7 处经过山地，4 处穿越高速公路，3 处穿过铁路。管线高低差 227 米。他们采用分段焊接，分段合龙的方法，用美国的专用对口器对口。同时，根据施工的特殊要求，采用全位置下向焊接新技术和管内喷涂水泥砂浆内衬新技术。在管道内喷涂水泥砂浆内衬，非常艰苦。630 毫米直径的管道，人要爬进 100 米甚至 200 米。甭说里面空间小，难以施展，喷涂水泥非常困难，尤其是在烈日的曝晒下，里面温度高达 70℃至 80℃。为清除管道在海运过程中产生的锈迹，他们设计并制作了除锈包带机，边除锈边包胶带，提高了工效，缩短了工期。他们对管道分节试压，打破了管线在 1 千米左右试压的国内施工标准。他们经过周密计算，将管线试压长度定为 7 ~6 千米。管道全线试压时，用水车从几十千米外拉水，往管道里灌水加压。每公里管线需用 30 多车水。每次打压要用 4 ~7 天才能达到检验压力值。他们一丝不苟，认真操作。管道在持续受压下工作。他们采用世界最先进的压力温度检测仪，经过 24 小时测定检验，全部管线无一处漏水。管线通水时，只用了 2.75MPa 的压力就使水源顺利地到达山达克水池。按世界最高标准要求的水压试验和通水考验，全部一次合格。这充分证明了管线施工质量是世界一流的。

二十二冶输水管线工程队 51 名工人创造月平均进度 4.9 千米，

最高月进度6.1千米，最高日进度312米，创造冶金系统国内国外野外管道施工的最高纪录。中冶集团公司领导对该项工程做出了高度评价：管线工程施工组织合理、工艺和技术先进，工程速度和质量达到当今国际上管道施工的一流水平。

（原载于1996年2月10日《中国冶金报》。本文与《中国冶金报》记者谢吉恒合作）

八、有个好班子是关键

在山达克采访，有些事情，有些语言是难以忘怀的。

去年11月22日晚上，项目经理部为庆祝山达克冶炼厂生产出第一炉铜，举行了非常简朴的晚宴，项目经理部总经理陈圻举起酒杯，站起来，颇动感情地说，生产出了合格铜标志着山达克工程已经取得了决定性胜利。感谢班子成员团结一致，共同努力，也感谢大家对我们的支持……他有些哽咽。简陋的餐厅里，霎时响起了热烈的掌声。记者也被大家的情绪所感染，心里热乎乎的。陈圻讲的是肺腑之言。我不禁又看了看他，人干瘦干瘦的，清癯的面孔，使佩戴的眼镜显得既大又重。山东人氏，却不是大汉。我暗自佩服：此人竟能在这里团结一班人，指挥多路“诸侯”，把工程干得如此之好，值得钦佩！

我来巴基斯坦采访之前就听说，山达克工程指挥部有个好领导班子。这是提前完成山达克工程项目，向巴基斯坦交了“工程钥匙”的最主要因素。在卡拉奇和奎塔的办事处，与参加山达克冶炼厂出第一炉铜仪式、已经完成任务回国的“老山达克”，谈起工程指挥部的班子时，交口称赞，都认为是个好班子。

冶金工业部和中国有色金属总公司领导研究确定山达克工程指挥部领导班子时，是基于如下考虑：从中巴友谊及互利互惠出发，必须按期保质建成这个“交钥匙工程”。这个工程项目又是一个技术复杂、专业较多、规模很大的大型有色金属联合企业。一个部门是难以独立完成的。于是，冶金工业部、中国有色金属总公司、机械工业部从各自系统中近20家，包括设计、施工、生产、设备材料供应、设备制造等方面的公司、厂矿、院所，调派1000多人。其中，有处级和局级干部70余人参加山达克工程建设。再加上自然、地理条件很差。要按合同规定期限完工，必须组成一个坚强、团结、有力的工程现场指挥班子。

于是，冶金工业部和中国有色金属总公司领导共同决定，在山达克施工现场成立项目经理部，由一些具有建设管理和国外工程承包经验的人员组成，负责现场全面指挥。决定由中冶集团公司副总经理陈圻任山达克工程项目经理部总经理兼工委书记。

我们在采访中了解到，这个在现场指挥各路施工队伍的项目经理部，以辛勤的工作，精湛的协调能力和熟练的业务，尤其是从实际出发采取责任承包办法，出色地完成了任务，为中国争了光，为中冶集团打出了信誉，为中巴友谊谱写了新篇章。他们没有辜负冶金工业部、中国有色金属总公司领导的重托。

在山达克工程项目胜利完成之际，再回过头来总结一下项目经理部的工作，不是没有裨益的。

做好职工思想政治工作，是项目指挥部抓的一项大事。工委书记陈圻认为，愈是远离祖国，愈是条件艰苦，愈是来自五湖四海，做好职工的思想政治工作就愈重要。在山达克工程整个施工过程中，我们自始至终要求职工“为国争光”，“为中巴友谊做出新贡献”，“为国家创汇”。这些要求深入人心，成了大家团结协作，步调一致的无形纽带。与此同时，项目经理部还认真抓纪律，强调组织纪律性。表扬不扯皮的干部。明确规定遇到问题，先干活，边干活边要钱也行；不算好账，不给钱，不干活，不行。不允许因为钱的问题不干活，先干后算账。当然，极个别人说服不行，也有请回国的。但是，大家都很自觉，在施工现场出现了“分工不分家”，同心协力，互相帮助，有问题不扯皮，不推诿，努力完成承包任务的可喜场面。

“班长”注意团结，顾全大局，使班子形成合力。项目经理部总经理兼工委书记陈圻非常重视团结。他认为，参加工程项目的无论是冶金行业、有色行业还是机械行业的干部和工人，在巴基斯坦山达克都姓“中”，是一家人，没有别的“姓”。大家要同舟共济，只要任务需要，都必须顾全大局，服从统一指挥。几年来，施工现场运行比较正常，从未发生过大的不协调。陈圻强调班子内部首先要顾全大局，服从指挥，起表率作用。他从自己做起，起带头作用。

熟悉业务，懂得技术，具有管理承包经验，是这个项目经理部的又一特点。在异国他乡组织如此浩大、复杂的工程施工，如果指挥班子不熟悉业务，不懂技术，没有管理承包经验的话，几个行业的上千人员在一起，该是一种多么可怕的情景啊！实践证明，这个班子选得好，不仅能处理工程施工中的各种问题，还能恰到好处地处理与巴方公司及巴政府的关系。记者听到一些事例后，深深感到这个项目经理部承担山达克工程项目的实施是称职的。

项目经理部结合实际，参照国内的一些制度，制定了一些相应的规章制度。做到层层有责任制度，层层有奖励制度。经理部对各单位的主要负责人，在经济上也有约束。明确规定并严格执行：尽管奖金是各单位自己发，但是，各单位主要负责人的奖金发多少，本单位无权决定，必须由项目经理部研究确定。这样，项目经理部可根据这些主要负责人的表现确定发奖金的数额。

项目经理部非常关心职工生活，强调大家劳逸结合。记者组来到山达克后颇有感触。

在职工食堂用餐时，我发现那里有一台彩电，大家边吃饭边看。正在播放我国中央电视台的节目，此时此地，好不亲切！我惊奇地向陈圻问道：“在这里还能看到中央电视台的节目呀！”他说，刚来时，职工们吃了干，干了睡，生活非常单调乏味。国内外新闻也不知道，闭塞极了，好像生活在月球上。于是我们安装了七八个卫星天线，买了些电视机，职工们总算看到了祖国的电视节目。这样，不仅使大家及时知道了国内外发生的重要新闻，又活跃了业余生活。

工程指挥部认为，只有搞好职工生活，才能保证工程的顺利进行。为此，一开始就决定抓好职工生活。指挥部买了两辆高级冷藏车，从卡拉奇运来新鲜鱼、虾、肉、蛋，还建设了低温冷库。职工们可以吃上比较新鲜的肉、蛋、蔬菜和水果了。食堂又开展了劳动竞赛，使职工们吃的饭菜比较合口。同时，又定做了盐水处理机，解决了职工喝咸水的困难。

山达克的高温令人难耐。在太阳光的照射下，如煎烤一般，不劳动都受不了。为了保证职工休息好，指挥部买来空调机，放到宿舍里，平均 4 人一台。为了躲开暴晒的烈日，指挥部决定让职工下午休息，晚上干活。

山达克工程从项目洽谈到全部验收，经历了 8 年半的时间。中冶先后参加这个项目的有 60 多人，最多时有 30 多人在巴基斯坦工作。他们承担了国内大型工程指挥部几百人的全套职能工作。

在艰苦环境中建设这样一个大型工程，锻炼和成长了一大批人。当然，这与项目经理部及工委的工作分不开。我们听了他们的事迹颇受感动。

王道、孙长胜是两位勇于开拓、表现比较突出的先进个人。王道是个未婚青年，从 1990 年在那里已有 5 年多了，表示干完山达克再考虑个人婚事。他是奎塔办事处主任，工作极端负责，每件事情都干得漂亮，受到大家的一致好评。孙长胜是年轻工程师，两次参加工程现场建设，不怕苦，勇挑重担，一心扑在工程上，累得什么都顾不上，回到首都机场爱人都未认出来。他出色地完成了工程开工准备和竣工交接工作。一大批青年骨干也锻炼成长起来了。

马卫国参加了山达克项目洽谈到工程验收的全过程，开拓了奎塔办事处的前期组建和有关业务。回国后，又承担了北京办事处常务副主任，都干得很好。邱烈明前期负责山达克工程统包合同的英文翻译。从1991年到1995年，主持卡拉奇办事处工作，负责公司在巴合作伙伴的联络工作，完成了近千万美元物资的采购任务。此外，顾国良、祝晓丽、杨平等人工作努力，任劳任怨，出色完成了本职工作，受到有关方面好评。

在山达克工程中作出重要贡献的一批老同志，不能忘怀。周亨六、张国福、王承觉等先后在山达克为中冶公司的全面工作承担了很大责任。陈遐令于1990年底赴现场做施工前期的准备工作。施工高峰期间，在技术、质量和安全方面做了很多工作。李玉珍于1990年编制了山达克工程施工组织总设计和工程材料备料计划。后来又完成了现场物资供应工作。

（原载于1996年2月11日《中国冶金报》）

访巴散文

一、绿色的伊斯兰堡

这次赴巴基斯坦采访，有幸在巴基斯坦伊斯兰共和国首都伊斯兰堡停留两天。

从戈壁荒漠、气候干燥的巴基斯坦西部俾路支高原的山达克、达尔本丁及俾路支省首府奎塔市来到伊斯兰堡，宛如换了一个天地。

我们一走出飞机，立刻感到伊斯兰堡的空气非常湿润，充满一种莫可名状的清香。空气中水分也仿佛浓浓的。我们不禁大口大口地呼吸起来。汽车离开机场，便驶入高速公路。两旁树木茂盛，满眼翠绿，鲜花盛开。11月下旬的伊斯兰堡，气候竟如此之温和，大出所料。

我们到达驻地不久，便听到外面下起雨来。雨下得好大，不一会儿，街道两侧便形成了大大的水流。疾驶的汽车冲开了水流，宛如乘风破浪的船只。经过雨水的冲洗，树更绿了，花更艳了。不知哪位记者说了一句："这雨这树这花，分给山达克一些，该多好啊！"

伊斯兰堡是个新兴的城市，位于巴基斯坦旁遮普省北部的波特瓦尔高原，建于1961年，为巴基斯坦全国的政治中心。伊斯兰堡似乎在森林中拔地而起，除了建筑物、街道，就是树林和草地。我们尚未发现无树无草的空闲地。加之伊斯兰堡至今未有工厂，所以整个城市空气清新，无污染。街道整洁、宽敞，汽车不多，噪声很小。整座城市不喧嚣，不繁杂，倒像座大花园。

市内布局合理，是伊斯兰堡的又一特点。据介绍，该市现有的建筑基本体现了原来的布局，没有"见缝插针"和违章建筑现象。

政府大厦、总统府、议会大厦已建成多年，还是那么洁白素雅，宛如新近落成。这些建筑物虽然不高大巍然，但是由于周围没有其他建筑物，再加之有一片开阔的草地陪衬，倒显得非常得体而庄严。

我们参观了伊斯兰堡的大清真寺。远眺，大清真寺主建筑的四角，耸立着四根方形的柱子，顶端尖尖的，直刺蓝天，好不威武！近看，主建筑的四边为4个巨大的等腰三角形。里面似折叠状的墙壁，宛如百叶窗一般。三角形之间，是一条下宽上窄、由底贯顶的玻璃窗，呈褐色，与洁白的屋顶形成强烈反差，好不别致！进入大清真寺前，要在台阶下脱鞋。寺外大理石漫地，寺内铺着蓝白相间的地毯，都非常洁净。入寺，好大一个礼拜堂！万万未想到，4个三角形竟组成偌大一个空间，宽敞极了，有足球场大小。壮观程度不禁令人啧啧称赞。寺内无灯，但光线柔和。刚进入寺内，我就发现从中间最高处垂挂着一个金属网，泛着金黄光泽。仔细看去，是由金属棒棒横横竖竖交织组成，愈看愈耐人寻味。此物悬挂在这样宏伟壮观的寺内还十分显眼，可见大的程度。

我们还乘车观光了伊斯兰堡市容。看到了真纳大学、超级市场、豪华旅馆和体育综合设施。住宅区多为庭院式小洋房，有围墙或栏杆。院内有草地或树丛。有些洋房还设有荷枪的门卫。

（原载于1996年3月2日《中国冶金报》）

二、看到了周恩来植的树

我们在伊斯兰堡，是中冶集团公司奎塔办事处主任王道的同学接待的，小伙子已在这个城市工作了几年，对市区非常熟悉。

到达驻地，休息片刻，趁暴雨停歇之际，我们就坐上面包车出发了。汽车拐了几道弯路，仿佛就驶进了大森林里。两侧是密密匝匝的树木，高低错落，粗细相间。此外，还有湿地、沼泽小河，显得自然古朴。

不久，我意识到汽车似乎在爬坡。果然，远处的树林，只能看到树冠、树梢，片片浓绿了。继之，我们好像到了一个山上公园。柏油路交错，宽窄相宜。一道道矮树墙将绿茸茸的草地隔成各种形状。儿童娱乐设施，应有尽有。我们离开停车场，沿着缓缓的山路继续前进。

蓦然，我看见有半人高的绿树围墙里面，生长着多种树木，高低不一，粗细相间。一位巴基斯坦老人在精心打扫落叶。近前，才看到里面是一片整洁的草地。每棵树根部附近的石块上面，有一块白色大理石，上面镌刻着一排排英文。

突然，新华社记者索研指着一棵乌柏树，大声地喊我："艾总编，这棵树是周恩来总理1964年2月栽的。"记者们呼地拥了过去。有的看石碑，有的抚摸树干，有的捡树叶……此情此景，令我浮想联翩，不禁想起了几次见到周恩来总理的情景，酸上心来，两眼有些潮湿了。当看到大家那昂然高兴的样子，我又受到感染，转悲为喜了。

于是，操起了相机，大声喊道："诸位站好，大家在周总理植的树前合个影吧。"于是，我很快揿动快门。由于心情激动，未精心调准焦聚，再加上天气阴沉，这张照片很不理想。更为遗憾的是，我未居其中。中国日报记者田英也未入照。但是，同行的大部分记者在照片上都有了形象。如人民日报记者费伟伟，新华社记者索研，中央人民广播电台记者杨青，中央电视台记者黄虹、成建平、孙秋来，经济日报记者杨国民，中国贸易报记者李莉，中国有色金属报记者单明樟。

据介绍，这座位于伊斯兰堡市区南面的夏卡帕里安小山很有名气。其中一个主要原因，就是一些来巴基斯坦访问的国家元首、政府首脑等著名人士，在此栽种了"友谊树"。我们还看到李先念等我国原领导人栽种的松柏树。

（原载于1996年3月23日《中国冶金报》）

三、瞻仰真纳墓

我们从北京起飞，经过7个多小时，抵达巴基斯坦最大的城市卡拉奇。记得20世纪50年代初，我读初中时，就知道巴基斯坦有个叫卡拉奇的大城市。那时候，把卡拉奇翻译成喀喇蚩。

到达卡拉奇的第二天，中冶集团公司卡拉奇办事处主任杨平，利用飞往奎塔去山达克的间隙，带领我们记者组参观了真纳墓。

真纳是巴基斯坦伊斯兰共和国的创始人，生于1876年。1947年8月14日巴基斯坦独立后的第二年逝世。真纳一直受到巴基斯坦人民的衷心崇敬和爱戴。

真纳的陵墓坐落在卡拉奇市的东南部，距离我们的驻地比较近。陵墓呈白色，在强烈日光的照耀下，反差极为鲜明，尤其显得肃穆，令人起敬。我们走到近前才发现高大巍峨的陵墓完全用白色大理石砌筑，显得既坚固庄严，又洁净素雅。陵墓建在一个稍高的台地上，地基又比较高，加之周围是大片的草地和绿树，所以显得尤其突兀和高大。草地绿茸茸，非常整洁，见不到杂物。树木一排排，树叶繁茂，看样子都是经过了精心修剪。

据介绍，真纳陵墓是伊斯兰建筑艺术的杰作。我对建筑艺术知之甚少。但看到那高高的四壁，圆圆的墓顶，和墓顶下部有着各种颜色的玻璃窗子，以及墓顶上直刺蓝天的立杆，委实感到具有浓厚的伊斯兰风格。再看那四壁高墙，每一面都有一个门，高高的，呈锥状，上窄底宽。走到近前，才发现上面是玻璃窗，下面是门，也是典型的伊斯兰建筑风格。

我们走到陵墓近前，尚未拾阶而上时，发现两位巴基斯坦工作人员要我们脱去鞋子。这时，我才发现瞻仰真纳墓的巴基斯坦朋友都光着脚，就是我们中国人穿着袜子。我想，这真是圣洁之地，心里未免对真纳这位巴基斯坦创始人增添了几分敬慕。

我们走进停放真纳棺廓的大厅。里面洁净、宽敞、宁谧，只是有些幽暗，光线是4个门射进来的。但是，不一会儿，就看清了里面的情况。棺廓摆放在厅中央，前后部各朝着两个门。仔细看去，像石棺，四壁雕刻着精美的图案。棺廓四周围着两层栏杆。里层低矮，外层高些。瞻仰者只能站在外层栏杆的外边。厅内全是大理石漫地，显得格外光洁，纤尘不染。

栏杆四角，站立着四位持枪的警卫战士。他们身体笔直，昂首挺胸，一动不动，十分严肃，立正姿态。我们在厅里时，正好遇到换岗。四位战士向换岗的对象正步走去。几乎是同一时间走到各自的对面，先是互相敬礼，然后互换位置，被换下来的战士再正步离去，非常严肃，极端认真。

我对真纳知之不多，但瞻仰其陵墓后，却感到，这位巴基斯坦伊斯兰国家的缔造者，确实是永垂不朽的。

（原载于1996年3月30日《中国冶金报》）

四、看汽车眼花缭乱

我到过几个国家，看到街上疾驶的汽车，没有什么装饰。这次去巴基斯坦采访山达克铜金工程项目时，却发现巴基斯坦的汽车装饰得异常别致。

无论是在最大的城市卡拉奇，还是在伊斯兰堡、拉瓦尔品第、奎塔等，在街上行驶的汽车都是五颜六色，非常华丽，好不别致，令人眼花缭乱。

巴基斯坦人对汽车的装饰，可谓匠心独运。

你乍眼望那大轿车，如果不看轮胎，谁能想到是辆汽车！汽车的外表装饰着各种各样的图案，似花朵，像飞鸟，有文字，标数字。有的是几何图形，有的如原子轨迹。任你琢磨，凭你遐想，越看越妙，愈想愈韵味无穷。

你再仔细看，汽车两侧的图案是一样的。左侧什么样，右侧也什么样，完全对称。汽车窗子的玻璃上也画着图案。大部分车窗玻璃上的图案一致，靠前或靠后的窗玻璃则不完全一样。我在卡拉奇仔细看过多辆大客车，那窗玻璃都被画得满满的，犹如一张画。从外往车内看，什么也见不到。我也曾进入车内，从玻璃窗向外看，同样什么也看不到。好在，滑动的窗，总是开着的，很多大客车司机身旁的车门也没有关，大概是这里的温暖气候所致吧。

巴基斯坦人装饰汽车，不只是用绚丽的色彩绘制出精美的图案，而且还给汽车增添一些装饰物。有些装饰物恰到好处，给汽车增加了美感，也有的装饰物，用我们的眼光衡量，显得有些多余，这可能是民族的习俗吧。这些装饰物也涂着各种颜色。有些装饰品精美异常，小巧玲珑，百看不厌。一排排球状的装饰品，在阳光的照耀下，闪耀着亮光，随着汽车的疾驶，宛如一道道闪电。

巴基斯坦人对汽车的装饰很讲究，汽车不同，装饰迥异。

对大客车的装饰颇下工夫。车身图案新颖，色彩反差大，被打扮得异常光彩照人，十分引人注目，大概是为了招揽乘客吧。车身上部，平时码放旅客行李的栏杆，焊接着一排、两排甚至三排网球大小、泛着亮光的金属球。球的上端还罩了如帽似花的物件，煞是好看。客车前部上端，即挡风玻璃顶部则显得略高些。车头下部，直到两个轮胎，都垂挂着一排串珠。贴近地面部分还有个类似绣球的东西，随着汽车的停进摆动不已，颇为新奇。

卡车的装饰比起大客车来，稍逊一些。但其威武雄伟的程度则远远超过了大客车。卡车的车厢加得高高的，远远望去，汽车就像载个五颜六色的集装箱。尤其引人注目的，要算驾驶室上面那个装饰物了。呈长方形，宽度和汽车差不多。正面高翘，侧面看前倾，状似大盖帽。前面和两侧也都绘制了精美的图案，尤其正面的图案异常醒目，华而不俗。后安置的车厢基本是钢板制成，有立柱，有横杆，坚固耐用。两侧和后面也都有彩绘，但比起大客车来，逊色多了。

我在拉瓦尔品第还看到一些类似天津大发那样小型出租车。这种车也都装饰了。车顶也有个类似大客车上面的长方形围栏，图案也十分精巧，只是车身四周没有大客车那么华丽罢了。

在这几个城市，我看到的小轿车基本是原来模样，尚未发现有装饰的。

巴基斯坦的汽车被打扮得这么漂亮，一辆赛一辆，给人以争奇斗艳之感。我想，装饰费用不会太少。为此，我特地询问在巴基斯坦工作几年的中冶集团的人，他们讲，装饰汽车的费用，大约是购车款的十分之一左右。一些城市有专门装饰汽车的工厂。

（原载于1996年4月16日《中国冶金报》）

附件一

思想红 作风好
工作硬的马万水工程队

今年4月，正当马万水小组建组15周年的时候，我们从北京来到西北高原，采访了马万水小组的模范事迹。

从火车站到马万水小组的驻地，还有280多华里。轻快的吉普车拖着滚滚的尘土，沿着蜿蜒的公路，向层峦叠嶂的高山深处飞驰。我们虽然穿着厚厚的老羊皮袄，却感到阵阵寒气袭上身来。

当吉普车爬上海拔4000多米左右的吊大坂山时，大家都感到头昏目眩，呼吸急促起来，身体差一些的同志已经躺倒了。这时，有人指着附近的电杆说："在这里埋电杆可艰巨呀!"

后来，我们才知道，吊大坂山上的电杆都是马万水小组进山不久埋的。那时，正是最寒冷的一月份，吊大坂山上的空气好像都凝冻了。他们刚爬上去，就感到胸部压抑，透不过气来，凛冽的山风卷着阵阵的雪浪，遮天蔽日地迅猛扑来。这时，他们就伏在雪地上，紧紧地扒住裸露着的岩石，以免被肆虐的暴风雪裹进深谷里去。阵风过后，他们又起来坚持劳动。坚硬的岩石和冻土结合在一起，又韧又硬。他们刨一镐，一个白印；刨两镐，还是个白印。一个人刨几下喘不上气来，另一个人接过镐再刨。平时，在山下一连打2000多锤的小伙子，现在刨五六镐就得停下来，大口大口地喘气。但是，马万水小组工人迎难而上，顽强地战斗着。青年工人卢春江边刨边说："我就不信，石头和冻土还能硬过我们的革命意志!"

早晨，他们出发带来的馒头，虽然层层地包裹着，午间吃的时候，仍然冻得像石头一样硬。有人提议，升火烤烤再吃。可是，漫山遍野的白雪，哪里取柴？肆无忌惮的山风，如何引火？尤其是当他们想到工程任务紧急，就再也不忍心花费时间烤馒头吃了。于是，他们就学习中国人民志愿军“一口炒面，一把雪”的革命精神，啃一口馒头，抓一把雪吃。这样，马万水小组工人直到完成任务也没有一个人掉队。

我们到三二〇〇矿山以后，深深为马万水小组的模范行为所感动。有人说：“马万水小组是一颗明珠，放在哪里都闪光。”我们认为，这个比喻并不过分。马万水小组15年的历史，的确是一部忠于党、忠于人民，对党和人民做出重大贡献的光荣史册。

15年，马万水小组凿通了巷道2万多米（断面是4～20平方米），相当于40多华里长；创造了15次全国黑色金属矿山掘进纪录；为国家培养了16名干部、59名班组长、250多名技术工人（其中，有170多名支援了兄弟组队）。

为了帮助读者们进一步了解这个英雄的集体，还是让我们从马万水小组创业伊始谈起吧。

一、艰苦创业

为了了解马万水小组的艰苦创业，我们去西北之前曾经访问过马万水小组的诞生地庞家堡铁矿。

我们离开塞外的古城——宣化，东北行，50华里左右，便到了古长城脚下的庞家堡铁矿。15年过去了，这个马万水小组曾经建设过14年的地下矿山，已经变成了一座现代化的矿山了，景气喜人，面貌一新。不过，从那尚未拆除的碉堡、残壁和万人坑，还能依稀看出日本侵略者和官僚资本家的残暴罪行。

我们参观了鳞次栉比的职工宿舍、职工俱乐部、职工医院、办公楼和纵横交错的巷道。同时，我们还访问了那些曾经在马万水小组经历过艰苦创业的老工人傅万禄、周万山、于梯云、李祥等人，并且请他们谈了马万水小组艰苦创业的经过。

马万水小组的前身是庞家堡铁矿的一个掘进组——第五组。掘进五组是在1949年年底成立的。当时，新中国刚刚诞生，小组面临的一切条件都是十分困难的。但是，18名工友，在党的领导下，吃苦耐劳，战胜了困难，为小组的后来人树立了艰苦奋斗的光辉范例。

解放初期的庞家堡铁矿，已经被敌人破坏得破乱不堪，蒿草丛生，野狼成群，堆堆瓦砾，残垣断壁。矿山工作队接管时，是靠一名老矿工当向导，从蒿草丛里找到塌陷多年的30号右巷。这就是掘进五组劳动的活地。

当时，工友们没有宿舍，他们就把破庙、土窑打扫打扫，住在里面；睡觉盖的是千洞百孔的破旧棉被；吃的是小米饭拌盐面。然而，暂时的生活困难，并未使这些来自旧社会、刚刚摆脱奴隶地位的工友们怯阵。如今，他们是为国家劳动，为自己劳动，生活再困难一些又算得了什么！而且，他们知道，庞家堡铁矿是党和政府在华北地区重点恢复建设的重工业基地，对恢复国民经济和新中国的建设具有重要意义。

当时，他们的劳动条件也极为艰苦。矿山的机械设备被敌人拆走了，未来得及拆走的就砸坏了，真是需要什么，缺少什么。工友们望着一堆堆废旧机器，不由得对敌人义愤填膺。他们纷纷议论起来。有的说，全国都要解放了，等上级运来了机器再干吧。可是，多数人不同意。他们说，解放战争的炮声还在祖国的西南隆隆地响着，我们要加快矿山的恢复工作，而且敌人在别处的罪行，决不会比在这里的轻。全国都被他们破坏成一个烂摊子啦！这是敌人“将”咱们“军”，以为咱们穷哥们建设不了矿山，开采不出来铁矿。咱们非争这口气不可！

虽然，他们没有说出“自力更生”的词儿。可是，他们当时的行动完全体现了党和毛主席提出的自力更生的革命精神。

他们从荒山野岭中找来了被废弃的凿岩钢钎和铁锤，并且爬山砍树，自己做锤柄。没有吹风机，放炮后，炮烟出不去。他们为了多打眼，加快掘进速度，不是等炮烟自动流出，而是脱下衣服往外煽炮烟。

但是，在他们刚刚生产的时候，一个新的困难又摆在眼前了。原来，小组工友十之八九是长工或短工出身，刚来矿山工作，都是凿岩打眼的外行。掘进时，不是把钎的掌握不好，就是打锤的把锤打偏了。遇到坚硬的岩石，只迸火花，不进眼。有时候，费了好大的劲儿把眼打成了，又常常因为角度不对或者炮药装得不好，放炮后，岩石崩得巨齿狼牙，巷道不合规格。结果，他们苦干了一个月，才打进1.7米。这时，有人发愁了，着急地悦："一个月迈两步，什么年头才能开出矿来?"

正在人们作难的时候，马万水同志被派来当组长兼技术指导了。这个26岁的小伙子，刚刚被党从旧社会的苦难深渊里拯救出来。他，带着对旧社会的无限仇恨，带着对新社会的无限热爱，带着浑身的干劲、充沛的精力，从京西煤矿来了。七八年不见天日的煤窑生活，使马万水养成了倔强刚毅的性格，也磨炼出了凿岩的好本领。他抡起十二磅重的大锤，左右开弓，锤不虚击，一米多深的炮眼，只打450锤就达到深度。装炮、点炮更在行。

马万水进组后，发现效率不高的原因，不仅因为工人的技术水平低，而且劳动组织也不科学。全组18个人，在一个班干活，忙闲不匀，干一天活，只放一次炮，存在窝工现象。于是，马万水倡议分班干活，班与班之间进行竞赛。这样，庞家堡铁矿就出现了第一个分班干活和开展爱国红旗竞赛的小组。

掘进五组分班干活后，充分发挥了每个人的作用。可是，新的矛盾又出现了。原来工人技术水平低，不能独立操作。马万水到甲班干活，乙班不会干；他到乙班干活，甲班又不会干。怎么办？马万水有些着急了。

这时，党支部书记对他说："党派你到五组去的目的，一个是加快进尺，一个是把你的技术教给大家。越是困难，越要动脑筋，想办法啊。”

这样，马万水就白天上甲班，夜里上乙班，不是给这个看装药量，就是给那个看炮向。他还指点把钎、使锤、看角度。他把钎时，工友们打对了，就喊：“对了，接着招呼！”有人打锤不准，把他的手砸出了血，不敢再抡锤。他就鼓励对方说：“出点血怕什么！接着招呼！”

在马万水的带动和耐心帮助下，小组工友的劲儿更足了，上班学，下班练，形成了学技术的热潮。一个月以后，大家学会了许多技术，月进尺也从1.7米跃进到6米多。有人高兴地说：“哈！够意思，这样干下去还差不多。”马万水却说：“别自足，离党的要求还差十万八千里呢。咱们得想办法，争取每月打60米、600米、6000米。”接着，他又向大家介绍了矿党委书记给他讲的矿山发展的美好远景，进一步鼓起了工友们的劳动热情。

巷道一米一米地延伸着。地下水从岩石缝里窜出来，下雨似地淋在工友们的身上。大家的衣服湿透了，鞋子浸湿了。但是，没有叫苦的，照样干得很起劲儿。他们说：“衣服、鞋湿了，烤烤火，晒晒太阳就干了。若是在困难面前停步不前，就没有脸再在太阳底下见人了。”

当时，马万水同志已经是一名共产党员了。冰冷的地下水淋在大家身上，就像浇在他的心上一样。第二天，他从伙房借来三条麻袋，当“土雨衣”用。可是，东西少，人多，谁也不肯先披。共产党员第一个喊不要，小组长和工会组长也不要。发给工人吧，到谁跟前，谁都摆手不披。最后，只好民主评定：谁抡锤、把钎，谁披。还是行不通，因为不肯披的人，都以马万水为榜样，举起铁锤，站到淋头水最大的地方打钎去了。

不久，矿领导又分配给他们6双胶鞋。鞋少，人多，怎么分配？

并不是要鞋的人多，而是分配给谁，谁都不要。共产党员、工会组长和几个工人悄悄地在自己的破布鞋、破球鞋里垫上草和麦秸，称为“假胶鞋”。这样，真真假假，每人才凑上了一双“胶鞋”。

当年的老工人、共产党员傅万禄对我们说：“那时候和现在比是困难一些。可是，和我们在旧社会给地主当长工，给资本家当煤黑子比起来，不知好多少倍！马万水背了8年煤，穷得叮当响，如果不是解放了，连个老婆也混不上。再说，建国初期，哪能不困难呢！”

困难，使他们锻炼出了艰苦奋斗、敢于斗争的革命精神和坚强意志。他们吃大苦，耐大劳，迎难而上，越困难干得越有劲。掘进五组终于在1959年6月，用铁锤、钢钎的手工操作，月进石英岩巷道23.7米，创造了黑色金属矿山掘进全国纪录，被评为全国劳动模范。掘进五组正式命名为“马万水小组”。马万水同志代表小组出席了全国第一届工农兵劳动模范、战斗英雄代表大会，见到了敬爱的毛主席。

毛主席与中央其他首长亲切地和马万水同志握手，祝贺小组对祖国的贡献，勉励他和小组工友戒骄戒躁，继续发挥带头、骨干和桥梁作用，创造出更大的成绩。

在旧社会受尽了压迫和剥削的马万水同志望着毛主席，激动得流出了滚滚的热泪。他有多少知心话儿要告诉毛主席啊！然而，马万水同志太激动了，只说了一句话：“毛主席，我们永远记住您的话！”

马万水同志这句话，道出了小组工友们的心声。他们把毛主席的教导铭记在心，一代一代地传了下来。

马万水从北京回来不久，小组就订阅了《人民日报》和地方报纸。党和毛主席发出的每一号召，他们都积极响应，并且做出了显著的成绩。在“抗美援朝、保家卫国”的斗争中，小组工人学习中国人民志愿军英勇顽强的战斗精神，激起了更大的革命干劲，把岩石当作美国侵略者打，不断地创造出新成绩。

十五六个寒暑，对一个小组来说，是个漫长的岁月。而且，小组的人员更迭频繁，老工人陆续退休，新工人接连入组，单是组长就换了十余任。尽管如此，马万水小组艰苦创业的革命精神，却一代一代地发扬光大了。新工人进组的第一件事，就是组史教育，讲三条麻袋、六双胶鞋的艰苦创业；讲住破庙、土窑，吃小米饭拌盐面的艰苦生活。这已经成了马万水小组的光荣传统了。

艰苦创业，为马万水小组的历史写下了光辉的一页。

二、斗争中成长

15 年来，马万水小组经历了曲折、复杂的斗争。这里，我们按时间顺序，回顾一番马万水小组是怎样在斗争中成长壮大的。

1950 年，马万水小组刚刚创造了出色的成绩，阶级敌人的魔爪就偷偷地伸进组来，阴谋破坏马万水小组。曾任伪军队长的反革命分子张宝荣和血债累累的伪还乡团分子白连山，潜藏在小组以后，对工人进行拉拢、恫吓、造谣生事、挑拨离间，妄想打击工人高涨的劳动热情，把马万水赶走，夺取小组的领导权。但是，马万水和他的工友们，在党的教育下，提高了阶级觉悟，把暗藏的反革命分子揪了出来，粉碎了阶级敌人的进攻。

这是马万水小组受到的第一次阶级斗争的洗礼。

马万水小组刚刚清除了暗藏的反革命分子，社会主义和资本主义两条道路的斗争又展开了。

全国农业合作化前夕，农村资本主义自发势力的阴风刮进了马万水小组。小组有些工人接到家信，要买房子置地。那些思想一时模糊的工人也盘算着“三亩地一头牛，老婆孩子热炕头”，不准备当矿工了。同时，那些不法的资本家，也向马万水小组发射了“糖衣炮弹”。他们把招纳股金的广告贴在巷道口、电线杆上，以及马万水小组工人上下班经过的地方，大肆宣传“入股经商”和“一本万利”

的资产阶级思想。

马万水小组大部分工人识破了这股妖风，但部分刚进组不久的工人动摇了，甚至个别人不辞而别，脱离了工人阶级的队伍。

在党支部的领导下，马万水和组内老工人一起，领导全组工人展开了社会主义和资本主义两条道路的大辩论。一场生动的、回忆对比的阶级教育开始了。

首先，领导干部和老工人给大家讲了庞家堡铁矿的“矿史”，又组织工人参观了庞家堡铁矿的“万人坑”和烟筒山铁矿的“肉丘坟”。“万人坑”、“肉丘坟”都是旧社会和日本侵略者残害阶级弟兄的罪恶铁证！那累累的白骨，堆堆的坟冢，激起了小组工人的悲愤，进一步启发了他们的阶级觉悟。

接着，小组就以“旧社会为什么会有这种现象”为题，展开了讨论。

马万水悲愤地回忆了苦难的过去：他出生在河北省深县的一户贫农家中。为了生活，他 14 岁时，就远离家门，流落到北平（北京）当学徒。挨打受骂，苦熬四年，好不容易学成了油漆匠。但是，出徒没人用，听说下煤窑背煤能混碗饭吃，便跺脚出了北京，下了煤窑。没想到，跌进了地狱更深层。那 8 年的地狱生活是怎么过来的呀！吃的是阳间饭，干的是阴间活。不论白天黑夜，不管春夏秋冬，一次下去，两天两夜才出了坑。沉重的煤筐，8 年没有离开过脊背啊！脊背上尽是一片片磨伤的黑迹和斑痕。多年浸泡在地下水里和过度劳累的双腿，也结起了一串串筋疙瘩。最后，马万水激动地说：

“如今，我们是国家的主人，给自己干活，流下了血汗再也不能叫资本家喝去了。咱们不能好了伤疤忘了疼啊！”

当过多年长工的傅万禄说：

“地主逼死了我的父亲，我讨吃要饭，无家可归。我们决不能再走少数人发财、多数人受苦的道路！”

有的说："资产阶级拉咱们下水，不叫咱们革命，咱们可不能上当啊！"

还有的说："咱们从旧社会爬出来的穷哥们，要坚决跟着共产党，毛主席，要坚决革命到底！"

……

悲愤的控诉、沉痛的回忆、娓娓的劝说，那些一时思想糊涂的人清醒了，那些阶级意识模糊的人眼亮了。

在旧社会，拿棍讨饭，给地主当过18年长工的曹永顺沉痛地说："党和国家需要我们来建设矿山，我却借故回家，不想再来了。我错了，今后一定把根子扎在矿山。"

这是马万水小组建组后的第一次革命。它使小组工人坚定了社会主义方向，继续发扬勤劳勇敢、艰苦奋斗的优良传统，为小组的健康成长打下了坚实的基础。

阶级斗争的胜利，大大促进了生产。马万水小组接连不断地创造了许多次纪录。

通过清除组内反革命分子和两种思想、两条道路的大辩论，马万水同志更加坚强了。毛主席的教导、小组的事实，使马万水同志进一步体会到小组的发展离不开斗争，特别是阶级斗争；如果忽视了这个问题，小组就有垮台的危险。

事实果真如此。

在全国资本主义工商业社会主义改造高潮到来的前夕，资产阶级又向工人阶级展开了新的进攻。马万水小组的部分青年工人受到了感染。他们想的是更多的计件工资、奖金和吃喝玩乐，嫌脏怕累，不顾工程质量。于是，马万水同志又亲自召回出组的老工人，讲组史、忆苦思甜，组织大家展开了一场为谁劳动的大辩论。

马万水小组又取得了胜利。

在三年困难时期，马万水小组的部分工人受到资产阶级思想的影响，认为当工人没“前途”，要“弃工务农”。小组又展开了“小整风”，进行社会主义教育，巩固了无产阶级思想阵地。

15年，斗争在马万水小组里一次又一次地进行着。斗争的风浪涤荡着马万水小组和小组里的每一个人。马万水小组是在斗争的巨浪和漩涡里成长壮大起来的。现任组长汪振声同志对我们说：“我们小组斗争中的每一个胜利，都是在毛泽东思想指导下取得的。今后，我们更要牢牢地记住毛主席的教导，继续前进，不断取得更大胜利。”

三、路，越走越宽

马万水小组积累了一套科学的、丰富的掘进技术经验。每一个经验、每一个创造、每一个改革，他们都出了热汗，绞尽了脑汁，并且经历了复杂而又艰巨的思想斗争。

开凿巷道是和岩石斗争。岩石性质不一，硬的似铁，软的如泥。没有一套对付岩石的过硬本领，就无法达到快速掘进。马万水小组从建组到现在，先后创造了十几种对付岩石的办法。比如：

打硬岩石用的“中间楔形掏槽法”；

打软岩石用的“稀孔深眼作业法”；

打一般岩石用的“旁楔形掏槽法”；

……

运输，马万水小组工人流了多少热汗，绞了多少脑汁啊！

恢复生产初期，运岩石用耙子和铁簸箕装车，又慢又累。勇于创造的马万水同志，为了改变这种落后的方法，煞费苦心，日夜琢磨。一天，他偶然发现土建工人用铁锹在铁板上和水泥，效率高，又省劲。他想：如果把岩石崩到铁板上，再用铁锹从铁板上装车……他大胆地把这种方法运用到坑下。

第一次，铁板被炮轰跑啦。有人说：“算了，别来歪门邪道了。”马万水坚持实验。

第二次，铁板被岩石崩卷了，里一半，外一半，倒还不如耙子簸箕快了。有的工友边装车边嘟哝：

“癞蛤蟆要吃天鹅肉——净想高口味！这比耙子、簸箕还慢啊?”

“对，就是慢。”马万水走过来，接着说，“咱们是国家的主人了，给自己干活，要把在旧社会不使的劲儿都拿出来。毛主席让咱们起带头、骨干和桥梁作用。我想，就是要带头干。老是用耙子、簸箕怎么能行呢!”

马万水又进一步和大家研究前两次失败的原因，把铁板的位置做了移动。终于，第三次成功啦！虽然是个很简易的改革，但是装车效率提高了一倍，并且减轻了工人的劳动强度。小组的后来人管它叫做“铁板装车”。

以后，他们创造的“道心铺铁板”、“钎子杆当临时轨道”等，都是在国民经济恢复时期，简单、经济、效率高的革新。

“我们正在做我们前人从来没有做过的极其光荣伟大的事业……”这是我们敬爱的毛主席，在全国人民代表大会第一届第一次会议上的讲话。马万水小组的工友们，把这句话牢牢地记在心里，成为鼓舞他们战胜困难、大胆革新、勇于斗争的精神力量。

第一个五年计划公布后，马万水小组接受了开凿庞家堡铁矿第一大平硐的艰巨任务。开凿这样大规格的巷道，不仅马万水小组是第一次。从全矿来讲，也是史无前例啊!

开始，他们仍然使用旧的“掏槽法”。先打小规格巷道，再刷成大规格。两次掘进，进度慢，效率低。艰巨的任务给马万水小组带来了精神上的压力。他们焦急的是全国人民都在争取提前完成第一个五年计划，难道自己就这样慢腾腾地干下去吗？不，他们决心突破这道难关。

他们开老工人座谈会，访师拜友，请教技术人员。经过老工人、技术人员的共同研究，马万水提出的两次掘进合并为一次爆破的建议终于完善成“大规格一次推进”。这时，尽管具有严重保守思想的人跳出来反对，但是，马万水和他的工友们，在党组织的积极支持和技术人员的具体帮助下，经过两昼夜的试验，最后胜利了。日进度由2米多提高到4米。由于能够及时支护，安全比以前更有保障了。

1955年10月，马万水小组创造了大规格巷道月进128.5米的全国黑色金属矿山掘进新纪录。

实行“大规格一次推进”以后，出碴成了最突出的矛盾。马万水小组又积极地进行了新的平衡：把单轨运输改为双轨运输，装车机由一台增加到两台，还研究出菱形道岔、临时轨道和接力运输等办法。同时，把30米一个小道岔，100米一个大道岔规定成制度，提高了装岩与出碴效率。但是，随着巷道的延伸，运输距离越来越远，人工推车不仅劳动强度大，而且矿车也周转不过来。怎么办？

“用骡子拉车！”马万水提出了倡议。

“能行吗？”有人怀疑了。

“骡子进坑，头一回听过。等吃骡子肉吧。”有人反对了。

“试试看。煤矿能用，为什么铁矿不能用？”马万水坚持实验。

马万水的倡议，得到工程公司党委的支持，给他们弄来了两头骡子。可是，骡子一见黑洞洞的硐口，死活不进去。

“戴蒙眼。”马万水省悟地说。原来，他想起了推碾拉磨的牲口都戴着蒙眼。

骡子拉车就是棒！功效比原来提高一倍多，推车的人也减少了。后来，又增加了十几头骡子循环地拉车。那一长列满载着碴石的矿车，那有节奏的骡蹄子撞击枕木的“吧嗒——吧嗒”声，给工友们带来了多么大的喜悦啊！他们拍着马万水的肩膀说：“老马，你真有办法。”马万水笑了笑，说：“我有什么办法，还不是党和毛主席给的。”后来，邻近的掘进组也使用了骡子拉车，直到用上了电机车。

随着国民经济的恢复和发展，为了减轻掘进工人的劳动强度，矿上陆续增添了风动支架、电动装车机、风动装车机与合金钢钎头等新式工具；为了改善工人的劳动条件，推行了湿式凿岩、机械通风等。

马万水小组在试验和推广新工具、新技术的过程中，也不是一帆风顺的，遇到过各种各样的思想抵触，经历了各种各样的思想斗争。

推广风动支架时，有人认为“风腿子”不如“肉腿子”好使。

推广装车机时，有人嫌偌大的装车机在掌子面碍事，指着装车机说：“你这个大铲子，还不如我这个小铲子（铁锹）好使哩。”

推广湿式凿岩时，有人嫌水大、水脏，影响打眼效率。

……

用？还是不用？马万水小组的绝大部分工人，理解到这是党的关怀，都采取了积极的态度。他们以顽强的毅力、百折不挠的精神，坚持试验。终于，他们一件一件地掌握了操作技术。

1958 年，马万水小组在社会主义建设总路线的鼓舞下，斗志昂扬，干劲更足了。这时，他们正遇到最坚硬的岩石，炮眼异常难打。为了加快掘进速度，他们使用了“浅眼多循环”的操作方法。之前，他们已经在 14 平方米断面的巷道里，布置了 9 台风钻同时打眼。

风钻还能不能增加?

有些技术人员翻开书本，反对说：“风钻台数已经到了‘极限’。”但是，共产党员郭进财却不信那一套，他想：“什么叫‘极限’？谁规定的?!”他根据自己的经验，大胆地提出了新的想法。经过试验，终于在 10.6 平方米的断面上，采用长短钎相互交叉，分前后两排的办法，摆了 11 台风钻同时打眼，大大提高了凿岩效率。同年 9 月，创造了月进 429.7 米的全国黑色金属矿山掘进新纪录。

掘进凿岩效率提高后，在平硐工程里，又发生了最突出的矛盾：发碴工序跟不上了。他们听说煤矿使用了“一次成巷”的先进经验，便派人去学习。这对于一向专门从事掘进的马万水小组来说，确实是个困难。但是，他们懂得，掌握了“一次成巷”，就能使掘进成巷效率提高到一个较高的水平，符合多快好省地建设矿山的精神。他们经过半年多的刻苦钻研，掌握了“一次成巷”，并且摸索出适合自己条件的操作技术方法和劳动组织措施。

1962 年 10 月，马万水小组又创造了 104 米的全国黑色金属矿山掘进“一次成巷”新纪录。

15 年来，马万水小组发扬了工人阶级的革命精神，敢于破除迷信，敢于打破常规，既有不断革命、勇于创造的干劲，又有实事求是的科学态度。

今年年初，小组工人学习了周总理在第三届全国人民代表大会第一次会议上的《政府工作报告》中的一段话：

“我们不能走世界各国技术发展的老路，跟在别人后面一步一步地爬行。我们必须打破常规，尽量采用先进技术，在一个不太长的历史时期内，把我国建设成为一个社会主义的现代化的强国。我们所说的大跃进，就是这个意思。难道这是做不到的吗？是吹牛皮、放大炮吗？不，是做得到的。既不是吹牛皮，也不是放大炮。只要看我们的历史就可以知道了。我们不是在我们的国家里把貌似强大的帝国主义、封建主义、资本主义从基本上打倒了吗？我们不是从一个一穷二白的基础上经过了 15 年的努力，在社会主义革命和社会主义建设的各方面，也达到了可观的水平吗？我们不是也爆炸了一颗原子弹吗？过去西方人加给我们的所谓东亚病夫的称号，现在不是抛掉了么？为什么西方资产阶级能够做到的事，东方无产阶级就不能够做到呢？孙中山先生在20 世纪初期就说过，中国将要出现一个大跃进。他的这种预见，必将在几十年的时间内实现。这是一种必然趋势，是任何反动势力所阻挡不了的。”

这段话对马万水小组的工人是多么大的精神鼓舞啊！他们读了一遍又一遍，说：“这是我们的心里话。西方资产阶级做到的事，我们不仅能够做到，而且一定能够超过他们！今后，我们要加倍努力，攀登世界掘进最高峰!”

四、严峻的考验

1963年，马万水小组经历了一场严峻的考验。

这一年，摆在他们面前的困难，一个接着一个，一个比一个艰巨，好像大自然故意难为他们一样。马万水小组在复杂尖锐的阶级斗争中没有躺倒，在生活条件十分困难的日子里也没有躺倒，难道他们在自然界的困难面前就气馁了吗？不，他们没有气馁，发扬了小组的吃大苦、耐大劳的光荣传统，头顶破碎岩石、淋头大水，脚踏泥泞，斗志昂扬地走了过来。困难一个一个地被他们战胜了。

这一年，他们是怎样向困难斗争的呢？

3月份，井巷工程公司党委把清理九平巷的任务交给马万水小组。九平巷是1958年开凿的巷道，当时没有完工。至今，已经有好几年没人进去了。巷道打了多深？目前的情况怎样？冒顶了没有？谁也不清楚，手头更没有详细资料。为了弄清巷道情况，必须有人冒着生命的危险，作一次“探险”。

谁去？共产党员站出来了，共青团员站出来了，老工人站出来了，全组的工友们都站出来了。一双双亮晶晶的眼睛集中在正、副组长汪振声和马明的身上。他俩望了望工友们的严肃表情和昂扬的神态，不禁激动起来，似乎压在身上的重担轻了许多。

最后还是汪振声和马明“探险”去了。尽管大家争先恐后地要求，可是都被他俩以种种“理由”“说服”了。

他俩来到九平巷的时候，发现巷道里淤积了很深很深的烂泥和污水。由于长年见不到阳光，空气不流通，坑木沤烂了，泥臭了，水腐了。一阵阵臭气迎面扑来，呛得他俩直恶心。马明在前探路，汪振声在后面打手电。开始，他俩把木板放在泥水上面，踏着木板，一步一步地前进。后来，水深了，木板漂泊不定，就索性不要木板，在齐腰深的泥水里，趔趔趄趄地趟着走。石块和铁轨还常常把他俩绊倒。两个人满身满脸都是臭泥，变成泥人啦。越往里，水越深，空气越臭，呼吸越困难。腐朽的坑木已经失去了支撑顶板的作用。但是，他俩毫不畏惧，仍然一步一步地往里走。走进了40多米远，巷道的情况才算基本弄清楚了。

为了把巷道的污水排出去，他们从九平巷打了一个泄水道，将污水泄到八五〇平硐。为了早日清除污泥，班与班之间又展开了竞赛。铁锹、水桶……凡是能够掏泥用的工具，他们都用上了。

马万水小组和污泥、臭水战斗了20多天，终于提前完成了清理九平巷的任务。

下半年，马万水小组的掘进巷道，正是石英岩与粘板岩交接的地方。顶板异常破碎，淋头水哗哗不停。他们刚刚清除浮碴，顶板的岩石又噼里啪啦地落下来，稍有不慎，就可能发生人身事故。有时候，一下就掉落几十立方米岩石，堵住大半个巷道，甚至工具被埋在里面而来不及抢救。碴石还常常把铁轨盖住。矿车掉道的事故也接连发生。

那些日日夜夜，每一小时，甚至每一分钟，马万水小组的工人都在紧张地与岩石、淋头大水战斗。他们每前进一步，是多么不容易啊！这时，有人劝他们说："顶板这样糟，你们换个活地吧。"

"换活地？不是向困难低头吗？在困难面前低头是最大的耻辱！"他们斩钉截铁地拒绝了。

困难，休想使马万水小组的英雄们屈服！

顶板破碎，他们就紧贴掌子面支棚子；

岩石松散，他们就浅打眼；

淋头水大，他们不惧怕！装车机手和支柱工，虽然穿的两套雨衣淋透了，虽然冰凉冰凉的地下水顺着袖筒灌进去，凉遍全身，又从裤腿流出来。但是，他们满不在乎，照样干得很欢。

10月份，活地的顶板更糟了。他们发碳时，棚子拆不掉，就用炮崩，一步一步地向前捣。有一次，上百吨岩石把棚子压得嘎吱嘎吱乱叫。为保证继续掘进，必须拆除棚子发碳。这是一件生命攸关的任务，谁知道棚子什么时候轰落啊！老支柱工甄成计站出来，对党小组长张小生说："我是共产党员，我去！"工友们屏息地望着老甄远去的背影，不禁为他捏一把汗。

老甄为了拆除那些支撑棚子的立木，接连放了三次炮。立木一次比一次减少，危险一次比一次增加。最后，一些横梁都错综交叉在一根立木上。他又第四次放炮，炸那根立木。结果，只炸断一截，棚子还未倒。这时，同伴们劝他说："太危险了，以后再说吧。"老甄说："不行，非干掉它不可！不能让它影响生产。"他又奋不顾身地拿着锯，小心翼翼地把立木锯掉半边，绑上雷管和炸药。这当儿，真紧张啊！且不谈老甄已经把死亡置之度外了，就是一直关切地注视着老甄一举一动的工友们，也都紧张得出了一身冷汗。随着炮声，棚子塌了，岩石天崩地裂似地滚落下来。有人对老甄说："如果把你埋住，什么时候才能扒出来呀！"老甄憨厚地笑了笑，说："为了完成生产任务，埋住也心甘情愿。"

破碎顶板，终于被马万水小组战胜了。

这里，再讲一个三学"愚公"过断层的故事。

11月，当马万水小组紧张地与破碎顶板作斗争时，七号断层这个地下掘进的"拦路虎"要跳出来了，这是地质资料的记载。工人议论纷纷，有的老工人说："没有什么了不起！过一号大断层时，流沙把5吨重的装车机推走几十米，落顶50多米高，带五节电池的手电还照不到顶呢。人没处躲，就爬在风筒上避险。可是，那个张牙舞爪的'拦路虎'，硬是叫咱们打死了。"青年工人却又是一番议论。刚进组两个月，还未下过坑道的章明山说："这断层闹好了，没事；如果闹不好，就与土地爷打交道了。"

思想问题产生了，党小组决定学习毛主席著作《愚公移山》，解决麻痹思想和畏难情绪。各小班学习讨论时，有的说："断层是死的，人是活的。只要有了愚公的雄心壮志，什么艰险的断层都能过去。"有的说："必须克服麻痹思想，不然，会发生安全事故。"经过几天的反复讨论，基本上做好了过断层的思想准备工作。同时，又讨论出过断层的17条措施。这是一学《愚公移山》。

二学《愚公移山》，是在过断层的一个星期之后。当时，流沙、地下水不停地往外涌，凌空而下的石块，发出闷雷一样的隆隆声。棚子被压得咔嚓咔嚓乱响。遇到滚落的大石块，一尺多粗的圆木被拦腰砸断……未经历过这种惊险场面的青年工人，又产生了惧怕情绪。全组工人着重讨论"……下定决心，不怕牺牲，排除万难，去争取胜利"。三班长相德信说："愚公是个老头子，还要一担一担地把山搬走，我们有党的领导，有大机器，有70多个小伙子，还怕过不去断层！我们要和老愚公比赛!"经过讨论，提高了大家的积极性。一个晚上，决心书就贴了半个墙。有人写诗道：

学"毛著"，心开窍，大自然，人改造；
立下愚公雄心志，美好世界我们造。

为了安全地度过断层，进度不得不放慢一些。这时，有人急躁地说："咱们坐老牛破车啦。"活地上、宿舍里都流露出一种急躁情绪。于是，又开始了三学《愚公移山》。

他们一遍又一遍地学习"……我死了以后，有我的儿子，儿子死了又有孙子，子子孙孙是没有穷尽的。"他们觉得毛主席的这段文字，好像专门为自己写的。同时，他们又学了《论持久战》，有人说："毛主席说，亡国论是错误的，速胜论也是没有根据的。我看急躁情绪，就是速胜论。"接着，又进一步采取措施，控制流沙和水。他们终于用17天半的时间，战胜了险恶的七号断层。

七号断层过得快、过得好，未发生过重大事故，很多人前来参观，也受到了领导的表扬。马万水小组工人总结经验时说：“三学老愚公，过了大断层。”党小组长张小生说：“这次能用 17 天半的时间，闯过 25 米的大断层，是坚持了读毛主席的书，听了毛主席的话。今后，我们更要好好地学习毛主席著作。”同时，小组工人又学习了“虚心使人进步，骄傲使人落后”。

五、哪里需要哪里去，哪里艰苦哪安家

1964 年，马万水小组又经历了一次新的、严峻的考验：为了社会主义建设，党需要他们到最艰苦的地方去！

这个小组从成立的那天起，就一直没离开过庞家堡铁矿。他们获得的每一项荣誉都与庞家堡铁矿的建设紧密联系着。他们对那里的一砖一石、一草一木都有着深厚的感情！马万水小组的绝大部分工人，都住在庞家堡铁矿方圆几十里的八区、赵川等地，甚至有很多人从未跨出过这个圈圈。赵川南有座黑泰山，那里有句俗话：“看不见黑泰山就想娘。”

而今，要他们到三四千里外的大西北去，开得动开不动？会不会有人掉队？小组的红旗还能不能继续举起来？……一系列的难题接踵而来，需要马万水小组的每一个工人用实际行动来回答。

消息传开了。绝大部分工人表示，坚决响应党的号召，哪里需要哪里去，哪里艰苦哪安家。但是，少部分工人也议论说：“在庞家堡铁矿还不是干革命，何必跑得那么远？”家住赵川的工人说：“我可离不开家，看不见黑泰山就想娘。”

马万水小组的党小组沉着、细致地分析了小组的具体情况，认为工友们向自然斗争时，是好样的，硬骨头！在流沙断层、破碎顶板、淋头大水面前，克服了多少个艰险困难啊！这次，只要加强政治思想工作，一定能够克服部分工人的故土难离思想。

于是，带着这些思想问题，党小组组织大家学习毛主席著作《纪念白求恩》，又以“白求恩为什么不远万里来中国”为题，组织讨论。之前，小组工人也曾多次学过这篇文章，但是他们好像从来未有这样振奋和激动过。青年工人袁益堂激动地说：

“白求恩是外国人，不远万里来支援咱们革命，并且牺牲了生命。咱们给自己搞建设，离家才几千里，还有什么可说的！”

副组长马明说：“搞建设也是干革命。我们不能只在家门口搞建设，要站在掘进头，看到全中国。我们是个先进集体，更要学习白求恩同志的革命精神，要有四海为家的思想。”

接着，小组又进行了一次回忆对比的阶级教育。老支柱工、共产党员甄成计，向工友们讲述了在旧社会父亲被高利贷逼死，母亲被迫改嫁，姐姐被卖了的血泪家史；讲述了他从小讨饭，给地主当小工，挨打受骂的流浪生活。曾经和猪睡在一起的卢生金，也悲愤地讲述了给地主当“猪倌”的牛马生活。

字字血、句句泪的家史，不仅仅是甄成计、卢生金个人的啊！马万水小组绝大部分工人的家庭，在旧社会不是都有过类似的遭遇吗！甄成计泣不成声了，全组工人也簌簌流泪。会场沉寂，悲愤的情绪笼罩着每个人的心头。这时，青年工人艾锡洲站起来，说：“过去，地主老财把穷人逼得家破人亡，走投无路。今天，咱们当了国家主人，党把什么都给安排好了，不愁吃，不愁穿。可是，我们还怕困难，不愿离开家门口，真是身在福中不知福！我一定听党的话，坚决到大西北去！在新的地方好好工作，为党争光，永远革命！”工友们情绪激昂，争相发言，表示到大西北去的决心。

初春三月，马万水小组的工人踏着白雪，扛着大旗，步行20多里的山路，参观了庞家堡铁矿的“万人坑”。他们在被旧社会杀害的阶级弟兄的白骨面前，庄严地宣誓说：“我们在党的教育下，不管高山峻岭，不管沙漠草原，永远高举毛泽东思想红旗，走遍五湖四海。

我们愿为党的事业艰苦奋斗一辈子。”

马万水小组沸腾了，一张张决心书飞向党组织。

党小组长张小生，妻子瘫痪，已经卧床6年了，吃饭穿衣全要人侍候。没有老人可托，4个孩子又小。平时，在张小生的肩上就已经担着一副沉重的担子。买米、买菜、做饭、洗衣服，样样家务事都得他操办，然而，张小生五六年如一日，即使在掘进最紧张的日子里，也从未迟到过，未缺过勤。

这次向西北搬迁，领导为了照顾张小生，决定把他留在留守处。可是，当他听到这个消息时，好像受了很大委屈一样，找到工区党支部，又找到工程公司党委，并连夜写了决心书：“国大家小，不能因家忘国。我是个共产党员，决不当社会主义建设的落后分子。坚决到大西北去!”

多么高尚的情操！多么宽广的胸怀！这不是普普通通的语言，这是一个共产党员对党的事业无限忠诚的表白。在社会主义建设的日子里，能够放得下这样需人照料的困难家庭，毅然决然地到三四千里外的西北去，这并不是一件轻易做到的事情。张小生的带头作用不是一般的。他的行动对全组、全工区、全公司的工人产生了非常大的影响。“困难，难道还能有张小生困难吗?”有多少工人这样扪心自问啊!

为了行动迅速，到目的地后能立即进行工作，领导决定一律不带家属。小组又对家属进行了深入细致的思想工作。有人写诗表示决心：

这次调西北，保证没问题；
好好做动员，说服自己妻。
家属留原地，我们去“征西”；
一心为了党，革命放第一。

第一班副班长马成的家住在农村，爱人身体不好，不能参加劳动，两个孩子又小。爱人不同意他走。马成就耐心地动员自己的妻子，说：

"搞建设也是干革命，我不能因为你不干革命呀！"

"要不，我们就一道走。你上哪，我去哪。"

"你想过没有？解放军的战士有带老婆孩子到前线打仗的吗？这次，别人都不带家属，我也不能特殊啊！"

爱人还是想不通，一气之下，坐在炕上，把孩子搂在怀里，连饭也不做了。马成却不生气。他一边笨手笨脚地做饭，一边苦口婆心地劝勉着妻子，说：

"我八岁死了爹，接着娘又改嫁，受尽了旧社会的折磨。你也是在苦水里泡大的。我们俩是一根藤上结的两个苦瓜啊！没有党就没有咱俩，更不会有咱们这个家。如今，党需要我到外地去搞建设，我能不去吗？我们千万不能忘本啊！"

妻子不言语了，低着头。马成看了她一眼，继续说：

"你再想想，解放军只守着家，怎么能解放全中国，保卫咱们的社会主义？我们工人只守着家，怎么建设社会主义？再说，我走了以后，人民公社也会照顾咱们。"

平时，老实敦厚得像一个农村姑娘的马成，现在居然能够讲出这么多的道理，而且说得那么流畅，那么使人信服，不仅他的爱人感到奇怪，就连他自己也有点暗暗吃惊。是啊，在这纯朴的语言里，包含着多么真挚而又多么丰富的感情啊！

马成道出了马万水小组绝大部分工人的心里话。

终于，妻子在丈夫的劝说下，省悟了。她流着泪，惭愧地说："我想错了。你去吧，在那儿好好工作。不用惦记家。"

家属觉悟提高了。她们也行动起来，忙着为丈夫做鞋补袜，拆洗被褥，并且互相照顾，互相帮助。第四班长闫振芳等四户家属，还主动地把照顾张小生家属的任务包了下来。

同时，小组干部又细致地调查了每个工人存在的实际困难，并且提出了“小问题不出班，大问题不出组”的口号。通过劳力互助，帮助32户家属，从几里外买回2万多斤煤，1400多斤劈柴，又帮助24户家属修缮了房子。小组工人还凑起一千四五百元，借给生活困难的工友，作为安家费用。

这时，小组工友又听说西北干燥，严寒，风沙大，生活艰苦。对此，虽然大部分人做好了思想准备，但是，仍然给一些人的心里投下了暗影。于是，他们又带着这些问题，学习了毛主席的《关于重庆谈判》一文中的这段话：

“去，是为了工作去的。什么叫工作，工作就是斗争。那些地方有困难、有问题，需要我们去解决。我们是为着解决困难去工作、去斗争的。越是困难的地方越是要去，这才是好同志。”

接着，他们又针对新环境、新工作可能遇到的各种困难，开展了苦练基本功的活动。

到达甘肃冶金公司以后，没有房子住，他们自己动手盖；在山上打混凝土风机房没有水源，他们就用水桶、塑料袋，从山下往山上提水；开始缺少风机，他们就用大锤、钢钎打炮眼；支护巷道，没有顶梁起重机，就人抬安装……

9月，上级决定马万水小组派一名代表去首都，参加十五周年国庆观礼。到北京见毛主席，这是一个多么振奋人心的消息啊！工友们欢腾雀跃，怀着革命的激情向领导表示决心：“我们要以实际行动感谢党的关怀，用最出色的成绩向党中央、毛主席汇报！”

那时，马万水小组正在抢修一一五竖井。这个竖井长年失修，他们在没膝深的酸性很大的污泥里，顽强地劳动着。有腐蚀性的酸水烧烂了衣服，烧破了皮肤。他们都不怕，一鼓再鼓革命干劲。9月、10月分别提前8天和15天，超额完成了月进施工计划。

10月中旬，组长汪振声从北京观礼回来，讲述了毛主席接见代表的动人情景和首都国庆观礼的盛况，小组工人更受到了莫大的鼓舞。11月份，他们又破除了书本上的迷信，在经验不足、技术力量薄弱、施工条件不好、岩石性质不熟的情况下，在小断面的巷道内，运用掘砌平行作业的方法，创造了全国金属矿山掘进一次成巷242.13米的新纪录。

马万水小组到达甘肃冶金公司不到半年，刚刚搬进亲手盖起的新房，建筑的巷道水泥未干，又接到了新的命令；转战到离家乡更远、更艰苦的地方去，建设甘肃酒钢的镜铁山矿。

镜铁山矿位于嘉峪关西南的祁连山中段，距酒钢55千米，矿区最高峰为海拔4200多米，生活区海拔近3000多米，全年结冰期半年以上。

马万水小组的工人，又坚决地响应了党的号召，他们说：

“我们是社会主义建设的野战军，一次调得动，两次调得动，经常都能调得动。我们坚决学习白求恩的革命精神，干革命不讲条件，哪里需要哪里去。”有的工人写诗：

工人阶级志气豪，调动不怕路途遥；
沙漠草原无所谓，党的需要第一条。

马万水小组来到新单位的第二天，就请当地人民公社党委书记，讲述了这个公社的副书记王天存同志与反革命分子斗争而英勇牺牲的事迹。使大家受到了一次活生生的阶级斗争教育。他们在烈士墓前宣誓说：

“我们要发阶级之愤，图祖国之强，在社会主义建设事业中，贡献出青春和力量。”

新的工作环境是十分艰苦的。那里，风沙大、气候变化多端，空气稀薄，生活艰苦。开始，体质差一些的人，身体常常发生这样那样的反应。而且，他们是在海拔3000米左右的高山上作业。活地艰险，困难异常。

寒冬腊月，他们住的房子四面透风。没有柴烧，就爬十几里的山路砍柴，一捆一捆地往回扛。吃的水都是用水桶、塑料袋，从河里提回来的。

但是，困难并没有把马万水小组的英雄们吓倒，他们说：

“老前辈没有在困难面前低头，我们也决不能给马万水小组丢脸！”

“风沙再大，也挡不住我们眼观全球；天气再冷，也冻不住我们建设社会主义的革命热情。”

疾风知劲草，烈火见真金。只有敢与天奋斗，与地奋斗，与艰难困苦奋斗的大无畏的战士们，才能够说出这样的豪言壮语！只有用毛泽东思想武装起来的工人阶级，才能够这样藐视困难！

修二、四号水泵平台，本来不是他们的任务。当他们看到工程艰险、工作量大，兄弟班组完成任务有困难时，就主动地把任务承担过来，而且千方百计地提前完成了任务，保证了工期。

在马万水小组里还流传着一首歌谣：

一天不唱歌，一天不活泼；
越艰苦越唱歌，越紧张越活泼。

这是马万水小组工人革命乐观主义精神的写照。他们学唱了很多革命歌曲，休息、走路、集会，说唱就唱，越唱越来劲儿。高亢激昂的革命歌声，使他们更增加了精神力量。当他们在生产、生活上遇到困难时，对待困难的态度不是沉默不语，而是动人心弦的革命歌声。

星期六，他们还开娱乐晚会呢。这已经成了小组的管理制度。自编自演、独唱合唱，花样新颖，生动活泼，几乎人人都能来一手。在我们参加的一次娱乐晚会上，老工人甄成计用京剧唱腔唱道：

学“毛著”，干劲添；
立场稳，意志坚。
经常学，天天看；
思想有了方向盘。
……

工友们唱啊，跳啊，热闹非常，哪有心思理会窗外的滚滚风沙呢！

六、革命熔炉

马万水小组是个革命熔炉。

15 年来，这个英雄集体，虽然人员不断调出调入，但是小组的吃大苦、耐大劳、顽强斗争的革命精神，却不断地发扬光大。

马万水小组能够做到这一点，是因为它的根子扎得正，从成立的那天起，15 年如一日地高举着无产阶级革命大旗。在阶级斗争、生产斗争和科学实验的三大革命运动中，小组工人用毛泽东思想武装了头脑。因而，这个战斗的集体充满着浓厚的无产阶级革命风气。

小组的创始人马万水同志是一位坚强的无产阶级革命战士。他对党和人民的革命事业，鞠躬尽瘁，死而后已。他不畏艰险，不怕困难，敢于斗争，敢于胜利。1961 年，他患了癌症，逝世前还对爱人说：“记住，要永远听党的话，教育孩子不要忘本，将来也干我这行。”他还告诉老战友郭进财：“回去转告小组同志，要永远争先进，把党交给咱们的红旗保持住……”

马万水同志为这个小组奠定了健康成长的基石。他的思想和行为在影响着小组的每一个人。小组工人犹如接力赛跑一样，在漫长的跑道上，把小组的光荣传统和马万水同志的革命精神，一代一代地传下来，一代比一代有所发扬。

共产党员、前任组长郭进财，由于因公忘私，舍己为人，工友们都亲昵地叫他“傻郭”。他有一手好技术，打眼、放炮等，在组内很少有人比得上。干起活来，却抢在前头，挑最重、最累的活干。在困难和危险面前，他带头冲锋，越干越有劲，从未退缩过。1960 年，搞快速掘进时，人手紧张。不幸，正在这时他的男孩子得了急病死了。老郭把孩子的尸体掩埋之后，又马上返回活地，投入紧张的劳动。有人对他说：“孩子死了，还有心思干活？休息两天吧。”他说：“死了也弄不活，快速掘进不能耽误。”

当工友们推选他代表小组出席全国、省、市群英会时，哪次他都把这个荣耀让给别人。同志们感动地说：“我们应该向你学习。”郭进财笑了笑，说：“向我学？我还不是向马万水同志学习的。”

此外，像傅万禄、李祥、高长坡、张小生、甄成计等老工人，虽然有的已经退休或者调动了工作，但是，他们一直是小组工人学习的榜样，对促进青年工人的进步起很大作用。

这些老工人也是在马万水小组的革命熔炉里经过一番冶炼了的，为青年工人的革命化，树立了榜样。

1956 年入组的甄成计，受尽了旧社会的折磨，苦大仇深。但是，他那时的阶级觉悟并不高，只是感激党和毛主席，怀着报恩的思想劳动。革命的熔炉，使甄成计逐渐认识到工人阶级的历史使命，思想飞跃到一个新的高度，参加了中国共产党。如今，甄成计不仅用高标准严格要求自己，而且积极做落后青年工人的思想工作。他还是马万水小组进行阶级教育的“活教材”。

1963 年前后，马万水小组增加了一大批青年工人。他们都是怀着各种各样的奇特想法进组的。进组以后，有些人觉得小组的纪律严格，干活紧张，要求出组。

的确，马万水小组，无论在生产、生活上，都充满着强烈的革命化、战斗化作风，干起活来，猛打猛冲。这已经成了他们的传统。就连他们上下班和参加集会，也和别的组不一样，总是排队行动。他们的思想、工作和生活都很活跃。然而，他们的严格是建立在自觉的基础上，是长期养成的，没有任何勉强。难怪，刚刚入组的青年工人对此不习惯。

初中毕业生苏金海，是1963年入组的青年工人。进组后，不安心，嫌爬山越岭太苦，嫌“四块石头夹块肉”的坑下太危险。妻子、母亲也不让他再下坑。他也曾几次三番地另找工作。于是，工友们从各方面对他帮助，组织他和别人一起去参观“万人坑”，启发他的阶级觉悟；遇到最艰苦、最危险的活地，老工人都争先恐后地挑重担；他的家庭有困难，组里还帮助解决……这一切，逐步使他认识到畏艰险、怕困难是工人阶级的耻辱，只有大公无私、舍己为人、挑重担才配得上工人阶级的光荣称号。在一次回忆对比时，苏金海越听心里越不平静。他，过去也是一个苦孩子啊！家贫如洗，父母没有生路，被迫卖掉了姐姐……许多辛酸往事和阶级仇恨，一齐涌上心头。他沉痛地说：“我错了，今后要坚决听党的话。我是个共青团员，党叫我在哪里干，就在哪里干。”

现在，苏金海是马万水小组的团小组长，学毛主席著作和学文化的辅导员，劳动好，工作积极，受到工人的好评。

马万水小组不仅能够帮助青年工人克服一般的错误思想和不良作风，就是外单位认为“不可救药”的、缺点和错误比较严重的青年工人，入组以后只几个月的工夫，就有了显著的转变。

青年工人王元、齐子成、张瑞祥、郭瑞图等人，是1964年前后，从庞家堡铁矿转到小组来的。这几个人在庞家堡铁矿几乎是有名的“调皮鬼”，生活散漫，劳动拈轻怕重，“三天打渔，两天晒网”；从这个岗位跳到那个岗位，甚至个别人因为乱搞男女关系，几乎被开除。

他们入组初期，表现还好，但过几天，故态复萌，觉得小组要求严格，劳动紧张，要出组。如何帮助这些青年工人进步呢？党小组认为，他们固然身上存在很多缺点，甚至有的人犯了比较严重的错误，但是对他们也要一分为二。比如，他们出身好，年轻，有干劲，有时劳动也很出色。因此，既要严肃地指出他们的缺点，积极地帮助他们改正错误，更要调动和发扬他们的积极因素，哪怕是微小的进步也予以肯定。同时，在工作中，也大胆地使用他们。这样，经过了一系列的教育，使他们认识到自己的错误，思想开始有了转变。在星期六的文娱晚会上，王元还用大鼓书的形式，说唱自己的思想转变过程，教育别人呢。

过去，不安心在马万水小组工作或者缺点和错误比较多的青年，转变以后，有的当了班长，有的被评为“五好工人”、“工种能手”，有的成了学习毛主席著作和学文化的积极分子。

当我们请副组长马明谈谈怎样帮助青年时，他说：“干革命靠的是毛泽东思想。帮助青年也离不开这个武器。在方法上，主要靠阶级教育、组史教育和耐心的思想教育。另外，革命大家庭的温暖也是他们转变的重要因素。”

马万水小组确实是一个温暖的革命大家庭。我们和那些曾经要离组的青年谈话时，他们说：“在组里比在家还好，现在撵我们也不出去啦！”

这个组 100 多名工人，从组长到工友，互相体贴，互相关怀。哪个工友结婚或者家里需要钱，而手头又没有时，工友们会倾囊相助。有时，甚至本人没给家寄钱，家里却来信说，钱已收到，安心工作。病了，一张张关切的脸，会使你感到无限的慰藉，病号饭、开水一一摆在面前；不能去医院，大家背着你去；想吃水果，有人会托汽车司机，从二三百华里以外的地方买回来……在自己的家里，又能怎么样呢？

然而，有了缺点，犯了错误，谁也不会原谅。批评、规劝、诱导，直到使你认识到它的危害性，并且决心改正。

应该说，这也是一种革命大家庭的温暖吧。

1963年，毛主席发出了“向雷锋同志学习”的号召后，雷锋，这个闪闪发光的名字，这个伟大的共产主义战士，这个光辉的榜样，对马万水小组的工人产生了多么深远的影响啊！

雷锋，活在马万水小组工人的心里。

马万水小组开始出现了崭新的气象。他们的视野扩大了，胸怀宽广了，越出了巷道——宿舍，宿舍——巷道的狭窄轨道，到处扩散着光和热。

马成班完成了当班任务，刚刚疲惫地离开巷道，暴雨骤至。他们忽然想到，附近小吴营农村的贫下中农的房子会不会漏雨呢？“走，看看去！”他们消失在滂沱大雨里了。果然，那里有好几处房子在漏雨。于是，小班工友和社员一起干了起来。房子修好了，人家当然要怀着感激的心情，问询他们的工作单位和姓名。他们只回答：“井巷公司的。”便匆匆忙忙地赶回宿舍，参加毛主席著作的学习了。

诸如扶老携幼，给不慎遗失火车票的老大娘买票，默默地修铺下雨天最容易滑倒人的羊肠小道，自动地帮助炊事员切菜、洗碗更是他们常做的事。就是生病住在疗养院里，他们的行动，也使那些医务人员感动得啧啧称赞。

《雷锋》电影放映后，雷锋的光辉形象，在小组里引起了潜移默化的作用。看《雷锋》电影的那天晚上，工人刘国栓走到宿舍外面，把昨天扔掉的破袜子拣了回来。他嘴里念叨：“袜子啊，你还得为我服务。雷锋的袜子坏得那样还穿着呢。”

这是一件小事，但是反映了人的精神面貌。

雷锋刚打完篮球，热得周身是汗，可是连一瓶汽水也舍不得喝。这个使人难忘的场面，对于像王大力那样慷慨花钱吃零食的人，是一个多么深刻的教育啊！以前，在马万水小组里，爱买零食吃的青年工人正有几个哩。他们每月拿七八十元的工资，可是寄回家去的却寥寥无几。有的人“酒瓶不离嘴，嘴不离酒瓶”。月底，人家剩钱，他剩一堆酒瓶子，吃饭还得伸手向别人借钱。有的人发了工资，就胡乱买东西吃。吃蛋糕还夹大蒜呢。如今变了，爱吃零食的人少了，往家寄钱的人多了。

七、源　泉

现在，读者们也许会想，马万水小组为什么会成为一个思想红、作风好、工作硬的先进集体呢？

在回答这个问题之前，先向你们介绍马万水小组最喜欢唱的一支歌吧：

> 大海航行靠舵手，万物生长靠太阳，
> 雨露滋润禾苗壮，干革命靠的是毛泽东思想；
> ……

他们说：“我们喜欢这支歌的原因，是因为它唱出了我们的心声。”

是啊，在我们研究了马万水小组 15 年的历史时，追本溯源，最终，只能归结到毛泽东思想上来。

马万水小组是靠毛泽东思想起家、发展和壮大的。他们经历了一个从听别人讲述毛主席的话，到亲自读毛主席的书的过程。

从 1950 年 9 月，马万水同志代表小组进京开会，第一次聆听毛主席的亲切教导开始，马万水小组遵循着毛主席的指示，一步一步地向前迈进。毛主席的教导成了鼓舞他们前进的精神力量，即使他们在最困难的日子里，也干出了多少出色的成绩啊！

1963 年，他们普遍地开始读毛主席的书了。因为在这个小组里，工人文化水平低，还存在着相当一部分文盲，所以他们学习毛主席著作也创造了自己的特点，就是：扎扎实实地学，扎扎实实地用；反复地学，反复地用；学得好，用得广；从需要出发，讲究实际效果。

毛主席的著作，他们虽然没有通读一遍。但是，有些文章，如《为人民服务》、《纪念白求恩》、《愚公移山》、《将革命进行到底》、《关于重庆谈判》、《反对自由主义》等，他们究竟读过了多少遍？谁也说不清楚。反正是遇到问题就学习，一遍又一遍。

这些文章，他们也不是一字一句地从头学到尾，而是把那些他们认为最重要的部分，反复地学习，反复地讨论。甚至有些段落，已经能够背诵了，作为鞭策自己前进的警句。

马万水小组用毛泽东思想武装自己的头脑，做到既有旺盛的革命干劲，又有实事求是的科学态度。从而，他们闯过了一个又一个难关，赢得了一个又一个胜利。

15 年来，党和人民给了马万水小组很多荣誉。

马万水同志生前被选为全国人民代表大会代表；小组曾经多次以模范集体的名义，派代表出席全国、省、市的各种会议；他们每到一处，甚至去各地进行学习取经，人们也都敲锣打鼓地夹道欢迎；他们的屋里挂满了奖旗、奖状；报纸上也不止一次地宣传过他们的模范事迹……但是，马万水小组没有在荣誉面前踏步不前，而是把荣誉当作鞭策自己不断进步的动力。他们为什么能够做到这一点呢？这是因为他们自始至终地铭记着毛主席的“虚心使人进步，骄傲使人落后”的教导。

这样说，并不意味着这个小组从未出现过骄傲自满的苗头，问题在于这种苗头出现后，怎样克服它。1959 年 10 月，报纸上发表了“马万水小组十年居冠军，九年攀高峰”的消息后，全国各地许多矿山的兄弟组队纷纷来信祝贺。当时，有的工人说：“咱们小组就是了不起，谁能比得上！”但是，马万水和小组的其他同志却不这样认为。他们领导全组工人认真地检查了自己的工作，找出了不足之处。前任组长、共产党员郭进财说：

“10 年是 120 个月。这么长的时间，我们为什么只创造了 9 次全国最高纪录呢？我们的成绩太少了。我们要牢牢记住毛主席的话，‘虚心使人进步、骄傲使人落后’；如果忘了，我们就有落后的危险。”

马万水同志曾经说过：“没有党，就没有我马万水，就没有马万水小组。”这是一句实实在在的、发自内心的肺腑之言。

马万水小组是在党的阳光和雨露的滋润下，成长壮大起来的。无论是在十几年前的艰苦创业的日子里，也无论是以后经历过的曲折的斗争道路，从中央到原中共察哈尔省委、河北省委、张家口市委、冶金部党委以及各级党委，都亲切地关怀和培养着马万水小组健康地成长。

党，使马万水小组由小到大，由弱变强。

马万水小组之所以先进，也是与党小组坚守无产阶级思想阵地分不开的。它宣传党的方针政策，在生产中起保证监督作用，它不断教育工人并提高他们的阶级觉悟和革命自觉性。

党小组始终坚持“重担子党员担，好条件群众在先”的革命精神。马万水小组的共产党员们都是好样的。他们受到群众的爱戴，不仅仅因为他们是个光荣的共产党员，更重要的是在困难和艰险面前，他们始终走在前面，带头冲锋陷阵。

1964 年和 1965 年，马万水小组部分工人分别到鞍钢和湖北、湖南、江西、广东、广西、云南等省的金属矿山进行学习取经。他们深深体会到，兄弟矿山的许多好思想、好作风、好经验值得学习。为了锻炼成一支非常无产阶级化、非常革命化、非常战斗化的基层队伍，他们决心更高地举起毛泽东思想红旗，坚持四个第一，大兴“三八”作风，戒骄戒躁，奋勇前进！

（1964 年 7 月刊于《冶金报》，收入中国工业出版社《马万水工程队》一书）

附件二

正骨中医昭雪记

1978年末，为了复查周福蕴案件，第二十二冶金建设公司医院党委已经物色了三四个人，但人们都不愿参加。

的确，周福蕴案件太复杂、太棘手，时间又太长了。不仅在包头，就是在国务院、公安部、冶金工业部的信访部门也都知道有个周福蕴。他的大女儿周玉英，由十几岁开始上访，如今已是奔40岁并有两个孩子的妈妈了。接待人员对她的称呼已由小周变成了老周。

医院党委最后把任务交给了保卫科长王丙才。这个颀长清瘦的中年人也想打退堂鼓，但党委书记宋海斌摆了个果断的手势，意思是说，党委已做了不容党员讲价钱的最后决定。他服从了。

根据冶金工业部、公安部的要求，王丙才和包头市信访处的李广维、公安局的袁世德组成了周福蕴案件复查小组。

王丙才等同志接到任务后，认真学习了党中央十一届三中全会关于平反冤假错案的精神，进一步提高了认识，决心慎重对待，深入调查，把周福蕴案件搞个水落石出。

一

王丙才和复查组的其他同志，调查了周福蕴案件发生的前前后后。

贫农出身的周福蕴，现年55岁。他继承并发扬了祖传的一套中医正骨医术。解放初期，他在鞍钢土建公司工作时，就经常用业余时间给骨折患者治疗。鞍山市卫生局考核后，拟把他改成中医医师。但周福蕴放弃了改职称的机会，于1956年6月，带领全家，随着浩浩荡荡的建设队伍，来到了大草原，建设包钢。周福蕴在包建二公司当调度员，业余时间，继续和爱人林淑梅为骨折患者治疗。

当时，工伤事故比较多，治疗技术跟不上。周福蕴和林淑梅经过包头市卫生局考核，都被提为中医医师。为此，包建总公司决定成立中医正骨所，周福蕴为负责人。

1958 年以后，来正骨所治病的患者愈来愈多了，每天门诊平均五六十人，病床增加到一百四五十张，医护人员最多增加到 37 人。周福蕴、林淑梅兢兢业业地工作，热心为患者治疗，有时夜以继日，废寝忘食，节假日也很少休息。

由于周福蕴、林淑梅表现突出，1957 年、1958 年、1959 年连续 3 年都被评为包建总公司的先进工作者。1958 年，周福蕴被评为包头市的先进工作者。1957 年、1959 年，《包头日报》、《内蒙古卫生报》先后介绍了正骨所的先进事迹。1959 年，内蒙古召开的中医现场会，包钢正骨所被评为先进集体，是大会的参观单位。正骨所办公室挂满了奖旗、奖状，经常收到表扬信和感谢信。

1959 年，内蒙古中医现场会后，担任正骨所技术负责人的周福蕴已上报被提为主治医师。

但是，到了 20 世纪 50 年代的最后一年，反对右倾的政治狂风夹着阶级斗争的倾盆大雨，席卷着祖国大地。一心扑在工作上的周福蕴，万万没想到，就在他被提拔为主治医师的时候，在运动中，突然遭到有人在幕后策划、组织大字报的围攻。大小会的批斗，搞了 3 个多月。尔后，这个中医正骨主治医师就架着手推车，走街串巷，叫喊卖菜，听候处理。

1960 年 9 月 12 日，周福蕴被逮捕，宣布的罪名是“反革命分子”，但文件上却分明写的是“反革命破坏医疗事故”。翌年 1 月 17 日，周福蕴因病保外就医。林淑梅于 1961 年 3 月被无故开除，大女儿周玉英被强行下放。同年 9 月，周福蕴全家被遣返原籍。

周福蕴的大徒弟张宝祥、二徒弟叶淑琴也受到株连。张宝祥被长时间批斗后，又被强迫进行了 10 个月的劳动教养。直到解除劳教时，他才知道罪名是“思想反动”。张宝祥的爱人（中共党员）也被逼着划清界限——带着两岁的女儿和3个月的身孕离了婚。叶淑琴被开除了团籍，若不是借了吃奶孩子的光，也被送去劳动教养了。但是，长时间的折磨和精神压抑，使她患了严重的神经官能症。

30多岁的正骨中医经不起这场突如其来的打击啊！“反革命分子”的罪名，就像条毒蛇一样缠着、折磨着周福蕴和他的一家。

周福蕴的原籍大连市甘井子区棋盘村已经没有亲人了，遣返时只好投奔林淑梅的原籍——金县大魏家公社连丰大队。周福蕴一家——“反革命”及其家属来到这里，就像瘟疫一样，连亲朋至友也不敢靠前，只得住在远离村庄的一个濒于倾圮的打石场窝棚。10多平方米的地方挤住了10个人，地面铺了层玉米秸算是炕。屋里漏雨透风，阴冷幽暗。

喝的是浑浊的沟里水；吃的是野菜、粘蘑、玉米糊。

孩子们都失去了学习机会，十几岁就衣着褴褛，光着脚丫下地干农活。

政治上的歧视，使生活更加困难。劳动同工不同酬，有一次分玉米，一麻包装了258斤，竟有一半是瘪子！分红薯挨家送，周家的又小又坏。大人气，孩子哭。

从1961年，15年未分红。每到分粮或年终结算，林淑梅几乎都愁出一场大病。

瘦恹恹的周福蕴瘫了五六年，上厕所都要儿子背着。他冤苦填塞，整天价不停地叹息着：“我犯了什么罪？把一家人折腾成这个样子！”正骨大夫最清楚多年卧床容易引起终生瘫痪。他一面给自己开处方服药，一面抓紧锻炼身体。当上身能活动时，他就用双手拄着炕，支撑着上身坐直，以防止脊椎弯曲。久而久之，这3个手指接触炕的部分，便结成了厚厚的老茧。20年了，那老茧还附在手指的背面。

在缺医少药的山沟沟里，大多数农民欢迎周福蕴、林淑梅，说他俩医道高，态度好，扭伤、脱臼、骨折，一治一个好；春夏秋冬，黑夜白日，有求必应。远道来的，还留下吃住；实在无钱的，他家还免费供应草药。来周家治疗的患者，有农民、工人、机关干部、解放军指战员，也有地方领导干部。

1974年，大魏家公社主要负责人等想把周福蕴、林淑梅从政治上搞臭，妄图使患者不敢去看病。他们组织了以公社医院靠“造反”当上主任的王树深为头儿的调查组，专门收集周、林治病出现的所谓问题。结果，一无所获。但是，仍然给周福蕴夫妇戴上了“巫婆神汉”、“地下黑行医”的帽子，办了5天“学习班”、游斗了12个大队。

当周福蕴被戴上手铐、身陷囹圄时，他仍坚信自己没有犯法，不是反革命分子。他常对家人讲：“我心里不愧。共产党讲实事求是。咱们要上访，错案总有一天会平反的。”从1961年以后，这一家一直没有停止写信或上访申诉。

1966年，经包头市有关部门和二冶复查，结论是：“周福蕴发生医疗事故，不能定为反革命破坏，属于严重的责任事故。”先后给周福蕴、林淑梅复职并安排了周玉英工作。周福蕴不同意有“严重的医疗事故”。

但是，灾难又接踵而来。在十年浩劫中，周福蕴像航行在恶浪滔天的大海中的一叶扁舟。内蒙古“清队”扩大化的“十二级台风”，险些使他葬身鱼腹。戴着“反革命分子”帽子的周福蕴及其全家再次被押送原籍。

1969年末，周、林及其女儿又复职。

1974年，批林批孔进入高潮，周福蕴第三次被开除厂籍。林淑梅被“动员”退职，周玉英被下放。同时，二冶党委常委决定：周福蕴案件已经定了，不再复查；上访不予接待，谁接待谁负责。这样，周福蕴案件的解决变得越来越难了。

二

周福蕴被逮捕时，宣布他是“反革命分子”，文件上写的是“反革命破坏医疗事故”，根据是什么？

复查小组急于想看到周福蕴档案。

王丙才从二十二冶医院找到公司、包建、包钢，又找到市里，都落了空。

周福蕴档案会不会随人走了？王丙才去旅大查找。他从金县查到旅大市甘井子区，跑了一个星期，毫无结果。最后，通过金县公安局查发走档案的机要号，才在甘井子区革镇堡派出所查到了。

王丙才在档案里发现3个重要情况。

第一，鞍山解放前夕，1947年8月，找不到职业的周福蕴为了逃避国民党抓兵，曾误入歧途，在国民党辽南特派处鞍山通讯组当过几个月的通讯员。1953年，他主动向组织坦白交代了这个问题。同时，因为检举有功，受到了表扬。这件事，当时鞍山市委就做了结论。到了包头市，包钢干部处又做了同样结论，以后再未发现新问题。这就是周福蕴的历史问题。定他“反革命破坏医疗事故”或给他戴“反革命分子”帽子以及再次开除他的厂籍，都与此有关。

第二，1961年7月，包头市昆都仑区法院在给同一地区的检察院的发文中，曾经指出：周福蕴一案的犯罪事实部分，“经查原材料，除一件有证明材料，说明该犯错误治疗而造成残废外”，其余“责任均不清楚”。法院要求检察院“查清事实”，“补充材料”。但档案中却无检察院“查清事实”的补充材料，倒是法院这个要求查清事实的文件，成了周福蕴的最后宣判书。奇怪的是，既然定周福蕴为罪犯的事实尚未查清，法院却又建议“根据周犯病情，是否可让该犯及全家回原籍农村交群众监督改造，希公安部门联系为盼”。以后，周福蕴就这样被稀里糊涂、不负责任地当做反革命罪犯处理了，同时株连了全家。

第三，周福蕴、林淑梅的中医正骨医师，是经过包头市卫生局考核批准的。但是，为了定他“反革命破坏医疗事故”，竟不顾事实，编织罪名，说周福蕴是“冒充正骨中医，骗取领导信任，对患者任意治疗……”据了解，正骨所成立三四年来，治愈了近万名患者，未出现过大的医疗事故。周福蕴、林淑梅的原籍组织，来信要求为其平反，也证实了这一点。棋盘大队证实：“周福蕴在我队是世居。从他祖父、父母到他夫妇都懂骨科病，是祖传的，并非不懂装懂。1975年从连丰返回后，两年多为患者治疗600余例，效果显著，受到患者和当地社员的好评。”连丰大队的信还写道：“他们夫妇懂得中医，会治疗骨科疾病，给我队治过180多人，还给外地和部队治了不少。没听说有给治坏的。”

这3个问题，使王丙才感到周福蕴的案件大有文章。

三

“严重责任事故”是怎么定的呢？这个问题不弄清楚，周福蕴案件就不能彻底解决。复查小组决定进一步查清它。

于是，他们便针对包头市公安局逮捕周福蕴的依据——所谓反革命破坏医疗事故报告，进行调查。那上面主要举了4例，只有姜秀之死是个关键。其他3个病例都不能说明问题。

姜秀是怎么死的呢？

据一些人回忆，姜秀是白云鄂博铁矿一位年纪约50多岁的工人。他于1959年三四月间，来正骨所治病时，西医大夫葛庆升最清楚。

葛庆升已调到邯郉矿建医院。

王丙才、李广维找到了正在家里养病的葛庆升。他一口咬定：“姜秀是周福蕴治死的。没错，我记得最清楚。”

实际情况究竟怎样？如何再进一步调查？大家都在苦心琢磨。

突然，王丙才拍了一下脑门：

“查病历!”

“是个办法。”两位同志也恍然大悟。

“但，20年了，机构几经变化，病历会不会遗失？能查到吗?”有人提出异议。

“我去查。看来只有走这条道了。”王丙才毛遂自荐。

他先到包钢医院，没查到。又到包钢卫生处，也未查到。但是，却意外地发现了原正骨所党支部关于斗周福蕴的计划安排、斗争会发言记录、大字报底稿以及向卫生处党委汇报的提纲。奇妙的是，在斗争周福蕴计划安排的序言上写道：“从所了解的情况来看，周福蕴的工作是肯干的，在正骨上做出了出色的成绩。”接着就写了斗争周福蕴的安排。被表扬的竟成了斗争对象!

这些新发现，给王丙才找姜秀病历增强了信心。

王丙才找到二冶医院病历档案室。嗬，两间屋子快挤爆了。存放病历的架子连着放、并着放，几乎占满了所有空间。架子上的每一层都摆得满满的。墙旮旯和有的架子上层，还零散地堆放着。据病历室同志讲，原二冶有职工、家属七八万人，连同其他看病的，病历档案至少有四五万份。档案卡片也不全。

王丙才略一思忖，还是决心查找。他用两三天时间，从早到晚，一份一份地翻，直到把所有的病历架查完，也未发现姜秀的病历。这使他非常失望。

角落里堆放的是什么呢？王丙才不甘心，又蹲下来，细心查找。少顷，他猛地发现一册蓝色封皮已经变得灰白的病历。

“姜秀啊！姜秀，我可找到你了。”王丙才不禁脱口喊道，乐得像个孩子。

复查组请市立医院鉴定姜秀病历。第二天却退了回来。又接连请了几位外科主任、主治大夫，但翻看了一下，都不给鉴定。原来，这些人是心有余悸啊！难怪呀！“反革命”的周福蕴在包头市医务界的老人儿中，谁个不知，哪个不晓！

有了病历，不愁鉴定。王丙才要自己看。他虽说是外行，但毕竟当七八年医院保卫科长，多少懂一些医疗知识。看不懂的，就请教行家呗。

二十几页的病历，王丙才看了一个星期，终于揭晓了谜底。

姜秀是1959年3月25日，被冻土块砸伤的。一、二节腰椎粉碎性骨折、截瘫、左胫腓骨骨折胸壁挫伤。来时，高烧到40℃，昏迷不醒。患者背部已有10厘米直径的褥疮前的红肿面。住院后，周福蕴、林淑梅对其进行了骨折复位。

但从3月27日姜秀入院，直到同年10月死亡，经治大夫自始至终是正骨所的西医大夫葛庆升。这期间，还请了包头市第三医院骨科主任陈宝贤会诊了4次。每次都提出了进一步采取的治疗措施。在治疗过程中，由于患者又出现了膀胱炎、肺结核的病症，葛庆升曾给北京医学院第一附属医院发函，要求转到该院治疗。该院门诊部于6月11日回信，建议“仍按一般非手术方法治疗，不宜长途跋涉转院来京”。

姜秀的死亡记录也是葛庆升写的。其中写道：“来院经中医正骨及服中药治疗骨折，骨折已治愈。”

陈宝贤大夫看到姜秀的病历，惊讶不已：“咦！这么多年的东西，找到了真不容易！这回老周可见天日了。”他在旁证中写道：“该所经多方抢救，我去会诊数次。由于患者体弱，消耗太大，终因治疗无效而亡。我从病历看，治疗上是积极的、正常的。”

显然，姜秀之死不是由于医疗事故所致。

接着，王丙才、李广维拿着姜秀的病历，又找葛庆升。

“葛大夫，请你再回忆一下，姜秀送到正骨所后，是谁经治的？”

王丙才平静地问。

“周福蕴经治的，没错。”葛庆升肯定地回答。

“那么，你未参与治疗，未写过病历吗?”

“没有。我连一个字都未写过。”

“20 年了，时间这么久。你不会记错吧?”

“你们放心，不会错的。姜秀是周福蕴治死的。我记得清清楚楚。”

王丙才、李广维对视一下，决定摊牌了。

“葛大夫，请你把这份病历会诊一下。”王丙才把那泛着灰白色的蓝皮病历递了过去。

“啊！姜秀？你们怎么找到的?”葛庆升惊诧不已，如芒刺在背，神情霎时异常紧张起来，颤抖着双手拿着病历，似乎难以支撑。他心不在焉地一页一页翻着，纸被抖动得发着轻微的沙沙声。他半躺在床上，一口一口地喘着粗气，脸色愈来愈白，汗珠顺着面颊往下流。据说，他得了肺气肿病，早就休息不工作了。

“是我写的字，姜秀是我经治的。”葛庆升耷拉着脑袋，慢吞吞地、有气无力地说着，“定我的罪吧。”随后，他把病历放下，颓然地闭上两只失神的眼睛。

“你不要紧张，姜秀的死也不能拿你问罪。我们是想核实一下，这病历是不是你写的?”

“是，是我写的。”

“那么，你为什么一口咬定是周福蕴治死的呢?”

“我错了，我错了。”

现在，真相大白了。

周福蕴被捕的依据，就是葛庆升炮制的那份反革命破坏医疗事故的报告。葛庆升那时，正在向周福蕴学习中医正骨技术。此人有个野心：他觊觎周福蕴的主治医师和所技术负责人的地位，妄图乘机将周打倒，取而代之。这份反革命破坏医疗事故的报告极尽栽赃、诬陷之能事。周福蕴的历史问题与姜秀之死，风马牛不相及，而葛庆升却说成周福蕴的“反革命阶级报复”，硬往阶级斗争的纲上拉。

葛庆升所以得逞，主要是利用其共产党员、西医大夫的优越身份和两面派手法，讨得了正骨所党支部书记、所长和公司卫生处负责人的信任。而所党支部、卫生处党委也官僚主义，对那份报告未认真讨论和查证，就报了上去。因而，就铸成了这个大冤案。

葛庆升机关算尽，以为随着正骨所的解散，姜秀的病历也付之一炬了。却未想到，那病历没有销毁，而成了铁证。

四

第二十二冶金建设公司已搬到唐山（原二冶分为包建和二十二冶）。王丙才同志向包头留守处党委书记曹立汉同志做了汇报。这位老同志又详细看了材料，拍案而起：

“错了，20年来的错案啊！”

他去市公安局说：“我表态，周福蕴案件是个错案，应该平反。过去定，是我曹立汉定的。今后，谁再说它错了，我去申辩！”

接着，市委、市公安局和二十二冶留守处开了联席会议。复查小组做了详细汇报。大家一致认为，周福蕴案件既不是反革命破坏医疗事故，也不属于严重责任事故，是个错案，应该给予平反。但是，具体如何处理还定不下来。

冶金工业部信访处也听了王丙才的汇报，认为周福蕴的问题清楚了。接着，冶金工业部办公厅向二十二冶发文件，要求抓紧解决。同时，又和国务院信访接待站、公安部办公厅联系，希望他们听取汇报。

公安部办公厅答复说：“这是一个重点案件，要专门开会研究一次。”

过了两天，公安部办公厅郝彦同志主持开了会。参加会议的有冶金工业部信访处、内蒙古和包头市公安局及二十二冶的同志。王丙才把周福蕴案件的复查情况详细作了汇报。大家相继发言，都认为周福蕴案件应该彻底平反，不留尾巴。

1979年6月18日，包头市信访办公室正式批复了包头市信访处、包头市公安局和二十二冶留守处联合复查组《关于对周玉英为其父周福蕴申诉案件的复查处理报告》。

周福蕴的错案彻底平反了。

受株连的林淑梅、周玉英和张宝祥3位同志也给予了彻底平反。

周福蕴的错案近20年了，几经反复。若不是党的十一届三中全会做了平反冤假错案的英明决定，若不是国务院信访接待站、冶金工业部、公安部抓紧催办，若不是像王丙才等同志这样认真、求实地复查，谁晓得何时才能彻底平反呢?!

周福蕴错案平反后，家里喜气洋洋，像过节日似的洋溢着20年来从未有过的欢乐气氛。社员们也奔走相告，纷纷前来祝贺。

平反后，周福蕴竟能不架双拐仅拄一根拐走路了。他每天早起锻炼，身体一天强于一天。他说："我才五十五六岁，要为四化抓紧干哪!"

周福蕴由于1960年被关押时，劳动致残，生活不能自理，定为工伤。平反复职后不能坚持工作，在家里养病，并照常分文不收地帮助大队卫生所看病。十七八年来，周家虽然生活在社会主义社会，但由于蒙受了不白之冤，却过着极其艰难困苦的生活。"四人帮"横行时期的遭遇，今天他们回想起来，还是痛苦万分，泣不成声。尽管如此，周福蕴从未放弃过对骨科医学的研究。其水平比包钢正骨所时，已大大提高了一步。从前不能治的骨科病，现在能治了，而且基本能治好。骨科领域的疑难杂症，有些也被突破，如骨质增生、骨结核、脊椎炎等。由这些病引起的截瘫也能治了。对重大的开放性、粉碎性骨折和肌肉严重坏死及严重骨髓炎等，他不仅治愈并能保住肢体。

对一个被管制的残废人，在那种困难的环境里，还能坚持为患者治疗，并继续研究、探索骨科医学的难题，委实难能可贵。如果原正骨所没有经历那场致命的阶级斗争扩大化，而继续兴旺发达下去；如果没有这近20年的风风雨雨，而一直保持哪怕是正骨所初建时的安定局面，周福蕴、林淑梅无疑会治愈更多的患者，对骨科医学的研究成果，也会比现在多得多。

回首往事，令人感慨、费解，甚至哑然失笑，但积极的还是吸取教训，不致重蹈覆辙！

（原载于1980年群众出版社出版的《春风化雨》上册）

附件三

战胜天灾

自从公社化后，庄稼一年赛过一年。但是，今年家乡遇到一次空前的大水灾。当我放假回去的时候，洪水刚刚退走。

从火车站到家有10多里路。道路已经被淤泥封住了。我赤着脚，沿着泥泞的道路慢慢地向前走着。

看到这番景象，立刻使我想到村西60岁开外的孟大爷。一来，老人家的房子正靠河岸，洪水一到，首当其冲；二来也想起了老人家过去的悲惨遭遇。他31岁那年，几十年罕见的洪水卷走了他的两个男孩、老婆和多病的母亲。天灾夺去他的家，地主和军阀更压得他喘不过气来。他不得不背井离乡，跑到荒凉的北大荒。日本投降后，他回来了，可北大荒的十几年生活又夺去了他的健壮的身体。

回来后，他又在原来的房址上搭了个“马架”。

解放后，他参加了互助组、初级社。那两年的生活，用他的话说是“上天堂啦”。可是饮马河却仍然年年涨水，地年年要涝一些。初级社成立那年，刚刚锄过二遍地，黑绿黑绿的庄稼又都被水吞没了。孟大爷的小“马架”也给水冲跑了。这一回，孟大爷没有看清合作化的发展远景，决心又要离开这个地方。尽管社长赵忠江和社员们再三劝留，他还是扛起了行李卷。乡亲们知道孟大爷的牛脾气一发，那股劲儿，谁也弄不住。他临走时还到饮马河旁对着河水说：“我惹不起你，还躲不起你？你怎么也不能撵到北大荒去吧。”

于是，50多岁的孟大爷第二次又离开了家乡，去北大荒了。

1958年大跃进，正当人们治理饮马河的时候，孟大爷又回来了。

这时，老人家虽然快到60岁了，却是满脸红光，身体变得更健壮了。他放下铺盖卷，就去找赵忠江——管理区主任。见面第一句话就说：“这回不再走了，我们要和饮马河斗到底。”

原来，老人家在北大荒也参加了人民公社，并且当上了水利委员。可是在兴修水利时，他总想到饮马河。他明知家乡人民公社一定要治理饮马河的，但是没有自己参加，心里总感到不是滋味。当地公社考虑到他的情况，就同意了他的要求，让他回来了。

他回来后，管理区根据他的要求，又在他的老房址给他盖了一座小房……

我在想，这次碰到空前大洪水，孟大爷又会怎样呢？

走进村子，见不到行人。一切一切都是如此平静，好像从没受过洪水袭击一样。

村口道西的老榆树底下，还是放着很多木凳、石块和新增加的木墩。从土改到现在，这里一直是乡亲们开会的地方。村东，一些社员在修理房子，原来那儿地势低，被洪水冲倒了几座房子。纵横交错的街巷还是那样整齐；有些院墙已经坍倒，还没来得及修补，但这并没有影响社员的正常生活。托儿所和食堂最热闹了，远远看去，孩子们正围坐在阿姨周围，大概又在听故事哩。食堂门大开着，烟囱喷吐着浓烟。炊事员出入不停，正在赶做午饭。

回到家，家里的人都不在，门上了锁，我就朝西河沿走去。

村子距饮马河约三里多路。一出村，就立刻看到了满地遍野修河堤的人们，听到了愉快的劳动歌声。一条曲曲弯弯的河堤出现了，比旧堤高多了。因为公社化了，劳力统一调动，修堤的人们有两三千人，力量大了。

孟大爷的小房虽然又被洪水抬走了，但公社很快就给他另找了新居。在他旧屋的原址又新搭了个临时棚子，里面正在开会，坐满了人群。原来这里已是修堤指挥部。一个小伙子发言过后，主持会议的人站起来说："关于修河堤，大家有两种不同的意见：一种意见认为继续把堤加宽加高；另一种意见认为把对岸的沙滩劈开，把河水引过去，减少或免除河水对这岸的冲刷。……现在请孟参谋长发表意见。”我还没来得及弄清是谁呢，孟大爷却“忽”地从人堆里站起来，把烟袋插进烟荷包里，大声说：“依我的看法还是后一种说法对，要想不让河搬家，非先砍断它的后腿不可！……”以后的话就听不清了，我只觉得浑身的血液都在沸腾，耳朵里嗡嗡作响。旧社会这条河夺去了孟大爷和许多人的家，弄得他流离颠沛；而今年的洪水比他31岁那年还要大，可是他没有再跑北大荒，反而担当起治河的参谋长了……

孟大爷见了我特别兴奋地说：“今年这样大的洪水，我还是头回遇到过，来势那么凶猛，准把你吓坏。”他笑了笑，又接着说：“就是水再大，哪怕老龙王把东海抬来我也不走了，有了人民公社，你怕啥呀！人多力量大，党的领导好，大家的心拧成一股劲儿。”他掏出烟袋，指了指修堤的人们，边装烟边说：“没看见吗？公社集中了几千人马，净是些棒小伙子，有些是从其他公社里挑出来的。房子冲了，队里帮助修；没柴火，到山里去砍。公社的矿山又送来十多车煤；没粮食吗？更不用愁，公社早就安排好了。”老人接着叙述了水灾过后，队里积极抢救，积了多少肥，抢救了多少庄稼，搞了多少副业……最后，孟大爷意味深长地说：“咱们穷人和天灾抗争，是世代相传的。过去，咱们斗不过天，是因为没有掌握自己的命运。现在，咱们有了共产党和毛主席，有了人民公社，天大的难关也过得去，过去，我们相信天，不相信人。毛主席告诉我们要相信人，不要相信天。”他又接着说：“县里的人们常常来，一来就是几百人，什么活儿紧就干什么，真是稀罕事儿。”他眨了下眼皮，又神秘地说：“县长还常常来干活呢。前些日子涨大水，省里的书记，还参加修河堤哩。长春的什么工厂还支援咱们那么多机器呢！……”

老人家说得多么兴奋啊！这不正是乡亲们共同的语言吗？在故乡十几天中，我深深感到祖国在不断地变化，人民公社显示了无限的威力。我要歌颂：如今天下无灾年。

（原载于1960年18期《中国青年》，笔名艾莫，文章标题有改动）

附件四

时 代 赞 歌

——记哈尔滨新风加工厂抢救国家财产的英雄们

毛泽东时代，是伟大的时代，是英雄辈出的时代！

亲爱的读者们，让我们怀着激动的心情，向你们报告一件动人心弦的事情……

1966年2月8日下午，哈尔滨新风加工厂，在一个危及全厂的储氧囊爆炸的紧急关头，中国工人阶级的伟大战士、中国共产党的优秀党员、生产组长刘美泉等20名工人，不顾生命危险，猛冲上去，拼死拼活地保卫住了工厂和职工的生命安全。

在这场工人与烈火的激烈搏斗中，11名同志光荣负伤。用毛泽东思想武装起来的英雄们，以自己的光辉形象，演出了一幕幕惊心动魄的、可歌可泣的时代赞歌。在保卫国家财产和阶级弟兄生命安全的关键时刻，他们把生命置之度外，是那样勇敢、不怕死；在医治烧伤的过程中，他们极力克制肉体疼痛，又是那样刚毅、坚强。

刘美泉同志终因伤势十分严重，经中央、黑龙江省、哈尔滨市动员一切力量抢救无效，于2月14日，不幸与我们永别了。其余10名负伤同志伤势正在迅速好转。

烈火压不倒毛泽东时代的英雄儿女

从氧压机起火到储氧囊爆炸，只有两分多钟！刘美泉等同志就是在这么短暂的时间里，迅速地拉掉一道道电门，关闭一个个阀门，避免了发生巨大爆炸的危险，创造了激动人心的英雄事迹。

1966年2月8日。新风加工厂氧气站的氧压机和空压机有节奏地隆隆运转着，值班工人在注视着仪表、调整阀门、洒扫地面……一切一切都很正常。下午，当时针指到2点50分钟，突然，“嘭”的一声，正在运转的3号氧压机意外地冒出一股浓烟烈火。有人喊：“着火啦！”

这是一种可能引起连锁爆炸的危险征兆！

危险的预感立即像闪电一样，掠过了每个人的脑际：氧压机起火之后，火焰会顺着管路疾速地窜到储氧室、分馏塔、充氧站，紧接着……一两分钟左右……

就会引起储氧室里6个大储氧囊的爆炸；

就会引起满装着液体氧的一座分馏塔的爆炸；

就会引起充氧站里100多个像重磅炸弹一样的氧气瓶爆炸；

就会引起附近紧挨着的一座易燃品仓库的大爆炸……

那时，全车间、全工厂职工和国家财产，就要淹没在一片熊熊的火海之中……一种多么危险的情景呵！

怎么办？是先顾个人安危，马上调头跑出去；还是不顾生命危险，立刻冲进去，迅速地关掉一切电门和管道阀门，制止连锁性的巨大爆炸？但是，如果冲进去——在现场的人们都清楚，那是有化为灰烬的危险啊！这一生死攸关的严峻考验，突然摆在每个人的面前。

在这惊心动魄的时刻，还来得及犹豫吗？

共产党员们还用得着犹豫吗？

共青团员们还用得着犹豫吗？

用毛泽东思想武装起来的工人阶级还用得着犹豫吗？

共产党员、生产组长刘美泉同志，几乎以箭一般的速度，从十几米以外，第一个冲进了最危险、最紧要的储氧室。那里有通向分馏塔的总阀门和6个大储氧囊。他迅速地关闭了总阀门，切断了通向分馏塔的管路。这时，熊熊的烈火已经在第一个胶皮储氧囊的底部燃烧起来了，很快就会引起储氧囊的猛烈爆炸。刘美泉又扑上去，用两只胳臂扑火，并且边扑火边猛力拽储氧囊的胶皮管，想把第一个储氧囊拉开，不使火蔓延到其他储氧囊……

刘美泉同志的战友们，几乎都在刹那间，以王杰式的勇敢、不怕死的革命精神，在严峻考验的面前做出了最正确的回答。他们也迅猛地扑向储氧室、电闸、阀门等紧要部位。

在这同一时刻，共产党员、检修工长赵长久推开冲在他前面的新工人张有泉，冲进了储氧室，和刘美泉一起用双臂扑火……

在这同一时刻，氧气站站长谭玉津赶到现场，临危不乱，大声命令："赶快停车！"然后，又准备去关闭通向充氧站的管道阀门。他发现已有人在关，便和刚到氧气站3天的青年工人吴绍生一起，关闭了分馏塔附近的一系列阀门。最后，他又发现还有一台卧式空压机在运转，就迅速去停车……

在这同一时刻，共青团员、女工公淑霞听到"赶快停车"的喊声，就飞也似的奔向3号氧压机附近的电闸，但电闸已经被抢先赶到的共青团员沈俐拉开了；她又转身，想关闭氧压机通往充氧站的阀门，又见冷传乐同志在关闭。于是，她也毫不迟疑地冲进了储氧室……

在这同一时刻，青年工人杨绍侠赶到现场，拿着灭火器，冲进了储氧室……

在这同一时刻，共产党员陈发启冲进了储氧室……

在这同一时刻，青年工人冷传乐立即奔赴已经喷射蓝色焰的3号氧压机，不顾烈火烧身，硬是关闭了通往充氧站的管道……

就在这一刹那，只听到在储氧室里扑火的赵长久往外撵公淑霞："火大了，快出去！"他自己仍然沉着坚定地扑火。当杨绍侠正持灭火器冲进储氧室扑火的时候，轰然一声巨响，6个大储氧囊同时爆炸了。能够切割钢板的氧气的蓝色火焰夹着比十二级台风凶猛得多的气浪，一喷而出，冲开了储氧室的窗户，鼓裂了混凝土的房盖。从储氧室门喷射出来的火焰和气浪，把对面36米远的双层大窗户和下边的砖一起冲掉。火焰过处的机器铁丝网罩也被烧化了。

浓烟与烈火弥漫了整个氧气站。

赵长久、杨绍侠等同志被巨大的火流和气浪冲出了储氧室。

刘美泉同志淹没在一片火海之中。

厂房里面，一场激烈的搏斗也在紧张地进行着。储氧囊爆炸以后，储氧囊的胶皮在燃烧，门窗在燃烧，房顶的沥青在燃烧……一部分人冒着浓烟烈火，关闭了一切闸阀，断绝了一切电源；一部分人无畏地往外抢救设备。仪表工进入烟火弥漫的现场，在没有工具的情况下，以极其短促的时间和难以理解的力量，硬是用手拧下了 14 块贵重仪表，完好无缺地抢救出去。电工在一分钟之内，就用石棉布盖上了所有的马达。还有一些人在浓烟烈火中，把已经烤得滚烫的三桶机油滚出了厂房。分馏塔里的液体氧，受到高温炙烤后，大量蒸发，塔内压力猛增，有爆炸的危险。有的工人就坚守在周围逐步地把氧气放掉，消除了爆炸的危险。

厂房外面，另一场激烈的搏斗，也在紧张地进行着。在氧气站与易燃品仓库之间，很快地聚集了近百名职工。他们拿着石棉布、灭火工具等，用肉体筑成了人墙，挡住烈火向外蔓延。有些人爬上高高的氧气站房顶扑火，有些人爬上易燃品仓库屋顶守卫……

烈火，终于被毛泽东时代的英雄儿女们扑灭了！

由于刘美泉同志勇猛当先扑火，争取了最宝贵的时间，迅速地关掉通往分馏塔的闸阀，避免了两个分馏塔的爆炸危险；由于冷传乐同志不畏烈火燃烧，关闭了通往充氧站的管道阀门，防止了 100 多个氧气瓶的爆炸；由于救火的人们用身体组成了挡火墙，防止了易燃品仓库的爆炸……由于许许多多刘美泉式的英雄，勇敢、不怕死，猛冲、猛扑，使得这场火灾除了烧毁 12 个胶皮储氧囊之外，其他设备基本没有受到损失。

刘美泉同志和他的战友赵长久、冷传乐、公淑霞、杨绍侠、沈俐、陈发启、谭玉津等 11 名同志光荣负伤。

工人阶级硬骨头

用伟大的毛泽东思想武装起来的工人阶级，烈火烧不倒他们，严重的烧伤折磨不屈他们。亲爱的读者们，请你们看一看，我们的英雄们是怎样以惊人的意志力同严重的烧伤斗争的。

一场将要引起严重后果的大火被扑灭之后，第一个冲进储氧室的刘美泉同志，最后一个走出来。一个高大的形象走出来了——他是从能够切割钢板的氧气烈火里，走出来的；他是从比十二级台风还强劲得多的气流里，走出来的；他是胜利地完成了任务之后，走出来的。他，确实是自己走出来的呀！当工段党支部书记何建勋同志闻讯，急忙赶来的时候，只见从氧气站里走出来一个浑身焦黑的火人，他的脸、胳膊、上身、下肢还在闪着火，冒着烟。衣服烧没了，腰部只剩皮带下连着的一条小块布片，那是肌肉在燃烧啊！作为工段党支部书记的何建勋，还有谁比他最熟悉、最了解本工段的党支部委员刘美泉呢！然而，他现在无论如何也认不出这个刚从火海里走出来的英雄是谁了。何建勋跨上前去，急切地问道：

"你是谁?"

"我是刘美泉。不要管我，快去救火!"

何建勋护送他上医院的时候，他沉痛地说：

"老何，我没有完成党交给我的任务。"

"美泉，你已经完成了任务，保住了氧气站，保住了车间，保住了工厂……"何建勋心如刀绞，泣不成声。

刘美泉的伤势最重，当汽车开到医院时，他非让别的伤员先下车不可，自己一直坚持到最后一个下车。

他的亲密战友、两年前氧气站的党支部书记孙凤祥同志，看到他受伤那样严重，心痛得热泪盈眶。刘美泉反而安慰他说："不要难过，过几天我会好的，很快就能回到车间。"

烧伤得那么厉害，多想喝水呀！可是，当医生把水送到他眼前时，他却连忙把医生的手推开，让别的伤员先喝。

医护人员给他处理创面时，担心他痛得支持不住，不忍动手。他艰难地睁开了被火烧伤的眼睛说：

“请你们放心。我是共产党员，不怕痛！你们怎么处理都不要紧，我一定主动和你们配合治疗。”

严重的烧伤使美泉同志进入了休克期。他时常处于半昏迷状态。他在谵语中，念念不忘生产，不忘革命，不忘打倒美帝国主义。医生认为，这是他对革命赤胆忠心、对美帝国主义刻骨仇恨，在脑子里形成了深刻的“兴奋灶”的缘故。

有一次，他突然支撑着坐起来，说：

“生产这么忙，我不能老在这里躺着。我要下地！”医护人员流着眼泪，安慰他说：“美泉同志，这是医院哪。你烧伤得这么严重，不能下地呀！”

当刘美泉头脑清醒，能动弹了，有时把两只烧焦的手扣在一起往外拉，有时竭力张开嘴，反复地用牙齿啃着。护士惊奇地问他：“老刘，你在干什么？”他坚定地说：“我试试手，看出院后还能不能劳动了！”

当刘美泉同志痛得实在难以忍受的时候，就喊口号：“打倒美帝国主义！”并且断断续续地唱起了《大海航行靠舵手》、《工人阶级硬骨头》，反复唱《学习雷锋好榜样》中的最后一句歌词“立场坚定斗志强”！

美泉同志的喉咙遭到严重烧伤，舌头发硬了，虽然口号和歌声不像往日那样高亢激昂，但是那低沉有力的声音，会使你感到他是铁打的、钢铸的、特殊材料制成的；不，他是用毛泽东武装起来的中国工人阶级的伟大战士！比铁硬，比钢强，是任何力量所摧毁不了的！

其余10名受伤同志，也不愧为工人阶级硬骨头。他们和刘美泉同志一样，在医院里以惊人的意志力同烧伤进行斗争，不呻吟，不叫痛，一心一意想着革命。

共产党员赵长久苏醒过来，激动得流着热泪对领导说："我是共产党员，没有很好地完成党交给的任务。我没有冲到刘美泉同志的前面，结果使他受了重伤。"医生给他处置时，他曾经三次撵医生说："你不要先管我，我不要紧，快去看别人吧。"

赵长久同志的一双手遭到严重烧伤，为了防止感染化脓，下午2时左右，进行一次消毒换药，天天如此。每次换药前，要把双手浸到盐水，甚至浸到刺痛得比盐水更厉害的洁尔灭溶液里，泡15分钟左右。可以想象，长久同志是怎样度过这15分钟的呀！难道它不胜于历史上的所谓"刮骨疗毒"吗！疼啊，怎能不疼呢！疼得他浑身颤抖，豆大的汗珠滚滚而流。衣服湿了，床单也湿了。可是，共产党员赵长久却能挺得住！他一不哼，二不叫，三不哀求医生，只是"格崩格崩"地咬牙。站在旁边的医护人员，受不住了，流着泪，失声地对赵长久说："你叫吧！你哭吧！我们心里还好受一些。"赵长久却笑笑说：

"我是共产党员，能挺得住！"

尽管如此。有一天，医生开会到下午5点左右，准备当天不再给赵长久换药了，怕痛得他彻夜睡不着觉。可是，赵长久坚持换药，直到医生给换完药为止。

赵长久的脸和手一样，也是二、三度烧伤。他关心的不是脸的丑俊，而是自己这双劳动者的手，还能不能继续为党工作了。他入院后的第二天，眼睛刚睁开一条缝，就不断看包着纱布的双手，并对医生说："我这双手怎么样？还能不能干活啊？"医生说："你放心，手一定能治好！"

冷传乐，是一个25岁的小伙子。抢救国家财产时，英勇顽强，储氧囊爆炸的火舌，把他手上的皮连同五个指甲，像抹手套一样，凶猛地刮掉了（火灾过后，在现场拾到），手烧得焦黑。在医院治疗时，他也表现了惊人的意志力。换药时，真痛得钻心啊！有时，医生不忍下手，冷传乐就面对着毛主席像，坚定地对医生说：

“放心吧！不怕痛，我在看着毛主席哩！”

毛主席啊，是你给小冷增加了无穷无尽的精神力量，使他同烈火搏斗中，勇敢、不怕死；使他在严重烧伤面前，顽强不屈！此刻，他望着你那慈祥的笑容，好像又在倾听你的亲切教导：“下定决心，不怕牺牲，排除万难，去争取胜利。”

小冷咬紧牙关，坚持着，坚持着，坚持着……豆粒大的汗珠从他身上簌簌滚落，床单浸湿了。

共青团员公淑霞负伤后，医生给她处置时，问她痛不痛，她咬着牙说：

“挺得住！刘美泉同志烧得比我重，你们千万要把他抢救好啊！”

公淑霞，这位平时动不动就好脸红、哭鼻子的女同志，扑灭火灾时，却表现了惊人的勇敢。住院后，虽然受到烧伤的折磨，可是她从未掉过一滴眼泪！有时，她还忍着剧痛，下地照顾其他病人。

……

亲爱的读者们，你们一定会感到我们这些同志是多么可敬可爱啊！他们的意志是那样的坚强，他们的情操是那样的高尚，他们的胸怀是那样的宽广！

他们不愧为毛泽东时代的英雄儿女！

他们不愧为工人阶级硬骨头！

他们是我们伟大时代的骄傲！

党在关注着他们　人民关注着他们

刘美泉和他的战友们，为抢救国家财产英勇负伤的消息，迅速地传到了哈尔滨市，传到了黑龙江省，传到了天津、上海，传到了北京。英雄们的事迹震撼了多少人的心啊！从中央到地方，党在极大的关注着他们，人民在极大的关注着他们。一切能够用的办法，都用上了；一切能够动员的力量，都动员起来了。

抢救伤员的工作，从一开始，就十分紧张地进行着。

在厂区……

新风加工厂和职工宿舍的每个角落，飞快地传遍了11位阶级弟兄英勇负伤的消息。千万颗心紧紧地和11位阶级弟兄连在一起了。

在生产岗位上的职工纷纷打电话，派代表，对负伤的同志表示亲切的慰问和关怀。决心书、申请书、慰问信像雪片一样，飞到职工医院和厂政治部，一致表示决心搞好生产，为抢救阶级弟兄贡献力量。

伤员刚刚送到职工医院，人流就如潮水般地从四面八方涌来。

许多刚下班的工人，棉衣都未来得及穿，只穿着单薄的工作服，冒着严寒，从四五里以外赶来了；

装卸队职工卸完了车，有的已经睡觉了，但是听到消息后，马上起床、集合，拉着队伍赶来了；

到市里参加比赛刚刚回来的冰球队，一听到信息，家也没回，赶来了；

生产办公室正在召开党员大会，当即做出为抢救阶级弟兄献出一切的决定后，就全体赶来了；

66岁的老太太赶来了；

抱着孩子的职工家属赶来了；

人们带着最崇高的阶级友爱、最深厚的阶级感情、最真挚的阶级关怀赶来了，赶来了……

傍晚。寒暑表的水银柱下降到零下20多摄氏度。可是，职工医院门口，却被成百上千人挤得水泄不通！严寒啊，怎能驱散脉脉相连的阶级弟兄！人们喊出了一个声音，表达了一个心愿：

“烧在他们身上，疼在我们心上！”

“为了抢救阶级弟兄，要血有血，要皮有皮！”

一名抱着吃奶孩子的妇女，一边往前挤，一边伸着胳膊，大声喊：

“应该让我们输血！替出男职工搞好生产！”

一名领着孩子的职工，也边挤边喊：

“要大人皮，有大人皮；要小孩皮，有小孩皮。”

工人王守仁扯着嗓子喊：“我受过烧伤，我的血有抗菌力，我有理由第一个输血！”

两个不知姓名的年轻工人，当医院没有接受他们的输血请求时，竟急得热泪纵横。

这种激动人心的场面，只有在我们伟大的社会主义国度才能看到啊！

人越聚越多，天气又冷，厂领导决定先把大家动员回去，以免冻坏了身体。经过政治部的干部们多次动员，一些人才恋恋不舍地离开。临走时，还登记了自己的名字、血型和住址。表示什么时候需要，什么时候来；需要多少血，就输多少血。还有一些人硬是不走。直到深夜伤员转院才离开。

同时，各居民委员会又分别开会，决定全力解决负伤同志家属的生活困难。赵长久的爱人要生孩子了，女工王宪琴就住到他的家里。另一个大孩子被托儿所保育员韩淑云领去照顾。公淑霞的两个小孩，也被托儿所保育员陈月娟和张秀华带回家去照管，并托人带信，让她安心治疗。

在市里……

哈尔滨市，一场抢救11名阶级弟兄的紧张战斗，迅速地展开了。

消息传到市里，市委正开常委会，马上派市委副秘书长王宏伟和市卫生局副局长孔繁波，带领各大医院领导和最著名的烧伤医生，赶到了现场。

中共中央东北局第二书记欧阳钦，中共黑龙江省委第二书记、省长李范五等领导同志都做了重要指示。

市委立即召开了紧急会议，在省委书记处书记、市委第一书记任仲夷同志的主持下，成立了哈尔滨市抢救烧伤指挥部。任仲夷同志多次到医院指导抢救。市委通知全市各有关部门，为抢救烧伤的阶级弟兄“开绿灯”，一切让路。

新风加工厂的电话一个接一个地响着，听筒里传来了急促的声音：

“省立医院做好了准备，要求接受伤员！”

“二四二医院做好准备，要求接受伤员！”

……

各医院在一两个小时内，用惊人的速度完成了急救的一切准备工作。省立医院立即召开党委扩大会议，做出“以刘美泉等11名同志抢救国家财产的精神抢救阶级弟兄”的决定。医护人员纷纷写大字报，表示“要人有人、要物有物、要血有血、要皮有皮”。市立医院马上腾出了最好的房间，作为烧伤病房。屋内和所有的器具，刷洗一遍又一遍，消毒一遍又一遍。

当夜，11名伤员就分散地转移到5个医院。

市委的指示是：政治挂帅，统一领导，分工包治，集中精兵，打歼灭战，确保安全。

全市听到消息的人们，都在殷切地关注着负伤的同志，多么希望为抢救自己的阶级弟兄尽一份力量啊！

市医药公司党委书记和经理，在当天晚上8点多钟，就把刚刚从北京空运来的血浆等特种药品亲自送上门。

市鲜货公司得知伤员需要水果，领导同志就亲自到仓库挑了100

斤，送到了医院。

儿童医院的小患者们，把自己的糖果集中在一起，用红纸包成11包，托人送到了每个伤员的床头上。

哈尔滨铁路局通讯段老工人仉立文，在电车上听到这个消息，晚上回去一夜未睡好觉。他翻来覆去地想："我因公受了点伤，还疼得受不了。这些同志为抢救国家财产烧伤那么严重，揪得我这心里也痛啊!"第二天一早，他就打电话给抢救烧伤指挥部，询问情况，告诉了自己的电话号码，希望能够接受自己献皮献血。接着，他剃光了头发，刮光了汗毛，一连几天和衣而卧，只等指挥部的电话。但是，一直没有回信，他等不及了，领着上初中的孩子，亲自到指挥部去。临走前，抓起了自己养的一只鸡，要送给伤员做鸡汤喝。又一转念，烧伤的病人最需要的是水果，就到收购站卖了鸡，挑最好的苹果买了22个，用红纸包成11份，拎到指挥部。他对指挥部的同志恳切地说："我什么都剃光了，只留下了眉毛。本来也要剃掉，又怕受伤的同志需要眉毛。只要救好这11个好同志，不管要我身上的什么东西我都可以给。你们无论如何得答应我的要求。"并说："我把儿子也领来了，让他受受教育。"指挥部的同志感动地流着眼泪说："老同志，你的心意我们领了。现在还不要，你先回去吧。"仉立文同志再三要求不成，留下了一片深厚的阶级感情恋恋不舍地走了。

在北京，在祖国的四面八方……

消息传到了北京。

祖国的心脏立刻关注着我们11位阶级弟兄的安危。

国家经委、工交政治部、中华全国总工会和冶金工业部党委都极为关怀。

国防部副部长许光达同志代表中国人民解放军、国防部慰问了刘美泉同志的家属，赞扬了刘美泉同志的伟大革命精神。

中华全国总工会书记处书记栗树彬同志到医院慰问了伤员。

中共冶金部政治部主任胡立声同志，代表冶金工业部党委前往哈尔滨市慰问负伤人员和家属。

冶金工业部部长吕东同志亲自和卫生部以及有关部门联系。在卫生部和民航局的大力帮助下，立即派著名的北京积水潭医院烧伤科专家常致德前去抢救烧伤工人。

9日下午1点刚过，北京民航调度室接到紧急电话："哈尔滨有一批抢救国家财产被烧伤的工人，要立即送去专家抢救。"飞行员和地勤人员马上做好准备，各就各位。民航局专门派一名有经验的飞行大队长，带领一名优秀飞行员，由民航局副局长亲自指挥。为了缩短航程，提前到达，他们采取了一条没有飞过的最短的新航线，并且，尽量利用高空顺风，加快速度。

那天，哈尔滨地区气候条件不好，一般是不能飞行的。但是，他们打破了常规。哈尔滨民航机场没有夜间降落设施，飞机着陆困难，只能在长春降落，改乘火车。常致德大夫说："救人如救火，能抢一分，不拖一秒，希望直接送到哈尔滨。"飞行员当即请示北京，要求在哈尔滨强行着陆，确保安全。北京同意了。

在哈尔滨，为了迎接飞机着陆，需要50盏马灯。黑龙江百货批发站听到这个消息，急忙送来70盏马灯。2月9日，晚5点50分钟。来自北京的飞机，在一条灯光长廊的引导下，提前40分钟，在哈尔滨机场顺利着陆了。

常致德大夫等下飞机后，不顾疲劳，直奔医院，投入了紧张的抢救工作。

北京与哈尔滨的长途电话，随时保持着畅通无阻的联系。长途电话局告诉抢救指挥部，需要联系什么事情，随要随通，并且千方百计帮助办到。

北京把特效药品，源源不断地送到了哈尔滨。

天津著名的烧伤专家张学彬专程赶到了；

上海的贵重药品和医疗器械也被专机送来了；

……

我们伟大的党，伟大的国家，伟大的人民，为了抢救11位阶级弟兄的生命，动员了多么大的力量啊！多少只眼睛在望着他们，多少双手在伸向他们，多少颗心在关怀着他们啊！

他永远活在人们的心里

由于党的亲切关怀，由于各方面的大力支援，由于医护人员的积极抢救，赵长久等10名同志，伤势日益好转。唯独刘美泉同志，因为身上重要部位的机能受到破坏，伤势特别严重。从2月13日下午1时起，病情突然恶化。

黑龙江省立医院，顿时充满了紧张的气氛。哈尔滨市所有的著名专家都来参加抢救了。各种急救措施，各种贵重药品，都使用上了。病房外面，直到药局，拉成了一排长长的队列。医院党委副书记也同大家一起，急速地传递着药品。只要大夫一声吩咐，不到一分钟，所需要的药品就到了手。

13日深夜，垂危的刘美泉同志急需康复血。这种血，需要最近3年内曾经受过烧伤，面积要在30%以上的人提供。哈尔滨市为抢救11阶级弟兄成立的指挥部，细致地查遍了各医院提供的近3年烧伤病人的名单。遗憾的是，有的地址不详，有的人已经离开了本市。就在指挥部的同志正在焦急地用电话到处查找的时候，正在值班的哈尔滨市电话局学习毛主席著作积极分子、话务员孙亚玲同志，从电话里知道了这件事，立即问道："你是抢救指挥部吗？不要急，我帮你查找。我是九号电话员。"一个小时之内，指挥部的电话响了，听筒里传来："我是九号电话员，消防队介绍，前年哈尔滨轴承厂烧伤过3个人。现在，我还继续查找。"

哈尔滨轴承厂工人王长玉被找到了。他刚下夜班就接到了电话，真是心急如火，夜里两点就赶到了医院，要求立刻输血。他说："我烧伤的时候，身上的血是阶级弟兄输给我的。现在阶级弟兄需要血，我得多输！"

哈尔滨市玻璃厂五好职工张太斌，也是为了抢救国家财产被烈火烧伤的，刚治愈不久。当他听到抢救烧伤病人的消息时，就远道赶到医院，要求输血。他说："我身上的血是大家输的，现在需要血，我得先输！"

刘美泉同志，经过医生的积极抢救，病情一度有所好转，但紧接着又进一步恶化了。

省委书记处书记、市委第一书记任仲夷同志等闻讯赶到了病房，一直注视着刘美泉同志的变化。

2月14日，下午1时30分钟，刘美泉同志停止了呼吸。

但是，医护人员根本不相信这样一位英雄人物会离开他们呀！应该让他永远活着。他还能为党，为全国人民做很多很多的工作呢。他们睁着带血丝的眼睛，支撑着疲惫的身体，怀着一线的希望，又投入了紧张的抢救工作——

人工按摩心脏……不停地进行了4个小时。

人们屏着气息，注视着刘美泉同志的细微变化。然而，美泉同志还是安静地躺着。专家们不得不流着眼泪，沉痛地宣布了这个不幸的消息。可是，围在美泉同志遗体周围的抢救人员，好像往常一样，仍然默默地站着，站着……泪水沾湿了衣服。有的人跑出去，哭着说："这样的好同志，将永远活在我们的心上。"

护士给美泉遗体穿衣服，小心翼翼，怕他穿了不舒坦，穿了脱，脱了穿，还告诫自己说："别碰疼了他呀！"含泪离开时，又把被子盖在美泉遗体上，说："天气还冷啊，别冻着。"

这是多么真挚的感情啊！美泉同志，你还活着，永远永远地活在人们心里。

刘美泉，1936年4月20日，出生在山东省高唐县王屯村一个贫农家庭。他从小就被地主逼得家破人亡。母亲和嫂嫂活活被饥饿折磨死了；父亲被恶霸富农杀害；哥哥为了把他和年幼的弟弟拉扯成人，忍痛抛弃了儿子。解放后，他一家才重见天日。刘美泉刻骨仇恨旧社会，无限热爱新社会。他是在党和毛主席的哺育下，成长起来的无产阶级战士。1953年，光荣地参加了中国共产党；1955年，参加了中国人民解放军；1959年，复员到新风加工厂当工人。在农村，他是好社员；在部队，他是好战士；在工厂，他是好工人。

为了表彰毛主席的好战士刘美泉同志，中国人民解放军黑龙江军区批准，在他入殓时，穿上中国人民解放军军服。

新风加工厂领导，不忍把刘美泉同志逝世的消息，马上告诉给职工和家属。领导同志这样悲痛，群众能受得了吗？可是，还能拖下去吗？

这些天来，职工们的生产劲头更足了。家属也发生了很大变化。但是，人们的思想却不平静，在医院里的烧伤病人牵挂着多少人的心啊！有多少人在探听着烧伤最重的刘美泉同志啊！

厂领导还是决定各单位自上而下地传达。但是，要加强思想工作，化悲痛为力量。

不幸的消息宣布了，悲痛笼罩着每个人的心头，大家都在默默地致哀，回想着刘美泉同志一生的光辉业绩，心胸里激荡萦回，浮想联翩，都为失去了这样一个同志感到难过。有的簌簌垂泪，有的低低啜泣，有的失声痛哭……怀念革命同志的泪水控制不住啊！哭着，哭着，一双双泪眼里又辉映出刘美泉同志的形象——一个不怕苦，不怕死，一心为革命，一切为人民的雷锋、王杰式的英雄形象，矗立在人们的面前。

职工、家属们揩干了眼泪，振奋了精神，化悲痛为力量。他们决心学习刘美泉同志的彻底的革命精神和高贵的无产阶级品质；他们决心像刘美泉同志那样读毛主席的书，听毛主席的话，照毛主席的指示办事，完全、彻底地为人民服务；他们决心踏着刘美泉同志的足迹，勇往直前！

刘美泉同志生前所在的车间，更是充满了学习英雄的气氛。虽然那难过的情绪，滚滚的热泪还常常挂在人们的脸上，但是他们已经把对战友的沉痛哀悼，无限怀念，都化作力量了。他们喊着“以刘美泉的革命精神修复氧气站”的口号，使刘美泉同志烧伤后还念念不忘的氧气站，只用了4天的时间，就恢复了生产。

为了确保生产安全，厂党委领导大家献计献策，革新设备。过去，氧压机启动时，缺蒸馏水就起火。这次安装了蒸馏水自动控制，一旦水干，氧压机就自动停车。再如，在通往储氧囊的管路上，安装了“逆止阀”。一旦氧压机起火，“逆止阀”就自动关闭，可以有效地保证储氧囊的安全。

目前，新风加工厂——全国大庆式的先进企业，正在波澜壮阔地开展学习刘美泉活动。

(1966年3月发表于《冶金报》，标题有改动)